Petra Hauser / Adrian Mattle

Öffentliches Prozessrecht

Petra Hauser / Adrian Mattle

Repetitorium Öffentliches Prozessrecht

Kurz gefasste Darstellung
mit Tafeln, Übungen und Lösungen

2., überarbeitete Auflage

orell füssli Verlag

2., überarbeitete Auflage 2013
© 2013 Orell Füssli Verlag AG, Zürich
www.ofv.ch
Alle Rechte vorbehalten

Druck: fgb • freiburger graphische betriebe, Freiburg

ISBN 978-3-280-07274-5

Bibliografische Information der Deutschen Nationalbibliothek: Die Deutsche Nationalbibliothek verzeichnet diese Publikation in der Deutschen Nationalbibliografie; detaillierte bibliografische Daten sind im Internet unter http://dnb.d-nb.de abrufbar.

Vorwort

Die Repetitorien Recht basieren auf einem Lernkonzept, das durch die erfahrenen Lehrmittelspezialisten der Compendio Bildungsmedien entwickelt wurde. Die Reihe will und kann nicht Ersatz für die Vorlesung, das Studium der einschlägigen Literatur und die Auseinandersetzung mit der Gerichtspraxis sein, sondern ist lediglich als Ergänzung dazu gedacht.

Im Vordergrund stehen folgende Ziele:

- Repetition vor Prüfungen: Die systematische Kurzdarstellung des Stoffs wird ergänzt mit zahlreichen Beispielen, Grafiken, Verweisen auf die Gerichtspraxis (zum Teil mit Kurzbeschreibungen) sowie Übungsfällen mit Lösungsskizzen.
- Evaluation von allfälligen Wissens- und Verständnislücken, die dank Verweisen auf die Fachliteratur zielgerichtet geschlossen werden können.
- Vorbereitung auf Vorlesungen, Literaturstudium und Arbeit an Falllösungen dank kurzem, klar strukturiertem Überblick.

Das vorliegende Repetitorium vermittelt einen Überblick über das schweizerische öffentliche Prozessrecht. Beispiele, Grafiken und Übungsfälle mit Lösungen dienen dabei der Veranschaulichung des Stoffes. Verweise auf Rechtsprechung und Literatur erleichtern den Zugang zu einer vertieften Auseinandersetzung mit der Materie.

Der erste Teil über die Grundlagen des öffentlichen Prozessrechts enthält neben einer Übersicht der massgebenden Rechtsquellen eine Darstellung der relevanten Verfahrensmaximen sowie der Verfahrensgarantien der Bundesverfassung und der Europäischen Menschenrechtskonvention. Dem zweiten Teil, welcher sich dem nichtstreitigen Verwaltungsverfahren des Bundes widmet, folgt im dritten Teil die Darstellung der Rechtsschutzmittel der Verwaltungsrechtspflege des Bundes. Ausführlich behandelt werden insbesondere die Beschwerde an das Bundesverwaltungsgericht sowie die Beschwerde in öffentlich-rechtlichen Angelegenheiten ans Bundesgericht. Weiter enthält Teil 3 einen Überblick über die subsidiäre Verfassungsbeschwerde ans Bundesgericht. Teil 4 bietet schliesslich einen kurzen Überblick über die Individualbeschwerde an den Europäischen Gerichtshof für Menschenrechte.

Die Autorin und der Autor bedanken sich herzlich bei Herrn Prof. Dr. Georg Müller für seine wertvollen Hinweise und Frau Susanna Bieri sowie Herrn Dominik Probst für die angenehme Zusammenarbeit mit dem Verlag. Für Bemerkungen und Kritik sind wir dankbar und bitten um Zustellung an: prozessrecht@gmail.com.

Zürich, im Mai 2013

Petra Hauser, Adrian Mattle

Inhaltsübersicht

Inhaltsverzeichnis

Abkürzungsverzeichnis

Abs.	Absatz/Absätze
aBV	Bundesverfassung der Schweizerischen Eidgenossenschaft vom 29. Mai 1874
AHVG	Bundesgesetz über die Alters- und Hinterlassenenversicherung vom 20. Dezember 1946 (SR 831.10)
AJP	Aktuelle Juristische Praxis, Lachen
AllgGV	Allgemeine Gebührenverordnung vom 8. September 2004 (SR 172.041.1)
Art.	Artikel
AS	Amtliche Sammlung des Bundesrechts
AsylG	Asylgesetz vom 26. Juni 1998 (SR 142.31)
ATSG	Bundesgesetz über den Allgemeinen Teil des Sozialversicherungsrechts vom 6. Oktober 2000 (SR 830.1)
AuG	Bundesgesetz über die Ausländer und Ausländerinnen vom 16. Dezember 2005 (SR 142.20)
BAZL	Bundesamt für Zivilluftfahrt
BBl	Bundesblatt
BFM	Bundesamt für Migration
BGE	Entscheidungen des Schweizerischen Bundesgerichts
BGG	Bundesgesetz über das Bundesgericht (Bundesgerichtsgesetz) vom 17. Juni 2005 (SR 173.110)
BGÖ	Bundesgesetz über das Öffentlichkeitsprinzip der Verwaltung (Öffentlichkeitsgesetz) vom 17. Dezember 2004 (SR 152.3)
BöB	Bundesgesetz über das öffentliche Beschaffungswesen vom 16. Dezember 1994 (SR 172.056.1)
BPG	Bundespersonalgesetz vom 24. März 2000 (SR 172.220.1)
BPR	Bundesgesetz über die politischen Rechte vom 17. Dezember 1976 (SR 161.1)
BPV	Bundespersonalverordnung vom 3. Juli 2001 (SR 172.220.111.3)
BV	Bundesverfassung der Schweizerischen Eidgenossenschaft vom 18. April 1999 (SR 101)
BZP	Bundesgesetz vom 4. Dezember 1947 über den Bundeszivilprozess (SR 273)
bzw.	beziehungsweise
DBG	Bundesgesetz über die direkte Bundessteuer vom 14. Dezember 1990 (SR 642.11)
d.h.	das heisst
DSG	Bundesgesetz vom 19. Juni 1992 über den Datenschutz (SR 235.1)
EBG	Eisenbahngesetz vom 20. Dezember 1957 (SR 742.101)
EGMR	Europäischer Gerichtshof für Menschenrechte
eidg.	eidgenössisch(e)

EMRK	Konvention zum Schutze der Menschenrechte und Grundfreiheiten vom 4. November 1950 (SR 0.101)
EntG	Bundesgesetz vom 20. Juni 1930 über die Enteignung (SR 711)
ETH-Gesetz	Bundesgesetz über die Eidgenössischen Technischen Hochschulen (ETH-Gesetz) vom 4. Oktober 1991 (414.110)
f./ff.	folgende (Seite/Seiten)
FiG	Bundesgesetz über Filmproduktion und Filmkultur (Filmgesetz) vom 14. Dezember 2001 (SR 443.1)
FINMAG	Bundesgesetz über die Eidgenössische Finanzmarktaufsicht (Finanzmarktaufsichtsgesetz) vom 22. Juni 2007 (SR 956.1)
GlG	Bundesgesetz über die Gleichstellung von Frau und Mann (Gleichstellungsgesetz) vom 24. März 1995 (SR 151.1)
HMG	Bundesgesetz über Arzneimittel und Medizinprodukte (Heilmittelgesetz) vom 15. Dezember 2000 (SR 812.21)
Hrsg.	Herausgeber
i.e.S.	im engeren Sinne
i.V.m.	in Verbindung mit
i.w.S.	im weiteren Sinne
KEG	Kernenergiegesetz vom 21. März 2003 (732.1)
kt.	kantonal(e)
KVG	Bundesgesetz über die Krankenversicherung vom 18. März 1994 (SR 832.10)
LFG	Bundesgesetz über die Luftfahrt (Luftfahrtgesetz) vom 21. Dezember 1948 (SR 748.0)
lit.	Litera
LWG	Bundesgesetz über die Landwirtschaft (Landwirtschaftsgesetz) vom 29. April 1998 (SR 910.1)
LMG	Bundesgesetz über Lebensmittel und Gebrauchsgegenstände (Lebensmittelgesetz) vom 9. Oktober 1992 (SR 817.0)
m.H.	mit Hinweis
m.w.H.	mit weiteren Hinweisen
MWSTG	Bundesgesetz über die Mehrwertsteuer (Mehrwertsteuergesetz) vom 12. Juni 2009 (SR 641.20)
NHG	Bundesgesetz über den Natur- und Heimatschutz (NHG) vom 1. Juli 1966 (SR 451)
OR	Bundesgesetz betreffend die Ergänzung des Schweizerischen Zivilgesetzbuches (Fünfter Teil: Obligationenrecht) vom 30. März 1911 (SR 220)
Plädoyer	Zeitschrift für Recht und Politik, Zürich
PrSG	Bundesgesetz über die Produktesicherheit vom 12. Juni 2009 (SR 930.11)
RPG	Bundesgesetz über die Raumplanung (Raumplanungsgesetz) vom 22. Juni 1979 (SR 700)
RTVG	Bundesgesetz über Radio und Fernsehen (RTVG) vom 24. März 2006 (SR 784.40)
RVOG	Regierungs- und Verwaltungsorganisationsgesetz vom 21. März 1997 (SR 172.010)

Rz.	Randziffer(n)
S.	Seite(n)
SchKG	Bundesgesetz über Schuldbetreibung und Konkurs vom 11. April 1989 (SR 281.1)
SebG	Bundesgesetz über Seilbahnen zur Personenbeförderung (Seilbahngesetz) vom 23. Juni 2006 (SR 743.01)
SR	Systematische Sammlung des Bundesrechts
StFG	Bundesgesetz über die Forschung an embryonalen Stammzellen (Stammzellenforschungsgesetz) vom 19. Dezember 2003 (SR 810.31)
StGB	Schweizerisches Strafgesetzbuch vom 21. Dezember 1937 (SR 311.0)
SVG	Strassenverkehrsgesetz vom 19. Dezember 1958 (SR 741.01)
THG	Bundesgesetz über die technischen Handelshemmnisse vom 6. Oktober 1995 (SR 946.51)
Uno-Pakt II	Internationaler Pakt über bürgerliche und politische Rechte vom 16. Dezember 1966 (SR 0.103.2)
USG	Bundesgesetz über den Umweltschutz (Umweltschutzgesetz) vom 7. Oktober 1983 (SR 814.01)
UVEK	Departement für Verkehr, Energie, Umwelt und Kommunikation
VG	Bundesgesetz über die Verantwortlichkeit des Bundes sowie seiner Behördenmitglieder und Beamten (Verantwortlichkeitsgesetz) vom 14. März 1958 (SR 170.32)
VGG	Bundesgesetz über das Bundesverwaltungsgericht (Verwaltungsgerichtsgesetz) vom 17. Juni 2005 (SR 173.32)
VGKF	Reglement über die Kosten und Entschädigungen vor dem Bundesverwaltungsgericht vom 21. Februar 2008 (SR 173.320.2)
vgl.	vergleiche
VPB	Verwaltungspraxis der Bundesbehörden, Bern
VSAO	Verband Schweizerischer Assistenz- und Oberärzte
VwVG	Bundesgesetz über das Verwaltungsverfahren vom 20. Dezember 1968 (SR 172.021)
VZV	Verordnung über die Zulassung von Personen und Fahrzeugen zum Strassenverkehr (Verkehrszulassungsverordnung) vom 27. Oktober 1976 (SR 741.51)
WaG	Bundesgesetz über den Wald (Waldgesetz) vom 4. Oktober 1991 (SR 921.0)
ZBl	Schweizerisches Zentralblatt für Staats- und Verwaltungsrecht, Zürich
z.B.	zum Beispiel
ZDG	Bundesgesetz über den zivilen Ersatzdienst (Zivildienstgesetz) vom 6. Oktober 1995 (SR 824.0)
ZGB	Schweizerisches Zivilgesetzbuch vom 10. Dezember 1907 (SR 210)
Ziff.	Ziffer(n)

Literaturverzeichnis

Die aufgeführten Werke werden – sofern nicht anders aufgeführt – mit dem Namen der Autoren, der Seitenzahl, dem Paragrafen und/oder der Randnote zitiert.

AEMISEGGER HEINZ, Der Beschwerdegang in öffentlich-rechtlichen Angelegenheiten, in: Bernhard Ehrenzeller/Rainer J. Schweizer (Hrsg.), Reorganisation der Bundesrechtspflege – Neuerungen und Auswirkungen in der Praxis, St. Gallen 2006, S. 103 ff.

AUER CHRISTOPH, Auswirkungen der Reorganisation der Bundesrechtspflege auf die Kantone, ZBl 107 (2006), S. 121 ff.

AUER CHRISTOPH/MÜLLER MARKUS/SCHINDLER BENJAMIN (Hrsg.), Kommentar zum Bundesgesetz über das Verwaltungsverfahren, Zürich/St. Gallen 2008

CORBOZ BERNARD/WURZBURGER ALAIN/FERRARI PIERRE/FRÉSARD JEAN-MAURICE/AUBRY GIRARDIN FLORENCE, Commentaire de la LTF, Berne 2009

EHRENZELLER BERNHARD/MASTRONARDI PHILIPPE/SCHWEIZER RAINER J./VALLENDER KLAUS A. (Hrsg.), Die Schweizerische Bundesverfassung: Kommentar, 2. Aufl., Zürich/St. Gallen 2008

DONZALLAZ YVES, Loi sur le Tribunal fédéral, Berne 2008

GÄCHTER THOMAS/THURNHERR DANIELA, Neues Bundesgerichtsgesetz: Rechtsschutz gewahrt, Plädoyer 2/2006, S. 32 ff.

GOMM PETER/ZEHNTNER DOMINIK (Hrsg.), Kommentar zum Opferhilfegesetz, 3. Aufl., Bern 2009

GRABENWARTER CHRISTOPH, Europäische Menschenrechtskonvention, 4. Aufl., München/Basel/Wien 2009

HÄFELIN ULRICH/MÜLLER GEORG/UHLMANN FELIX, Allgemeines Verwaltungsrecht, 6. Aufl., Zürich 2010

HÄFELIN ULRICH/HALLER WALTER/KELLER HELEN, Schweizerisches Bundesstaatsrecht, 7. Aufl., Zürich/Basel/Genf 2008

HAEFLIGER ARTHUR/SCHÜRMANN FRANK, Die Europäische Menschenrechtskonvention und die Schweiz, 2. Aufl., Bern 1999

HANGARTNER YVO, Recht auf Rechtsschutz, AJP 11 (2002), S. 13 ff.

HANGARTNER YVO, St. Galler Kommentar BV zu Art. 190 BV, S. 2795 ff.

KARLEN PETER, Das neue Bundesgerichtsgesetz, Basel/Genf/München 2006

KIENER REGINA, Richterliche Unabhängigkeit, Bern 2001

KIENER REGINA/KUHN MATHIAS, Das neue Bundesgerichtsgesetz – eine (vorläufige) Würdigung, ZBl 107 (2006), S. 141 ff.

KLEY ANDREAS, St. Galler Kommentar BV zu Art. 29a BV, S. 602 ff.

KOLLER HEINRICH, Grundzüge der neuen Bundesrechtspflege und des vereinheitlichten Prozessrechts, ZBl 107 (2006), S. 57 ff.

KÖLZ ALFRED/HÄNER ISABELLE/BERTSCHI MARTIN, Verwaltungsverfahren und Verwaltungsrechtspflege des Bundes, 3. Aufl., Zürich/Basel/Genf 2013

MEICHSSNER STEFAN, Das Grundrecht auf unentgeltliche Rechtspflege, Diss. Basel 2008

MOSER ANDRÉ/BEUSCH MICHAEL/KNEUBÜHLER LORENZ, Prozessieren vor dem Bundesverwaltungsgericht, Basel 2008

MÜLLER GEORG, Kommentar zu Art. 4 aBV, in: Jean-François Aubert/Kurt Eichenberger/Jörg Paul Müller/René A. Rhinow/Dietrich Schindler (Hrsg.), Kommentar zur Bundesverfassung der Schweizerischen Eidgenossenschaft vom 29. Mai 1874, Basel/Zürich/Bern 1987–1996

MÜLLER JÖRG PAUL/SCHEFER MARKUS, Grundrechte in der Schweiz, 4. Aufl., Bern 2008

NIGGLI MARCEL ALEXANDER/UEBERSAX PETER/WIPRÄCHTIGER HANS (Hrsg.), Basler Kommentar, Bundesgerichtsgesetz, 2. Aufl., Basel 2011

RHINOW RENÉ/KOLLER HEINRICH/KISS CHRISTINA/THURNHERR DANIELA/BRÜHL-MOSER DENISE, Öffentliches Prozessrecht, 2. Aufl., Basel 2010

RUDIN BEAT, Basler Kommentar BGG, Art. 85

ROSENTHAL DAVID, Art. 8–10 DSG, in: Rosenthal David/Jöhri Yvonne, Handkommentar zum Datenschutzrecht, Zürich/Basel/Genf 2008, S. 199 ff.

SCHINDLER BENJAMIN, Die «formelle Natur» von Verfahrensgrundrechten, ZBl 106 (2005), S.169 ff.

SCHWEIZER RAINER J., Die subsidiäre Verfassungsbeschwerde nach dem neuen Bundesgerichtsgesetz, in: Bernhard Ehrenzeller/Rainer J. Schweizer (Hrsg.), Reorganisation der Bundesrechtspflege – Neuerungen und Auswirkungen in der Praxis, St. Gallen 2006, S. 211 ff.

SEILER HANSJÖRG/VON WERDT NICOLAS/GÜNGERICH ANDREAS, Bundesgerichtsgesetz, Bern 2007

SPÜHLER KARL/DOLGE ANNETTE/VOCK DOMINIK, Kurzkommentar zum Bundesgerichtsgesetz, Zürich/St. Gallen 2006

STEINMANN GEROLD, St. Galler Kommentar BV zu Art. 29 BV, S. 576 ff.

STEINMANN GEROLD/LEUENBERGER CHRISTOPH, St. Galler Kommentar BV zu Art. 30 BV, S. 619 ff.

TOPHINKE ESTHER, Bedeutung der Rechtsweggarantie für die Anpassung der kantonalen Gesetzgebung, ZBl 107 (2006), S. 88 ff.

TSCHANNEN PIERRE/ZIMMERLI ULRICH/MÜLLER MARKUS, Allgemeines Verwaltungsrecht, 3. Aufl., Bern 2009

VILLIGER MARK E., Handbuch der Europäischen Menschenrechtskonvention (EMRK), 2. Aufl., Zürich 1999

WALDMANN BERNHARD/ WEISSENBERGER PHILIPPE, VwVG, Praxiskommentar zum Bundesgesetz über das Verwaltungsverfahren, Zürich 2009

ZIMMERLI ULRICH/KÄLIN WALTER/KIENER REGINA, Grundlagen des öffentlichen Verfahrensrechts, Bern 2004

Materialien

Botschaft Bundesrechtspflege, Botschaft zur Totalrevision der Bundesrechtspflege vom 28. Februar 2001, BBl 2001, S. 4202 ff.

1. Teil Grundlagen

A. Begriff des öffentlichen Prozessrechts

Prozessrecht umfasst in einem weiteren Sinne Normen über die Behördenorganisation, die Verfahrensordnung und das Vollstreckungsrecht. In einem engeren Sinne ist nur die Verfahrensordnung gemeint.

Das *öffentliche* Prozessrecht ...
... umfasst diejenigen Normen, welche das Vorgehen bei der Anwendung und Durchsetzung öffentlich-rechtlicher Normen regelt.

Zum öffentlichen Prozessrecht gehören die Verwaltungsrechtspflege im weiteren Sinne und die Verfassungsrechtspflege.

1. Verwaltungsrechtspflege (i.w.S.)

Zur Verwaltungsrechtspflege im weiteren Sinne gehören das Recht über das Verwaltungsverfahren und die Verwaltungsrechtspflege im engeren Sinne, wobei sich die beiden Bereiche teilweise überschneiden.

Verwaltungsrechtspflege i.w.S.

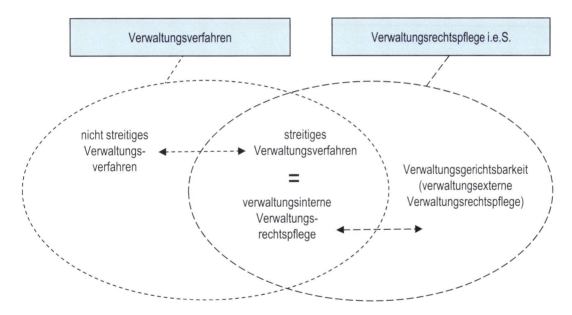

1.1 Begriff des Verwaltungsverfahrens

Das Verwaltungsverfahren umfasst diejenigen Verfahren, welche vor Verwaltungsbehörden ablaufen. Es umfasst das erstinstanzliche (nicht streitige) Verfahren sowie das Beschwerdeverfahren *vor Verwaltungsbehörden*.

1.1.1 Nicht streitiges Verwaltungsverfahren

In einem weiteren Sinne umfasst das nicht streitige Verwaltungsverfahren sämtliche Handlungsformen, in welchen Verwaltungsbehörden erstinstanzlich tätig werden. Neben Verfügungen fallen darunter auch andere Formen von Verwaltungshandeln wie Pläne, Verträge, Auskünfte, Empfehlungen, Warnungen, Verhandlungen usw.

Die gesetzlichen Regelungen über das Verwaltungsverfahren fassen den Begriff des nichtstreitigen Verwaltungsverfahrens jedoch enger und umfassen nur die Verfügung als Handlungsform (vgl. für den Bund VwVG 1 Abs. 1):

Das *nicht streitige* Verwaltungsverfahren ...

... umfasst die Vorbereitung und den Erlass von erstinstanzlichen Verfügungen durch die Verwaltungsbehörden.

Beispiele
- Einreichen eines Gesuchs
- Feststellung des Sachverhalts
- Anhören von Betroffenen
- Form, Begründung und Eröffnung einer Verfügung

1.1.2 Streitiges Verwaltungsverfahren

Das *streitige* Verwaltungsverfahren ...

... betrifft die Voraussetzungen und Folgen der Anfechtung von Verfügungen vor Verwaltungsbehörden.

Beispiele
- Frist, Form, Legitimation usw. für die Anfechtung einer Verfügung
- Zuständigkeit einer Behörde im Beschwerdeverfahren
- Wirkung eines Beschwerdeentscheids

Weil es beim streitigen Verwaltungsverfahren um die Beilegung eines Rechtsstreits geht, gehört es zur (verwaltungsinternen) Verwaltungsrechtspflege (i.e.S.).

1.2 Verwaltungsrechtspflege (i.e.S.)

Bei der Verwaltungsrechtspflege (i.e.S.) geht es um die verbindliche Erledigung von Verwaltungsrechtsstreitigkeiten. Im Folgenden ist der Begriff der Verwaltungsrechtspflege (sofern nicht besonders erwähnt) jeweils in seinem engeren Sinne zu verstehen.

Es wird unterschieden zwischen verwaltungsinterner Verwaltungsrechtspflege und Verwaltungsgerichtsbarkeit (verwaltungsexterne Verwaltungsrechtspflege).

1.2.1 Verwaltungsinterne Verwaltungsrechtspflege

Die verwaltungsinterne Verwaltungsrechtspflege ...

... betrifft das Verfahren, in welchem *eine Verwaltungsbehörde* über die Erledigung einer verwaltungsrechtlichen Streitigkeit entscheidet.

Die verwaltungsinterne Verwaltungsrechtspflege hat für den Rechtsuchenden den Vorteil, dass sie üblicherweise eine umfassende Rechts- und Ermessenskontrolle gewährleistet. Zudem lässt sie die Möglichkeit für kooperative Lösungen offen (vgl. zur Wiedererwägung von Verfügungen 3. Teil, C.2.). Dafür birgt sie die Gefahr in sich, dass die Rechtsmittelbehörde wegen der örtlichen und persönlichen Nähe nicht unabhängig von der untergeordneten Instanz entscheidet.

Im Bund hat die verwaltungsinterne Verwaltungsrechtspflege mit der Totalrevision der Bundesrechtspflege stark an Bedeutung verloren (vgl. 3. Teil, A.1.).

1.2.2 Verwaltungsgerichtsbarkeit (verwaltungsexterne Verwaltungsrechtspflege)

Die Verwaltungsgerichtsbarkeit ...

... betrifft das Verfahren, in welchem *ein Gericht* über die Erledigung einer verwaltungsrechtlichen Streitigkeit entscheidet.

Im Gegensatz zu den entscheidenden Verwaltungsbehörden bei der verwaltungsinternen Verwaltungsrechtspflege verfügen die gerichtlichen Behörden der Verwaltungsrechtspflege über richterliche Unabhängigkeit, d.h., sie sind gegenüber dem Parlament und den Verwaltungsbehörden sachlich, organisatorisch und personell unabhängig (vgl. zum Anspruch auf gerichtliche Unabhängigkeit 1. Teil, D.5.1.4).

Die Verwaltungsgerichte sind in ihrer Überprüfungskompetenz üblicherweise auf eine Rechtskontrolle beschränkt und können Verfügungen im Gegensatz zu den Verwaltungsbehörden bei der verwaltungsinternen Verwaltungsrechtspflege in der Regel nicht auf ihre Angemessenheit hin überprüfen. Dieser Grundsatz gilt jedoch nicht für die Beschwerde an das Bundesverwaltungsgericht (VGG 31 ff.), welches die angefochtenen Verfügungen auch einer Ermessenskontrolle unterzieht (vgl. VwVG 49 lit. c i.V.m. VGG 37 sowie 3. Teil, D.4.4).

Es werden zwei Arten der Verwaltungsgerichtsbarkeit unterschieden:

- Bei der *nachträglichen Verwaltungsgerichtsbarkeit* beurteilt ein Verwaltungsgericht eine Streitigkeit als zweite oder dritte Instanz. Es entscheidet im Rahmen einer Beschwerde über eine erstinstanzliche Verfügung oder einen Beschwerdeentscheid einer Vorinstanz.

- Im Rahmen der *ursprünglichen Verwaltungsgerichtsbarkeit* beurteilt ein Verwaltungsgericht eine Streitigkeit auf dem Klageweg als erste oder als einzige Instanz. Die sogenannte verwaltungsrechtliche Klage ist im Vergleich zur nachträglichen Verwaltungsgerichtsbarkeit jedoch von untergeordneter Bedeutung. Mit ihr können hauptsächlich vermögensrechtliche Ansprüche geltend gemacht werden.

Ursprüngliche und nachträgliche Verwaltungsrechtspflege

2. Verfassungsrechtspflege

Eine Unterscheidung zwischen Verwaltungsrechtspflege (i.w.S.) und Verfassungsrechtspflege nach einheitlichen Kriterien ist nicht möglich, vielmehr überschneiden sich die beiden Gebiete. Während der Begriff der Verwaltungsrechtspflege (i.w.S.) an die handelnde Behörde (Verwaltungsbehörde bzw. Verwaltungsgericht) anknüpft, bezieht sich der Begriff der Verfassungsrechtspflege (unabhängig von der handelnden Behörde) auf die korrekte Anwendung des Verfassungsrechts bzw. die Überprüfung von Rechtsakten auf ihre Verfassungsmässigkeit hin.

Der Fall, in welchem eine Verwaltungsbehörde oder ein Verwaltungsgericht einen staatlichen Akt auf seine Verfassungsmässigkeit hin überprüft, ist demnach sowohl zur Verwaltungsrechtspflege (i.w.S.) als auch zur Verfassungsrechtspflege zu zählen.

B. Die wichtigsten Rechtsquellen

1. Staatsverträge

Folgende Staatsverträge enthalten für das öffentliche Prozessrecht bedeutsame Verfahrensgarantien im Sinne von *Mindeststandards* für Bund und Kantone:

- Internationaler Pakt über bürgerliche und politische Rechte vom 16. Dezember 1966 (*UNO-Pakt II);*

- Konvention zum Schutze der Menschenrechte und Grundfreiheiten vom 4. November 1950 (*EMRK).*

2. Bundesverfassung der Schweizerischen Eidgenossenschaft

Die Bundesverfassung der Schweizerischen Eidgenossenschaft (BV) vom 18. April 1999 (SR 101) stellt in den Artikeln 29 ff. ebenfalls wichtige Verfahrensgarantien für das Verwaltungsverfahren und die Verwaltungsrechtspflege des Bundes und der Kantone auf. Bei diesen Garantien handelt es sich auch um *Mindestgarantien*, welche durch die Verfahrensordnungen des Bundes und der Kantone konkretisiert werden.

BV 173, 187 und insbesondere 188 ff. enthalten Bestimmungen über die Zuständigkeit der obersten Bundesbehörden (Bundesversammlung, Bundesrat, Bundesgericht und andere richterliche Behörden) im Bereich des öffentlichen Prozessrechts. Der Bund bestellt für die Beurteilung von öffentlich-rechtlichen Streitigkeiten aus dem Bereich der Bundesverwaltung richterliche Behörden (BV 191a Abs. 2). Die gleiche Pflicht trifft die Kantone in ihrem Bereich (BV 191b Abs. 1).

Eine besondere Stellung nimmt BV 190 ein, welcher bestimmt, dass Bundesgesetze und Völkerrecht für das Bundesgericht und die anderen rechtanwendenden Behörden massgebend sind.

3. Bundesgesetze

3.1 Bundesgesetz über das Verwaltungsverfahren

Das Bundesgesetz über das Verwaltungsverfahren (VwVG) regelt das Verwaltungsverfahren des Bundes und gilt – sofern das VGG keine abweichenden Bestimmungen enthält – auch für das Beschwerdeverfahren vor Bundesverwaltungsgericht (vgl. VGG 37). Das VwVG ist anwendbar, wenn folgende drei Voraussetzungen gegeben sind (vgl. VwVG 1):

- Das Verfahren bezweckt den *Erlass einer Verfügung:* Das VwVG regelt nicht das Zustandekommen oder die Anfechtung von Rechtssätzen, Verträgen oder anderen Verwaltungshandlungen ohne Verfügungscharakter (sogenannte Realakte, vgl. dazu TSCHANNEN/ZIMMERLI/MÜLLER, S. 335 ff.; HÄFELIN/MÜLLER/UHLMANN, Rz. 730a ff.).

- Die Verfügung stützt sich auf *öffentliches Recht des Bundes:* Das VwVG kommt nicht zur Anwendung, wenn es um eine Verfügung geht, welche sich auf Privat- oder Strafrecht oder (zu Recht) nur auf kantonales Recht stützt. Anwendbar bleibt das VwVG dagegen, wenn sich die Verfügung fälschlicherweise auf kantonales statt Bundesrecht stützt. Auf gewisse Verwaltungsverfahren ist das VwVG teilweise (VwVG 2) oder vollständig (VwVG 3) nicht anwendbar.

- Die Behörde, welche das Verfahren durchführt, ist eine *Bundesverwaltungsbehörde:* Gemeint sind nicht nur Behörden der Bundesverwaltung im organisatorischen Sinne (Bundesrat, Departemente, Ämter), sondern alle Behörden, welche im Bund Verwaltungsaufgaben wahrnehmen und in VwVG 1 Abs. 2 genannt werden. Auf das Verfahren vor dem Bundesverwaltungsgericht findet das VwVG insoweit Anwendung, als dass das VGG keine abweichenden Bestimmungen enthält (VwVG 2 Abs. 4; vgl. 3. Teil, D.7.1.1).

Das VwVG ist in folgende Abschnitte unterteilt:
- 1. Abschnitt: Geltungsbereich und Begriffe (Art. 1–6). VwVG 5 definiert den Begriff der Verfügung (vgl. 2. Teil, A.1.1 und 3. Teil, D.2.2), VwVG 6 den Begriff der Parteien (vgl. 2. Teil, B.4.).
- 2. Abschnitt: Allgemeine Verfahrensgrundsätze (Art. 7–43). Diese Verfahrensgrundsätze gelten für das nichtstreitige Verwaltungsverfahren, aber auch für die Beschwerdeverfahren, inklusive der Beschwerde an das Bundesverwaltungsgericht, sofern das VGG keine abweichenden Bestimmungen enthält (vgl. VGG 37).
- 3. Abschnitt: Das Beschwerdeverfahren im Allgemeinen (Art. 44–71). Dieser Abschnitt bildet zusammen mit den ersten beiden Abschnitten eine allgemeine Verfahrensordnung für die Verwaltungsrechtspflege im Bund. Da die verwaltungsinterne Beschwerde im Bund weitgehend abgeschafft worden ist, stellt die Beschwerde an das Bundesverwaltungsgericht den Hauptanwendungsfall dar für die VwVG 44–71.

- 4. Abschnitt: Besondere Behörden (Art. 72–79). Dieser Abschnitt regelt die Besonderheiten für das Verfahren vor dem Bundesrat (ergänzend zu VwVG 44–71 bzw. VwVG 7–43) und vor der Bundesversammlung.
- 5. Abschnitt: Schluss- und Übergangsbestimmungen (Art. 80–82).

3.2 Bundesgesetz über das Bundesverwaltungsgericht

Das Bundesgesetz über das Bundesverwaltungsgericht (Verwaltungsgerichtsgesetz, VGG) folgt gegliedert:

- 1. Kapitel: Stellung und Organisation (Art. 1–30). Dieses Kapitel definiert die Stellung des Bundesverwaltungsgerichts als allgemeines und unabhängiges Verwaltungsgericht des Bundes bzw. als Vorinstanz des Bundesgerichts (1. Abschnitt), regelt die Wahl und die Stellung der Richterinnen und Richter (2. Abschnitt) und stellt Bestimmungen auf über die Organisation und Verwaltung des Gerichts (3. Abschnitt).
- 2. Kapitel: Zuständigkeiten (Art. 31–36). Dieses Kapitel regelt die Zuständigkeiten des Bundesverwaltungsgerichts als Beschwerdeinstanz (1. Abschnitt) und als erste Instanz (2. Abschnitt).
- 3. Kapitel: Verfahren (Art. 37–44). Ergänzend zur allgemeinen Verfahrensordnung gemäss VwVG stellt dieses Kapitel Bestimmungen auf für das Verfahren vor Bundesverwaltungsgericht.
- 4. Kapitel: Revision, Erläuterung und Berichtigung.
- 5. Kapitel: Schlussbestimmungen.

3.3 Bundesgesetz über das Bundesgericht

Das Bundesgesetz über das Bundesgericht (Bundesgerichtsgesetz, BGG) umfasst acht Kapitel:

- 1. Kapitel: Stellung und Organisation (Art. 1–28). Dieses Kapitel umschreibt die Stellung des Bundesgerichts als unabhängige und oberste rechtsprechende Behörde des Bundes (1. Abschnitt), regelt die Wahl und die Stellung der Richterinnen und Richter (2. Abschnitt) und stellt Bestimmungen auf über die Organisation und Verwaltung des Gerichts (3. Abschnitt).
- 2. Kapitel: Allgemeine Verfahrensbestimmungen (Art. 29–71). Dieses Kapitel enthält diejenigen Verfahrensbestimmungen, welche unabhängig von der Art des Verfahrens vor Bundesgericht zur Anwendung gelangen.
- 3. Kapitel: Das Bundesgericht als ordentliche Beschwerdeinstanz (Art. 72–89). Hier werden für die Beschwerde in Zivilsachen (1. Abschnitt), die Beschwerde in Strafsachen (2. Abschnitt) und die Beschwerde in öffentlich-rechtlichen Angelegenheiten (3. Abschnitt) je unterschiedliche Zulässigkeitsvoraussetzungen (Beschwerdeobjekt, Vorinstanzen und Beschwerderecht) geregelt.
- 4. Kapitel: Beschwerdeverfahren (Art. 90–112). Dieses Kapitel enthält die Verfahrensbestimmungen, welche für alle drei ordentlichen Beschwerden zur Anwendung gelangen. Der 6. Abschnitt ist dem vereinfachten Beschwerdeverfahren gewidmet. Ein 7. Abschnitt stellt Vorschriften auf für die Kantone, sofern deren Entscheide der Beschwerde ans Bundesgericht unterliegen.
- 5. Kapitel: Subsidiäre Verfassungsbeschwerde (Art. 113–119). Dieses Kapitel regelt die Zugangsvoraussetzungen für die Verfassungsbeschwerde gegen letztinstanzliche kantonale Entscheide, mit welcher subsidiär die Verletzung von verfassungsmässigen Rechten gerügt werden kann, wenn keine ordentliche Beschwerde nach dem 3. Kapitel zulässig ist. Für das Verfahren der subsidiären Verfassungsbeschwerde wird hauptsächlich auf gewisse Bestimmungen des 4. Kapitels verwiesen.
- 6. Kapitel: Klage (Art. 120). BGG 120 regelt die Zuständigkeit des Bundesgerichts als erste und einzige Instanz und verweist für das Verfahren auf das Bundesgesetz über den Bundeszivilprozess (BZP).
- 7. Kapitel: Revision, Erläuterung und Berichtigung (Art. 121–129).
- 8. Kapitel: Schlussbestimmungen (Art. 130–133).

3.4 Spezialgesetze

Viele verwaltungsrechtliche Spezialerlasse enthalten besondere Verfahrensbestimmungen, welche die Verfahrensordnung ergänzen bzw. abändern. Teilweise weichen Verfahrensbestimmungen in Spezialgesetzen von den allgemeinen Regeln ab. Zahlreiche besondere Verfahrensbestimmungen enthält beispielsweise das EntG.

4. Kantonales Recht

Die Kantone sind im Rahmen der erwähnten Staatsverträge, der Bundesverfassung und einzelnen bundesgesetzlichen Bestimmungen autonom in der Regelung des kantonalen öffentlichen Prozessrechts. So haben die Kantone je eigene Verfahrensordnungen, welche häufig als Verwaltungsrechtspflegegesetz bezeichnet werden.

Die wichtigsten Rechtsquellen des öffentlichen Prozessrechts

Öffentliches Prozessrecht der Kantone	Öffentliches Prozessrecht des Bundes	
Mindeststandards: Bundesverfassung, EMRK und UNO-Pakt II		
Bundesgesetzliche Bestimmungen für das kantonale Verfahren	Verwaltungsrechtliche Spezialgesetze des Bundes: Verfahrensbestimmungen gehen den allgemeinen Vorschriften vor	BGG für das Verfahren vor Bundesgericht
Kantonale Verfahrensordnungen: – Kantonale Verfassungen – Verwaltungsrechtspflegegesetze – Verfahrensbestimmungen in verwaltungsrechtlichen Spezialgesetzen		VGG für das Verfahren vor Bundesverwaltungsgericht
		VwVG für das Verwaltungsverfahren des Bundes und (subsidiär) das Verfahren vor Bundesverwaltungsgericht

C. Verfahrensmaximen

1. Begriff und Bedeutung

Verfahrensmaximen sind Grundsätze für die Ausgestaltung des nichtstreitigen Verwaltungsverfahrens und der Verwaltungsrechtspflege. Verfahrensmaximen können als Auslegungshilfe herbeigezogen werden, wenn die Verfahrensordnung unklar oder lückenhaft bleibt.

Einige Verfahrensmaximen stellen *Gegensatzpaare* dar. Es kommt vor, dass eine Verfahrensart Elemente von zwei gegensätzlichen Maximen aufweist.

Verfahrensmaximen

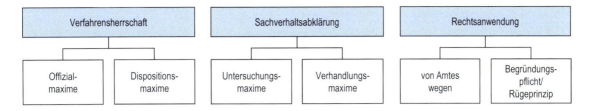

2. Offizialmaxime – Dispositionsmaxime

Die Unterscheidung zwischen Offizial- und Dispositionsmaxime betrifft die Herrschaft über die Einleitung, den Gegenstand und die Beendigung des Verfahrens.

In einem Verfahren, in welchem die Offizialmaxime gilt, haben *die Behörden* das Recht und die Pflicht zu entscheiden, ob ein Verfahren eingeleitet oder beendet wird und was Gegenstand des Verfahrens ist. Im Gegensatz dazu entscheiden *die beteiligten Privaten* über Einleitung, Beendigung und Gegenstand des Verfahrens, wenn die Dispositionsmaxime gilt.

Im vom Dispositionsprinzip geprägten Verfahren sind die Behörden an die Parteibegehren gebunden und können einer Partei nicht mehr bzw. nicht etwas anderes zusprechen, als beantragt worden ist, und nicht weniger, als von einer Gegenpartei anerkannt worden ist.

Im nichtstreitigen Verwaltungsverfahren gilt grundsätzlich die Offizialmaxime. Bei mitwirkungsbedürftigen Verfügungen gilt jedoch auch im nichtstreitigen Verwaltungsverfahren die Dispositionsmaxime: Das Gesuch einer Privatperson leitet ein Verwaltungsverfahren ein und bestimmt den Verfahrensgegenstand (z.B. Umfang einer Bewilligung), wobei das Gesuch jederzeit zurückgezogen und das Verfahren damit beendet werden kann. Im streitigen Verwaltungsverfahren gilt grundsätzlich die Dispositionsmaxime.

	Grundsatz	Ausnahme
Nicht streitiges Verwaltungsverfahren	Offizialmaxime	Dispositionsmaxime bei mitwirkungsbedürftigen Verfügungen
Streitiges Verwaltungsverfahren	Dispositionsmaxime	Offizialmaxime

3. Untersuchungsmaxime – Verhandlungsmaxime

Die Unterscheidung zwischen Untersuchungs- und Verhandlungsmaxime betrifft die Aufgabenverteilung bei der Ermittlung des rechtserheblichen Sachverhalts.

Nach der Untersuchungsmaxime müssen *die Behörden* den Sachverhalt abklären.

Sie haben die für einen Entscheid notwendigen Unterlagen zu beschaffen und den erforderlichen Beweis zu führen. Sie sind nicht an die Beweisanträge und Sachverhaltsdarstellungen der Parteien gebunden.

Im Gegensatz dazu muss nach der Verhandlungsmaxime der rechtserhebliche Sachverhalt *von den beteiligten Parteien* dargestellt und bewiesen werden.

Im Gegensatz zum Zivilprozess gilt im Verwaltungsverfahren grundsätzlich die Untersuchungsmaxime. Diese wird jedoch durch die Mitwirkungspflicht der Parteien eingeschränkt, wonach die Parteien zur Abklärung des Sachverhalts beitragen müssen. Die Mitwirkungspflicht kann sich aus dem Gesetz oder aus der Natur des zu beurteilenden Rechts ergeben.

Mitwirkungspflicht der Parteien:

- Auskunftspflicht im Steuerverfahren;
- Auskunftspflicht und Pflicht zur Herausgabe von Unterlagen (vgl. PrSG 11);
- Asylbewerber bei der Feststellung des Sachverhalts (vgl. AsylG 8 und 32);
- Beschaffung von Sachverhaltsunterlagen, welche nur die Partei liefern kann, bzw. Auskunftspflicht bezüglich Tatsachen, welche eine Partei besser kennt als die Behörde (vgl. BGE 130 II 449, 464).

Ausserdem ist die Geltung der Untersuchungsmaxime für das streitige Verwaltungsverfahren zu relativieren: Die Behörden sind im Rechtsmittelverfahren nicht verpflichtet, den Sachverhalt weiter abzuklären, sondern können sich auf die Prüfung der Stichhaltigkeit der Parteivorbringen beschränken.

	Grundsatz	Ausnahme
Nicht streitiges Verwaltungsverfahren	Untersuchungsmaxime	Mitwirkungspflicht der Parteien
Streitiges Verwaltungsverfahren	Untersuchungsmaxime	- Mitwirkungspflicht der Parteien - sowie Möglichkeit der Beschränkung auf Prüfung der Stichhaltigkeit von Parteivorbringen

4. Grundsatz der Rechtsanwendung von Amtes wegen

Nach dem Grundsatz der Rechtsanwendung von Amtes wegen sind die Behörden dafür verantwortlich, dass auf den festgestellten Sachverhalt die richtigen Rechtsnormen angewendet werden. Die Behörden sind nicht an rechtliche Überlegungen der Parteien gebunden.

Der Grundsatz der Rechtsanwendung von Amtes wegen gilt im nichtstreitigen Verwaltungsverfahren uneingeschränkt. Im streitigen Verwaltungsverfahren kann dieser Grundsatz durch die Begründungspflicht und durch das Rügeprinzip relativiert werden. Häufig wird vom Beschwerdeführer eine Begründung verlangt, damit die Behörden auf ein Rechtsmittel eintreten, wobei an die Begründung keine hohen Anforderungen gestellt werden. Wenn das Rügeprinzip gilt, müssen bzw. dürfen sich die Behörden nur mit Einwänden befassen, welche von den Parteien vorgebracht worden sind.

	Grundsatz der Rechtsanwendung von Amtes wegen
Nicht streitiges Verwaltungsverfahren	Gilt absolut
Streitiges Verwaltungsverfahren	Gilt mit folgenden Ausnahmen: Begründungspflicht und Rügeprinzip

5. Grundsatz der freien Beweiswürdigung

Nach dem Grundsatz der freien Beweiswürdigung sind die Behörden verpflichtet, sich unvoreingenommen von der Richtigkeit der behaupteten Tatsachen zu überzeugen. Die Bindung an formelle Beweisregeln ist unzulässig.

Die entscheidenden Behörden müssen die Beweise unter Würdigung der Umstände im Einzelfall werten. Jedoch darf die Beweiswürdigung nicht willkürlich sein, sondern sie muss sachlich begründbar sein.

6. Grundsatz der Mündlichkeit oder Schriftlichkeit

Im Gegensatz zum mündlichen Verfahren erfolgt nach dem Grundsatz der Schriftlichkeit ein Entscheid im schriftlichen Verfahren gestützt auf die Akten und wird schriftlich eröffnet (Aktenprozess).

Das nicht streitige und das streitige Verwaltungsverfahren laufen weitgehend schriftlich ab. Teilweise kann eine mündliche Schlussverhandlung vorgesehen sein.

D. Verfahrensgarantien der BV/EMRK

1. Begriff und Bedeutung

Wie die Verfahrensmaximen enthalten auch die Verfahrensgarantien Grundsätze für die Ausgestaltung des streitigen und nichtstreitigen Verwaltungsverfahrens. Von den Verfahrensmaximen unterscheiden sie sich dadurch, dass sie überdies dem Einzelnen gegenüber dem Staat einen *grundrechtlichen Anspruch* auf gleiche und gerechte Behandlung im Verfahren einräumen (Anspruch auf ein faires Verfahren; Fairnessgebot). Mit diesem Anspruch auf ein faires Verfahren soll ein angemessener Rechtsschutz gewährleistet und zudem sichergestellt werden, dass der Einzelne im Verfahren nicht zum Objekt herabgewürdigt, sondern als Subjekt behandelt wird.

Die im UNO-Pakt II, in der EMRK und im Bundesverfassungsrecht verankerten Verfahrensgarantien bilden *Mindeststandards*, welche die Verfahrensordnungen des Bundes und der Kantone ergänzen und von allen Behörden eingehalten werden müssen. Dies gilt insbesondere auch dann, wenn die im Einzelfall anwendbare Verfahrensordnung den Verfahrensbeteiligten weniger oder weniger weitgehende Rechte zugesteht, als sie durch die Verfahrensgarantien gewährleistet werden. Oftmals können aber den Kantonsverfassungen und Verfahrensgesetzen auch prozessuale Rechte der Einzelnen entnommen werden, die über die Mindeststandards hinausgehen.

Vor der Totalrevision der Bundesverfassung 1999 wurden die Verfahrensgarantien mit Ausnahme von aBV 58 und aBV 59 aus aBV 4 sowie aus EMRK 5 und 6 abgeleitet und bildeten einen Teil des ungeschriebenen Verfassungsrechts. In der neuen Bundesverfassung sind sie im *Grundrechtskatalog* als BV 29 (Allgemeine Verfahrensgarantien), BV 29a (Rechtsweggarantie), BV 30 (Gerichtliche Verfahren), BV 31 (Freiheitsentzug) und BV 32 (Strafverfahren) aufgeführt.

Die Allgemeinen Verfahrensgarantien von BV 29 enthalten die aus aBV 4 abgeleiteten und oftmals unter dem Stichwort «Verbot der formellen Rechtsverweigerung» zusammengefassten Prinzipien. Während BV 29 auf das *Verwaltungs- und Gerichtsverfahren* anwendbar ist, beschränkt sich die Geltung von BV 30 auf das *Verfahren vor Gericht*.

Überblick über die allgemeinen Verfahrensgarantien von BV 29

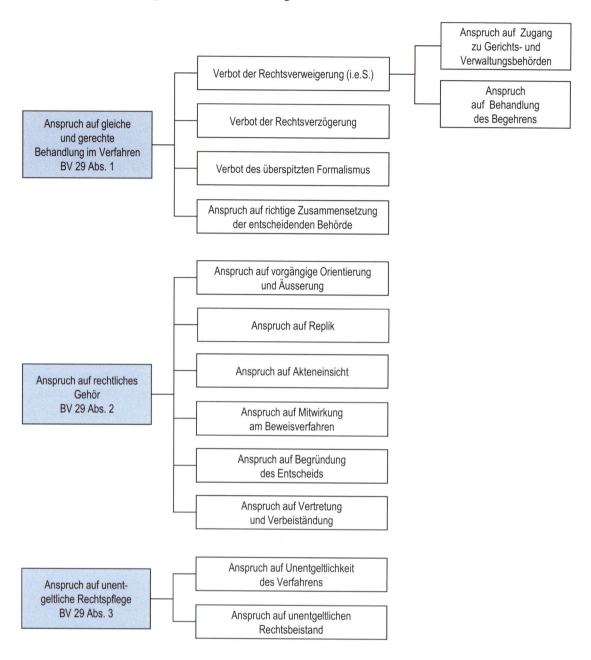

2. Gleiche und gerechte Behandlung im Verfahren (BV 29 Abs. 1)

Aus dem Gebot der gleichen und gerechten Behandlung im Verfahren (Fairnessgebot) werden vier Teilgehalte abgeleitet:

- Verbot der Rechtsverweigerung (i.e.S.);
- Verbot der Rechtsverzögerung;
- Verbot des überspitzten Formalismus;
- Anspruch auf richtige Zusammensetzung der Behörde.

Das Verbot der Rechtsverweigerung (i.e.S.) als Teilgehalt des Anspruchs auf gleiche und gerechte Behandlung im Verfahren (BV 29 Abs. 1) ist zu unterscheiden vom Verbot der formellen Rechtsverweigerung, wozu alle in BV 29 verankerten Verfahrensgarantien gezählt werden.

Die offene Formulierung von BV 29 Abs. 1 lässt eine weitere richterliche Rechtsfortbildung zu.

So hat sich das Bundesgericht etwa in folgenden Fällen auf BV 29 Abs. 1 gestützt:

- richterliche Aufklärungspflichten gegenüber der rechtsunkundigen Partei (BGE 124 I 185, 189);
- unter bestimmten Voraussetzungen nachträgliche Korrektur eines rechtskräftigen Urteils, das mit der materiellen Wahrheit nicht übereinstimmt (BGE 130 IV 72, 74 m.H.);
- Unzulässigkeit der Verwertung von Beweismitteln, welche rechtswidrig erlangt worden sind (BGE 131 I 272, 274 ff.; BGE 136 V 117, 125; BGE 137 I 218).

2.1 Verbot der Rechtsverweigerung (i.e.S.)

Das Verbot der Rechtsverweigerung garantiert den Zugang zu Gerichts- und Verwaltungsbehörden. Es besteht ein Anspruch auf Behandlung des Begehrens durch die Behörde

2.1.1 Anspruch auf Zugang zu Gerichts- und Verwaltungsbehörden

Der *Anspruch auf Zugang zu Gerichts- und Verwaltungsbehörden* ist dann verletzt, wenn diese auf ein Begehren nicht eintreten, obwohl die Eintretensvoraussetzungen erfüllt sind und die Behörde zum Entscheid verpflichtet wäre. Die konkreten Eintretensvoraussetzungen können im Wesentlichen dem Verfahrensrecht, manchmal auch dem materiellen Recht entnommen werden. Stellt eine Behörde ihre Unzuständigkeit fest, so ist sie ausser in offensichtlichen Fällen verpflichtet, einen Nichteintretensentscheid zu fällen.

Kein Anspruch auf Tätigwerden der Behörden besteht grundsätzlich bei formlosen Rechtsbehelfen wie der Aufsichtsbeschwerde und dem Wiedererwägungsgesuch. Ausnahmsweise kann sich dennoch ein Anspruch auf Wiedererwägung ergeben, wenn sich seit dem ersten Entscheid die Umstände wesentlich geändert haben oder wenn der Gesuchsteller wichtige Tatsachen oder Beweismittel anführt, die er im früheren Verfahren nicht kannte oder zu deren Geltendmachung er damals nicht in der Lage war, beziehungsweise wenn dazu keine Veranlassung bestand (vgl. 3. Teil, C.2. sowie KÖLZ/HÄNER/BERTSCHI, Rz. 715 ff. m.w.H.).

2.1.2 Anspruch auf Behandlung des Begehrens

Der *Anspruch auf Behandlung des Begehrens* durch die Behörde ist verletzt, wenn die Behörde zwar auf ein Begehren eintritt, es dabei aber unterlässt, in der für die Beurteilung erforderlichen Weise tätig zu werden. Diese Form der Rechtsverweigerung liegt z.B. vor bei fehlender oder unzureichender Abklärung des massgeblichen Sachverhaltes, beim Nichteingehen auf wesentliche Rügen des Beschwerdeführers und bei fehlender Ausschöpfung der Prüfungsbefugnis (Kognition).

2.2 Verbot der Rechtsverzögerung

Das Verbot der Rechtsverzögerung beinhaltet den Anspruch auf Beurteilung innert angemessener Frist.

Bei der *Rechtsverzögerung* ist die Behörde zwar bereit, einen Entscheid zu fällen, trifft ihn jedoch nicht *innert einer angemessenen Frist*. Keine Rechtsverzögerung, sondern Rechtsverweigerung liegt vor, wenn hinreichende Anhaltspunkte dafür sprechen, dass die Behörde überhaupt nicht entscheiden oder verfügen will.

Ein Anspruch auf ein Verfahren innerhalb angemessener Frist für «zivilrechtliche Streitigkeiten» und «strafrechtliche Anklagen» ergibt sich auch aus EMRK 6 Ziff. 1. Die Begriffe der «zivilrechtlichen Streitigkeiten» und «strafrechtlichen Anklagen» im Sinne der EMRK werden weit ausgelegt und können auch Sachverhalte betreffen, die in die Zuständigkeit der Verwaltungsgerichte fallen (vgl. 1. Teil, D.5.1.5). Nach der Lehre und Praxis geht jedoch der Anspruch aus dem Beschleunigungsgebot von EMRK 6 Ziff. 1 nicht über den Anspruch auf Beurteilung innert angemessener Frist nach BV 29 Abs. 1 hinaus. Vgl. zu EMRK 6 HAEFLIGER/SCHÜRMANN, S. 131 ff.

Hinweise für die zulässige Dauer eines Verfahrens können verschiedentlich bereits dem Gesetzesrecht entnommen werden, welches entweder eine Frist vorgibt (vgl. z.B. SchKG 84), die eingehalten werden muss, oder den für das Verfahren vorgesehenen Zeitraum zumindest näher umschreibt (z.B. «rasches Verfahren» in ATSG 61 Abs. 1 lit. a). Finden sich im Gesetz keine Angaben, ist die Angemessenheit der Frist nach den Umständen des Einzelfalles zu prüfen.

Dabei ist die *Art des Verfahrens*, die *Bedeutung der Angelegenheit* und das *Verhalten der zur Beurteilung zuständigen Behörde* mit einzubeziehen (vgl. BGE 130 I 312, 331 f. m.w.H.).

- *Art des Verfahrens*: Handelt es sich um einen umfangreichen und komplexen Fall, dann ist für dessen Beurteilung eine längere Zeitdauer gerechtfertigt.

- *Bedeutung der Angelegenheit*: Ein Verfahren ist umso schneller zu erledigen, je grundlegender der Verfahrensausgang für die Verfahrensbeteiligten ist.

Die Frist beginnt mit dem Anhängigmachen des Gesuchs bei der zuständigen Behörde und endet mit dem endgültigen Entscheid der letzten angerufenen Instanz. Wurde kein Gesuch gestellt, beginnt die Frist mit der Rechtshängigkeit der Anfechtung der Verfügung.

Beispiele

- Eintreten des Bundesgerichts auf eine Beschwerde gegen einen Zwischenentscheid trotz Fehlens der Eintretensvoraussetzungen von BGG 93 Abs. 1, da es aufgrund der bereits sehr langen Verfahrensdauer vor der Vorinstanz der beschwerdeführenden Partei nicht zumutbar gewesen wäre, die Rüge mit einer Beschwerde gegen den Endentscheid vorzubringen (BGE 136 II 165, 170, wo sich das Bundesgericht zudem auf das Fairnessgebot stützte);
  - die Einstellung eines Verfahrens (Sistierung) als Ausnahme (BGE 135 III 127, 134);
  - Fristverlängerung im Einbürgerungsverfahren selbst bei Vorliegen eines triftigen Grundes nur ausnahmsweise zulässig (BGE 135 I 265, 277).

2.3 Verbot des überspitzten Formalismus

Das Verbot des überspitzten Formalismus besagt, dass Verfahrensvorschriften nicht *zu formalistisch* oder *mit übertriebener Strenge* ausgelegt und gehandhabt werden dürfen.

Überspitzter Formalismus ist eine besondere Form der Rechtsverweigerung, bei der Verfahrensbestimmungen (Formvorschriften) besonders streng gehandhabt werden, ohne dass dafür ein schutzwürdiges Interesse vorliegt. Statt der Verwirklichung des materiellen Rechts zu dienen, werden sie so zum Selbstzweck und versperren dem Einzelnen den Zugang zur Justiz (vgl. dazu BGE 128 II 139, 142 m.w.H.).

Als überspitzter Formalismus gelten:

- rigorose Formvorschriften, ohne dass die Strenge sachlich gerechtfertigt wäre;

- die Handhabung formeller Vorschriften durch die Behörden mit übertriebener Strenge;

- überspannte Anforderungen an Rechtsschriften, welche dem Bürger den Rechtsweg in unzulässiger Weise versperren (BGE 120 V 413).

Beispiele

- Endgültiges Nichteintreten (statt Nachfrist zur Übersetzung) auf einen Rekurs in deutscher statt italienischer Sprache im Kanton Tessin (BGE 102 Ia 35, 37 f.);
  - Nichtberücksichtigung einer anwaltlichen Vollmacht, welche rechtzeitig, aber bei der falschen Gerichtsabteilung eingereicht worden ist (BGE 113 Ia 94, 96 f.).

2.4 Anspruch auf richtige Zusammensetzung der Behörde

Aus BV 29 Abs. 1 wird ein Anspruch der Privaten abgeleitet, dass die Behörden in einem sie betreffenden Verwaltungsverfahren ordnungsgemäss zusammengesetzt und unbefangen sein müssen.

Dies schliesst einen Anspruch auf Bekanntgabe der Behördenmitglieder, die beim Entscheid mitwirken, mit ein.

Der Anspruch auf richtige Zusammensetzung der Behörde wird in BV 29 Abs. 1 zwar nicht ausdrücklich erwähnt, er ist jedoch im Anspruch auf «gleiche und gerechte Behandlung» enthalten. Teilweise wird dieser Anspruch auch als Teilgehalt des Anspruchs auf rechtliches Gehör verstanden. Für gerichtliche (auch verwaltungsgerichtliche) Verfahren dagegen ist der Anspruch auf ein gesetzliches, zuständiges, unabhängiges und unparteiisches Gericht ausdrücklich in BV 30 Abs. 1 festgehalten (vgl. 1. Teil, D.5.1.4). Ungeklärt ist die Frage, ob für die Unabhängigkeit und Unparteilichkeit von Verwaltungsbehörden der gleiche oder ein weniger strenger Massstab gilt als für die Gerichte. Die Rechtsprechung des Bundesgerichts ist diesbezüglich nicht einheitlich (vgl. KIENER, S. 76 ff.).

3.   Anspruch auf rechtliches Gehör (BV 29 Abs. 2)

Der Anspruch auf rechtliches Gehör beinhaltet, dass die Betroffenen in einem Gerichts- oder Verwaltungsverfahren *mitwirken* können.

Einer unbeschränkten Ausübung des rechtlichen Gehörs können Interessen Dritter oder des Staates entgegenstehen (z.B. zeitliche Dringlichkeit einer Massnahme, Vereitelungsgefahr, Schutz von Personendaten Dritter, insbesondere beim Akteneinsichtsrecht auch Geheimhaltungsinteressen). In einem solchen Fall muss aufgrund einer *Interessensabwägung* ermittelt werden, ob und, wenn ja, in welchem Umfang das rechtliche Gehör gewährt werden kann.

Beispiele   für zulässige Beschränkungen des Anspruchs auf rechtliches Gehör:
- Evakuierung von Personen wegen Naturkatastrophen (Dringlichkeit);
- Pläne für militärische Bauten (staatliche Interessen);
- Hausdurchsuchung oder Festnahme (Vereitelungsgefahr).

Beim rechtlichen Gehör handelt es sich um einen *formellen Anspruch*, dessen Verletzung selbst dann zur Aufhebung des angefochtenen Entscheides oder der angefochtenen Verfügung führt, wenn dadurch der Verfahrensausgang nicht beeinflusst worden ist. Nach der Praxis des Bundesgerichts kann die Verletzung des rechtlichen Gehörs jedoch im Rechtsmittelverfahren «geheilt» werden, wenn die Rechtsmittelinstanz über die gleiche Kognition wie die vorhergehende Instanz verfügt, diese ausschöpft und die versäumte Anhörung des Betroffenen nachholt (vgl. BGE 129 I 129, 135 m.H.; vgl. zur Kritik an dieser Praxis KÖLZ/HÄNER/BERTSCHI, Rz. 551 f. m.w.H. sowie BENJAMIN SCHINDLER, Die «formelle Natur» von Verfahrensgrundrechten, ZBl 106 [2005], S. 169 ff.).

Als Korrelat zum Anspruch auf rechtliches Gehör besteht eine Pflicht der Behörden, alles von den Betroffenen Vorgebrachte zu prüfen und zu würdigen (vgl. zu den Verfahrenspflichten der Behörden RHINOW/KOLLER/KISS/TURNHERR/BRÜHL-MOSER, Rz. 328 m.w.H.). Aus dem in BV 29 Abs. 2 verankerten Anspruch auf rechtliches Gehör lassen sich verschiedene Teilgehalte entnehmen:

- Anspruch auf vorgängige Orientierung und Äusserung;
- Recht auf Replik;
- Mitwirkungsrechte bei der Beweiserhebung;
- Akteneinsichtsrecht;
- Recht auf Vertretung und Verbeiständung;
- Anspruch auf Begründung von Verfügungen.

3.1   Vorgängige Orientierung und Äusserung

Der *Anspruch auf vorgängige Orientierung* beinhaltet eine *Mitteilungspflicht* der Behörden.

Die vorgängige Orientierung durch die Behörden ist Voraussetzung dafür, dass Betroffene ihren Anspruch auf vorgängige Äusserung überhaupt wahrnehmen können. Dazu müssen ihnen der voraussichtliche Inhalt der Verfügung und allenfalls auch die Gründe und die rechtliche Grundlage für die Verfügung bekannt gegeben werden. Eine Mitteilungspflicht besteht aber auch dann, wenn z.B. während eines Verfahrens neue Akten herangezogen oder Gutachten eingeholt werden.

Der *Anspruch auf vorgängige Äusserung* beinhaltet das Recht, sich zu allen entscheidrelevanten Sachfragen zu äussern.

Die Stellungnahme kann mündlich oder schriftlich erfolgen; jedoch besteht kein verfassungsmässiger Anspruch auf mündliche Äusserung (BGE 130 II 425, 428 m.w.H.; BGE 134 I 140, 148).

In Ausnahmefällen kann dem Anspruch auf vorgängige Anhörung auch ein Anspruch, sich zur rechtlichen Würdigung des Sachverhaltes zu äussern, entnommen werden. Das kann z.B. der

Fall sein, wenn ein Entscheid auf eine Rechtsnorm gestützt werden soll, deren Anwendung nicht vernünftigerweise voraussehbar ist (BGE 129 II 497, 505; vgl. dazu Steinmann, Art. 29 BV, Rz. 25 m.w.H.).

3.2 Recht auf Replik

Das Recht auf Replik umfasst das Recht, von jeder dem Gericht eingereichten Stellungnahme Kenntnis zu nehmen und sich dazu äussern zu können.

Der Anspruch auf Zustellung der Stellungnahme soll es den Parteien ermöglichen, sich darüber schlüssig zu werden, ob sie sich zu dieser Stellungnahme vernehmlassen wollen (BGE 137 I 195 f. m.H. zur Heilung der Verletzung des Zustellanspruchs). Das Recht auf Replik besteht unabhängig davon, ob die Stellungnahme neue Tatsachen oder Argumente enthält oder ob sie das Gericht tatsächlich zu beeinflussen vermag (BGE 138 I 484, 485 f.; BGE 138 I 154, 157). Es gilt für alle *gerichtlichen* Verfahren. Eine Partei, welche sich zu einer ihr zur Kenntnisnahme zugestellten Stellungnahme äussern möchte, muss entweder unverzüglich eine eigene Stellungnahme einreichen oder Antrag stellen, dass ihr eine Frist zur Einreichung einer Stellungnahme angesetzt wird (BGE 138 I 484, 486; BGE 133 I 100, 104). Handelt es sich hingegen nicht um ein Verfahren vor einer gerichtlichen Behörde, sondern um ein Verfahren vor einer Verwaltungsbehörde, verneint das Bundesgericht einen unbedingten Anspruch auf Replik (BGE 138 I 154, 157).

3.3 Mitwirkungsrechte bei der Beweiserhebung

Der *Anspruch auf Mitwirkung* am Beweisverfahren beinhaltet

- das Recht zur Stellung von Beweisanträgen,
- das Recht zur Teilnahme an der Beweiserhebung und
- das Recht zur Stellungnahme zum Ergebnis des Beweisverfahrens.

Die Parteien können also Beweisanträge stellen, aber auch selber die Beweise beibringen. Beides muss in der durch das Verfahrensgesetz vorgesehenen Frist erfolgen. Vgl. zu den Voraussetzungen, unter welchen beantragte Beweise nicht erhoben werden müssen Steinmann, Art. 29 BV, Rz. 33.

Der Anspruch auf Teilnahme an der Beweiserhebung beinhaltet auch das Recht, bei einem Augenschein oder bei Zeugeneinvernahmen anwesend zu sein.

3.4 Akteneinsichtsrecht

Das *Recht auf Akteneinsicht* beinhaltet den Anspruch auf Einsicht in alle Akten, die der Behörde als Grundlage für den Entscheid dienen können.

Das Recht auf Akteneinsicht besteht *vor, während und nach* einem Verfahren. Den Verfahrensbeteiligten steht während des Verfahrens ein *umfassendes* Akteneinsichtsrecht zu, ohne dass sie ein besonderes Interesse geltend machen müssen.

Soll das Recht auf Akteneinsicht hingegen vor oder nach einem Verfahren in Anspruch genommen werden, muss ein *schutzwürdiges Interesse* glaubhaft gemacht werden (vgl. BGE 129 I 249, 253 f.; BGE 130 III 42, 44). Auch Dritte, die nicht Verfahrensbeteiligte sind, können sich auf das Recht auf Akteneinsicht berufen, wenn sie ein schutzwürdiges Interesse nachweisen können (siehe zur Akteneinsicht durch die Medien BGE 137 I 16).

Im Bund gilt seit Inkrafttreten des Öffentlichkeitsgesetzes (BGÖ) das Öffentlichkeitsprinzip: Es besteht grundsätzlich ein Recht auf Zugang zu amtlichen Dokumenten, ohne dass besondere Interessen geltend gemacht werden müssen. Die Ausnahmen sind in BGÖ 7 abschliessend aufgezählt (vgl. zur Einschränkung des Öffentlichkeitsprinzips BGE 133 II 209). Für die Einsichtnahme in Akten der Verwaltungsrechtspflege kommt das BGÖ nicht zur Anwendung (BGÖ 3 Abs. 1 lit. a Ziff. 5). Das Gleiche gilt für die Akteneinsicht der Parteien (nicht aber für andere Personen) in die Akten eines erstinstanzlichen (nichtstreitigen) Verwaltungsverfahrens (BGÖ 3 Abs. 1 lit. b). Verschiedene Kantone haben ebenfalls das Öffentlichkeitsprinzip eingeführt.

Unabhängig von einem Verfahren wird das Akteneinsichtsrecht durch den grundrechtlichen Anspruch auf Persönlichkeitsschutz gewährleistet (vgl. dazu J.P. MÜLLER/SCHEFER, S. 39 ff., insbesondere S. 164 ff.). Zum Auskunftsrecht nach dem Datenschutzgesetz (DSG) vgl. ROSENTHAL, S. 199 ff.

Zu den Akten, in die Einsicht genommen werden kann, zählen alle Aufzeichnungen jeglicher Art, die als Grundlage für den Entscheid infrage kommen, auch wenn es sich dabei um Akten des internen amtlichen Verkehrs handelt.

Schranken des Einsichtsrechts können sich aus den Interessen Dritter oder des Staates ergeben (vgl. dazu auch 1. Teil, D.3.).

Beispiele
- Militärische und polizeiliche Geheimnisse;
- Geschäftsgeheimnisse;
- Geheimhaltung von Prüfungsfragen.

Einschränkung des Akteneinsichtsrechts

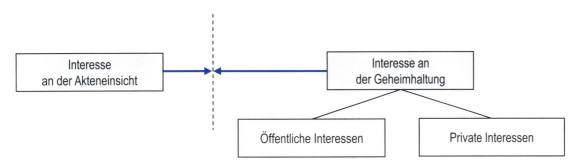

Der Betroffene kann am Sitz der Behörde selber Einsicht in die Akten nehmen. Er darf sich dabei Notizen anfertigen und hat auch einen Anspruch, sich mit dem Kopiergerät der Verwaltung Kopien anzufertigen, sofern dies nicht mit einem übermässigen Aufwand für die Verwaltung verbunden ist.

Voraussetzung für die Wahrnehmung des Akteneinsichtsrechts ist, dass Akten erstellt wurden. Daher sind die Behörden verpflichtet, alles in den Akten festzuhalten, was zur Sache gehört. Vgl. Pflicht zur Aktenerstellung BGE 115 Ia 97.

3.5 Recht auf Vertretung und Verbeiständung

Das *Recht auf Vertretung und Verbeiständung* beinhaltet das Recht, sich in einem Verfahren auf eigene Kosten durch einen Rechtsbeistand beraten und vertreten zu lassen.

Das Recht auf Vertretung und Verbeiständung kann nur für unwichtige Fälle ausgeschlossen werden, bei denen keine bedeutenden Interessen betroffen sind und die als Streitsache unkompliziert sind (BGE 105 Ia 288, 294). Während eines Prozesses ist es trotz des Vertretungsrechts zulässig, das persönliche Erscheinen der Parteien zu verlangen.

3.6 Recht auf Begründung der Verfügung

Der *Anspruch auf Begründung von Verfügungen* beinhaltet das Recht zu wissen, auf welche rechtlichen und tatsächlichen Grundlagen sich der Entscheid stützt.

Durch die Begründung der Verfügung sollen die Privaten in die Lage versetzt werden, den Entscheid nachvollziehen und ihn allenfalls auch anfechten zu können.

Dabei genügt auch eine kurze Begründung, sofern sie die für den Entscheid wesentlichen Gesichtspunkte umfasst. Eine Auseinandersetzung mit allen Rechtsvorbringen der Parteien ist nicht erforderlich (BGE 129 I 232, 236 m.H.; BGE 133 III 439, 445; BGE 134 I 83, 88).

Die Begründung muss umso umfassender sein, je grösser der Ermessensspielraum der Behörde ist, je komplizierter sich die Rechtslage und der Sachverhalt präsentieren und je schwerer der Eingriff ist.

4. Recht auf unentgeltliche Rechtspflege (BV 29 Abs. 3)

Der Anspruch auf unentgeltliche Rechtspflege umfasst den *Anspruch auf Unentgeltlichkeit des Verfahrens* (unentgeltliche Rechtspflege i.e.S.; BV 29 Abs. 3 Satz 1) sowie den *Anspruch auf unentgeltlichen Rechtsbeistand* (BV 29 Abs. 3 Satz 2).

Zum Anspruch auf Übernahme von Verfahrens- und Anwaltskosten im Rahmen des Opferhilfegesetzes vgl. weiterführend GOMM/ZEHNTER, Art. 14, Rz. 22 ff.

4.1 Unentgeltlichkeit des Verfahrens

Anspruch auf unentgeltliches Verfahren hat jede Person, die nicht über die erforderlichen Mittel verfügt (Bedürftigkeit), sofern ihr Rechtsbegehren nicht aussichtslos erscheint (BV 29 Abs. 3 Satz 1).

- Als *bedürftig* gilt, wer aufgrund seiner finanziellen Situation nicht in der Lage ist, neben dem eigenen Grundbedarf (Lebensunterhalt) und demjenigen von Angehörigen auch noch die Verfahrens- und Anwaltskosten aus eigenen Mitteln zu bestreiten (BGE 128 I 225, 232 m.H.; vgl. auch MEICHSSNER, S. 71 ff.).

- *Aussichtslos* ist ein Verfahren, wenn das Risiko zu unterliegen beträchtlich höher erscheint als die Chance zu obsiegen, sodass jemand, der die Verfahrenskosten selber tragen muss, vom Verfahren Abstand nehmen würde. Im Gegensatz zum Zivilverfahren wird beim Verwaltungsverfahren zusätzlich berücksichtigt, wie stark der Einzelne von den Auswirkungen des Verfahrens betroffen ist: Je grundlegender sich der Verfahrensausgang auf eine Person auswirkt, desto nachvollziehbarer ist es, dass sie ein Verfahren anstrebt, und desto zurückhaltender ist die Verweigerung der unentgeltlichen Verfahrensführung aufgrund der Aussichtslosigkeit des Verfahrens zu handhaben (vgl. MEICHSSNER, S. 96 ff.).

Wer Anspruch auf ein unentgeltliches Verfahren geltend machen kann, wird von den Kosten des Verwaltungs- und Gerichtsverfahrens befreit. Insbesondere müssen keine Kostenvorschüsse geleistet werden. Es ist hingegen zulässig, nachträglich die entstandenen Kosten des Verfahrens und allenfalls der Verbeiständung von den ursprünglich davon befreiten Personen zurückzuverlangen, wenn diese dannzumal aufgrund ausreichenden Vermögens oder Einkommens zu einer solchen Zahlung in der Lage sind.

4.2 Unentgeltlicher Rechtsbeistand

Jede Person mit Anspruch auf unentgeltliche Rechtspflege hat ausserdem *Anspruch auf einen unentgeltlichen Rechtsbeistand,* soweit dies zur Wahrung ihrer Rechte notwendig ist (BV 29 Abs. 3 Satz 2).

Neben Bedürftigkeit und ausreichenden Verfahrenschancen wird beim Anspruch auf unentgeltlichen Rechtsbeistand dessen Notwendigkeit vorausgesetzt (vgl. MEICHSSNER, S. 117 ff.).

Die *Notwendigkeit* eines Rechtsbeistandes ist immer zu bejahen, wenn durch das Verfahren schwerwiegend in Rechtspositionen des Betroffenen eingegriffen wird. Liegt kein solcher schwerer Eingriff vor, beurteilt sich die Notwendigkeit nach dem konkreten Einzelfall: Es wird geprüft, ob die betroffene Person aufgrund ihrer Verhältnisse (z.B. Alter, soziale Stellung, Gesundheitszustand, Rechtskenntnisse) sowie der rechtlichen und tatsächlichen Schwierigkeiten des Falles in der Lage ist, ihre Rechte auch ohne Rechtsbeistand ausreichend wahrzunehmen (vgl. BGE 128 I 225, 232 m.w.H.). Zudem wird mitberücksichtigt, ob die Gegenpartei anwaltlich vertreten wird.

Anspruch auf unentgeltliche Rechtspflege

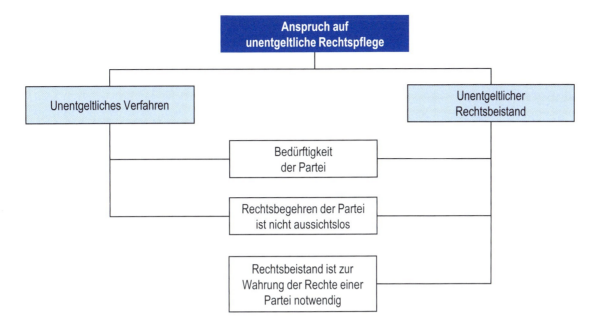

5. Rechtsschutzgarantien

Der Staat ist verpflichtet, Rechtsschutzeinrichtungen zur Verfügung zu stellen, um den Privaten die wirksame Wahrnehmung der eingeräumten Rechte zu ermöglichen.

5.1 Rechtsweggarantien (Gerichtsgarantien; BV 29a i.V.m. BV 30 Abs. 1, EMRK 6 Ziff. 1)

5.1.1 Anspruch auf Zugang zu einem unabhängigen Gericht nach BV 29a

Rechtsweggarantien gewährleisten einen Anspruch auf Zugang zu einem unabhängigen Gericht. Mit dem Inkrafttreten der Justizreform wurde eine allgemeine Rechtsweggarantie eingeführt. Bis dahin bestand nach BV 30 schon ein Anspruch darauf, dass ein Gericht, wenn es zur Beurteilung zuständig war, unabhängig und unparteiisch ist.

Den Privaten wird nun mit BV 29a ein Anspruch eingeräumt, grundsätzlich sämtliche *Rechtsstreitigkeiten* durch ein Gericht beurteilen zu lassen. Letztinstanzliche Entscheide von Verwaltungsbehörden sind damit ausgeschlossen. Die Rechtsweggarantie beinhaltet eine freie Prüfung der Rechts- und Sachverhaltsfrage (BGE 137 I 235, 240).

Unzulässig sind nach BV 29a Prozessvoraussetzungen, welche den Zugang zum Gericht übermässig erschweren oder verunmöglichen. Unzulässig wären beispielsweise sehr hohe Kostenvorschüsse oder sehr kurze Rechtsmittelfristen.

Die Rechtsweggarantie gewährleistet nicht den Zugang zu einem bestimmten Gericht, insbesondere wird nicht der Zugang zum Bundesgericht garantiert. Es ist mit der Rechtsweggarantie vereinbar, wenn ein kantonales Gericht oder ein Gericht des Bundes auf tieferer Stufe in letzter Instanz entscheidet. Entscheidend ist, dass das Gericht den Anforderungen von BV 30 Abs. 1 genügt (vgl. 1. Teil, D.5.1.4).

Beispiel   Aus der Rechtsweggarantie ergibt sich die Zuständigkeit des Bundesgerichts zur Beurteilung von Beschwerden, mit denen die Rechts- und Verfassungsmässigkeit eidgenössischer Abstimmungen wegen erst nachträglich bekannt gewordener schwerwiegender Mängel infrage gestellt wird, auch wenn das Bundesgesetz über die politischen Rechte eine Revision oder Wiedererwägung nicht vorsieht (BGE 138 I 61, 75).

5.1.2 Begriff der Rechtsstreitigkeit

Der Begriff der Rechtsstreitigkeit schliesst Sachverhaltsfragen mit ein. Ein Gericht muss daher sowohl Rechts- als auch Sachverhaltsfragen mit voller Kognition beurteilen können (BGE 137 I 235, 240). Nicht zwingend ist dagegen, dass das Gericht die Angemessenheit eines Rechtsaktes überprüfen kann.

Nicht völlig geklärt ist, ob aufgrund von BV 29a neben der Rechtmässigkeit von Verfügungen auch die Rechtmässigkeit von Realakten durch ein Gericht überprüft werden können muss (vgl. HANGARTNER, Recht auf Rechtsschutz, S. 146 f.; TOPHINKE, S. 94 f.; KLEY, Rz. 12). BV 29a verlangt jedenfalls nicht, dass jedes faktische Handeln der Behörden einer gerichtlichen Überprüfung unterzogen werden können muss. Es wird jedoch die Auffassung vertreten, dass mit Inkrafttreten der Rechtsweggarantie auch dann ein gerichtlicher Rechtsschutz bestehen muss, wenn verfügungsfreies behördliches Handeln Rechte oder Pflichten von Personen berührt. Die Kantone könnten in diesen Fällen entweder solche Tathandlungen direkt als Anfechtungsobjekt zulassen oder wie der Bund gemäss VwVG 25a (vgl. 2. Teil, A.1.2) einen Anspruch auf eine Feststellungsverfügung vorsehen (vgl. zum Ganzen TOPHINKE, S. 95 f.).

Ebenfalls nicht geklärt ist die Frage, ob aufgrund von BV 29a auch bei *Streitigkeiten aus verwaltungsrechtlichen Verträgen* ein gerichtlicher Rechtsschutz gewährleistet sein muss (vgl. dazu HANGARTNER, Recht auf Rechtsschutz, S. 147 f.). Im Bund steht jedenfalls gegen Streitigkeiten aus öffentlich-rechtlichen Verträgen die verwaltungsrechtliche Klage ans Bundesverwaltungsgericht offen (VGG 35 lit. a, vgl. 3. Teil, E.2.). Einen anderen Lösungsansatz bietet die *Zweistufentheorie,* welche zwischen behördlicher Willensbildung, die zum Vertragsabschluss führt, und dem Vertragsabschluss selber unterscheidet. Die Entscheidung zum Vertragsabschluss ist in die Form einer Verfügung zu kleiden, um eine Anfechtung zu ermöglichen. So bezeichnet beispielsweise BöB 29 lit. a unter anderem den Zuschlag als anfechtbare Verfügung.

Das Bundesgericht wird die offenen Fragen mittels Auslegung des Begriffs der Rechtsstreitigkeit zu klären haben.

5.1.3 Ausnahmen von der Rechtsweggarantie

Bund und Kantone können gemäss BV 29a Satz 2 *auf Gesetzesebene* eine gerichtliche Beurteilung in Ausnahmefällen ausschliessen. Allerdings können nur sachliche Gründe wie beispielsweise mangelnde Justiziabilität bestimmter Akte einen solchen Ausschluss rechtfertigen.

Beispiele
- Gewisse Regierungsakte (z.B. im Bereich der internationalen Beziehungen);
- Grossverwaltungsakte des Parlaments;
- Ergebnisse von Volksentscheiden (im Gegensatz zu Verfahrensverletzungen);
- Entscheide mit vorwiegend politischem Charakter (z.B. Richtplan).

5.1.4 Anspruch auf gesetzmässiges, zuständiges und unabhängiges Gericht gemäss BV 30 Abs. 1

BV 30 Abs. 1 garantiert die *Gesetzmässigkeit, Zuständigkeit* sowie *institutionelle und personelle Unabhängigkeit des Gerichts* (vgl. BGE 131 I 113, 116 m.w.H.).

- *Gesetzmässig* ist ein Gericht, wenn Zuständigkeit und Organisation in einem formellen Gesetz generell-abstrakt geregelt sind. Ausdrücklich untersagt sind gemäss BV 30 Abs. 1 Satz 2 Ausnahmegerichte.

- *Zuständig* ist ein Gericht, wenn es die ihm durch das Gesetz zugewiesenen Aufgaben erfüllt.

- *Institutionell unabhängig* ist ein Gericht, dessen Richterinnen und Richter auf feste Amtsdauer gewählt werden und keine Anweisungen von anderen Staatsgewalten oder den Parteien empfangen. Dass Richterinnen und Richter durch die Exekutive gewählt werden, schliesst die Unabhängigkeit für sich alleine nicht aus.

- *Personell unabhängig* ist ein Gericht, dessen Richterinnen und Richter persönlich unbefangen sind. Es dürfen keine Umstände vorliegen, die bei objektiver Betrachtungsweise geeignet sind, Misstrauen in die Unparteilichkeit der Richterinnen und Richter zu wecken. Der Anschein von Befangenheit kann beispielsweise durch eigene Interessen am Prozessausgang, enge Beziehungen zu einer Partei, persönliches Verhalten oder durch äusseren, auf die Richterin oder den Richter ausgeübten Druck erweckt werden.

- Anschein der Befangenheit eines Richters, der mit der gleichen Streitsache in einem früheren Verfahren vorbefasst war und sich bei der Mitwirkung beim Entscheid bereits in einem Mass festgelegt hat, sodass der Richter nicht mehr als unbefangen und der Verfahrensausgang nicht mehr als offen erschien (BGE 131 I 113, 116);
- Anschein der Befangenheit eines Richters, der sich in einer Fachpublikation zu Rechtsfragen äusserte, die mit der zu beurteilenden Streitsache zusammenhängen, wenn die Art der Äusserung Grund zur Befürchtung gibt, der Richter habe sich seine Meinung bereits abschliessend gebildet (BGE 133 I 89, 92 f.);
- Anschein der Befangenheit eines als Richter amtenden Anwalts, wenn zu einer Partei noch ein offenes Mandat oder eine Art Dauerbeziehung besteht, weil er für eine Partei mehrmals anwaltlich tätig geworden ist (BGE 135 I 14, 16 mit Beispielen);
- Anschein der Befangenheit, wenn der Referent im Rechtsmittelverfahren auf eigene Initiative dem Rechtsvertreter vor Durchführung der Verhandlung seine vorläufige Auffassung und die beabsichtigte Antragsstellung mitteilt (BGE 134 I 238, 242 ff.).

Neben dem in BV 30 Abs. 1 festgehaltenen grundrechtlichen Anspruch ist die richterliche Unabhängigkeit für sämtliche richterliche Behörden zusätzlich als institutioneller Grundsatz in BV 191c verankert.

5.1.5 Bedeutung der Rechtsweggarantie von EMRK 6 Ziff. 1

Auch EMRK 6 Ziff. 1 gewährleistet die Beurteilung von Rechtsstreitigkeiten durch ein unabhängiges, unparteiisches, auf Gesetz beruhendes Gericht. Allerdings ist diese Garantie beschränkt auf Fälle, bei denen «zivilrechtliche Ansprüche und Verpflichtungen» oder die Stichhaltigkeit einer «strafrechtlichen Anklage» beurteilt werden müssen. Da diese Begriffe von den EMRK-Organen autonom ausgelegt werden und die nationale rechtliche Qualifikation nicht entscheidend ist, fallen verschiedene Angelegenheiten darunter, welche in der Schweiz zum Verwaltungsrecht gehören.

Zu den «zivilrechtlichen Ansprüchen und Verpflichtungen» werden beispielsweise Enteignungssachen, Landumlegungen, Bewilligungen zur Ausübung privater Berufstätigkeiten, Staatshaftungsansprüche sowie Leistungen oder Abgaben in Sozialversicherungsangelegenheiten gezählt. Eine «strafrechtliche Anklage» kann beispielsweise beim Führerscheinentzug oder im Strafsteuerverfahren vorliegen.

Die Bedeutung der Rechtsweggarantie nach EMRK 6 Ziff. 1 hat für die Schweiz mit der Aufnahme einer allgemeinen Rechtsweggarantie in die BV stark abgenommen. Immerhin bleibt ein Anspruch auf gerichtliche Beurteilung nach EMRK 6 Ziff. 1 in denjenigen Fällen vorbehalten, in denen gemäss BV 29a Satz 2 eine gerichtliche Überprüfung ausnahmsweise durch Gesetz ausgeschlossen wird.

Vgl. zur Rechtsweggarantie bei «zivilrechtlichen Ansprüchen und Verpflichtungen» bzw. «strafrechtlichen Anklagen» auch UNO-Pakt II 14 Abs. 1.

5.2 Rechtsmittelgarantie (EMRK 13)

EMRK 13 gewährleistet einen *Anspruch auf eine wirksame Beschwerde*, falls ein von der EMRK gewährleistetes Recht verletzt worden ist und falls die materielle Rüge «vertretbar» ist.

Im Gegensatz zu den Rechtsweggarantien muss es sich dabei nicht um eine Beschwerde an ein Gericht handeln. Auch ein verwaltungsinternes Rechtsmittel erfüllt die Voraussetzungen von EMRK 13, sofern minimale Verfahrensgrundsätze eingehalten werden, die Beschwerdeinstanz hinreichend unabhängig ist und über freie Kognition verfügt, also sowohl eine Rechts- als auch eine Sachverhaltsprüfung vornehmen darf (vgl. BGE 130 I 388, 392 f.; BGE 130 I 369, 377).

Seit der Einführung einer allgemeinen Rechtsweggarantie in BV 29a hat EMRK 13 nur noch in folgenden Fällen eigenständige Bedeutung:

- Wenn gegen bestimmte Rechtsakte ausnahmsweise keine Beschwerdemöglichkeit besteht (vgl. BV 29a Satz 2) und ausserdem kein Recht im Anwendungsbereich von EMRK 6 Ziff. 1 betroffen ist.
- Wenn wegen der Form des staatlichen Handelns kein Rechtsschutz besteht: Die Möglichkeit der Ergreifung eines Rechtsmittels ist im Verwaltungsverfahren in der Regel an das Vorhandensein einer Verfügung als Anfechtungsobjekt geknüpft. EMRK 13 erlangt deshalb möglicherweise eigenständige Bedeutung, wenn die Rechtsstellung von Privaten mittels Verwaltungshandeln, welches nicht zu einer Verfügung führt, berührt wird. Wenn man bejaht, dass aufgrund von BV 29a gegen sämtliches Verwaltungshandeln, welches Rechte und Pflichten von Personen berührt, ein gerichtlicher Rechtsschutzanspruch besteht (vgl. 1. Teil, D.5.1.2), hat EMRK 13 in dieser Hinsicht jedoch keine eigenständige Bedeutung mehr.

In diesen Fällen kann EMRK 13 dazu führen, dass formlose Rechtsbehelfe wie z.B. die Aufsichtsbeschwerde (vgl. 3. Teil, C.3.), welche normalerweise keinen Erledigungsanspruch vermitteln, wie förmliche Rechtsmittel behandelt werden müssen. Dies ist allerdings nur dann der Fall, wenn zuvor alle zur Verfügung stehenden Mittel des Rechtsschutzes ausgeschöpft worden sind.

Vgl. zum Anspruch auf eine wirksame Beschwerde auch UNO-Pakt II 2 Abs. 3.

Rechtsschutzgarantien

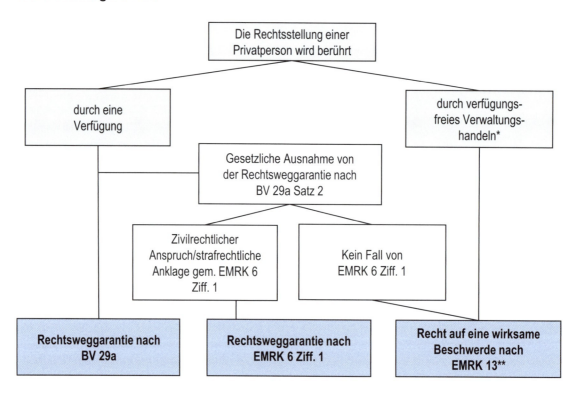

* Es wird die Auffassung vertreten, dass Personen, welche durch verfügungsfreies Verwaltungshandeln in ihrer Rechtsstellung berührt werden, aufgrund der Rechtsweggarantie nach BV 29a an ein Gericht gelangen können.

** Sofern ein durch die EMRK geschütztes Recht betroffen ist.

6. Recht auf öffentliche Gerichtsverhandlung und Urteilsverkündung (BV 30 Abs. 3, EMRK 6 Ziff. 1)

EMRK 6 Ziff. 1 garantiert für «zivilrechtliche Ansprüche und Verpflichtungen» bzw. «strafrechtliche Anklagen» (vgl. dazu 1. Teil, D.5.1.5) einen Anspruch auf öffentliche Gerichtsverhandlung und Urteilsverkündung. Kein Anspruch besteht dagegen auf eine öffentliche Urteilsberatung.

Es genügt, wenn eine Instanz, welche sowohl Rechts- als auch Sachverhaltsfragen mit voller Kognition beurteilen kann, eine öffentliche Verhandlung durchführt. Für den Anspruch auf öffentliche Urteilsverkündung genügt es, wenn das Urteil für eine gewisse Zeit öffentlich aufgelegt wird.

Der sachliche Geltungsbereich von BV 30 Abs. 3 geht weiter als derjenige von EMRK 6 Ziff. 1, indem er nicht nur für «zivilrechtliche Ansprüche und Verpflichtungen» bzw. «strafrechtliche Anklagen» gilt. BV 30 Abs. 3 garantiert jedoch nicht eine öffentliche Gerichtsverhandlung an sich, sondern nur, dass die Verhandlung öffentlich ist, falls eine solche stattfindet (BGE 128 I 288 ff.).

Nach BV 30 Abs. 3 Satz 2 können Bund und Kantone hierzu auf Gesetzesebene Ausnahmen vorsehen, allerdings nur aus sachlichen Gründen. Nach EMRK 6 Ziff. 1 sind Ausnahmen zulässig, «wenn dies im Interesse der Moral, der öffentlichen Ordnung oder der nationalen Sicherheit in einer demokratischen Gesellschaft liegt, wenn die Interessen von Jugendlichen oder der Schutz des Privatlebens der Prozessparteien es verlangen oder – soweit das Gericht es für unbedingt erforderlich hält – wenn unter besonderen Umständen eine öffentliche Verhandlung die Interessen der Rechtspflege beeinträchtigen würde». Eine öffentliche Verhandlung muss nicht durchgeführt werden, wenn der entsprechende Antrag als schikanös oder rechtsmissbräuchlich erscheint oder wenn er auf eine Verjährungstaktik schliessen lässt, welche nicht mit dem Anspruch der Einfachheit und Raschheit des Verfahrens in Einklang gebracht werden kann. Auf eine öffentliche Verhandlung kann auch verzichtet werden, wenn mit hinreichender Zuverlässigkeit erkennbar ist, dass eine Beschwerde offensichtlich unbegründet oder unzulässig ist oder wenn die Fragestellung eine hohe Technizität aufweist oder das Gericht aufgrund der Akten zum Ergebnis kommt, dass das materielle Begehren der antragstellenden Partei gutzuheissen ist.

Die Berechtigten können auf eine öffentliche Gerichtsverhandlung und Urteilsverkündung verzichten. Der Verzicht kann auch stillschweigend erfolgen. Sieht das anwendbare Prozessrecht nicht zwingend eine mündliche öffentliche Verhandlung vor, muss daher ein entsprechender Verfahrensantrag gestellt werden. Wird kein solcher Antrag gestellt, wird angenommen, dass die Partei auf ihren Anspruch aus EMRK 6 Ziff. 1 verzichtet hat (BGE 134 I 331, 333). Der Antrag gilt als rechtzeitig gestellt, wenn er während des von der Prozessordnung vorgesehenen ordentlichen Schriftenwechsels gestellt wird (BGE 134 I 331, 334 f.). Aus dem Öffentlichkeitsprinzip kann sich auch ein Informationsanspruch und ein Einsichtsrecht ableiten, sofern der Gesuchsteller ein schutzwürdiges Informationsinteresse nachweisen kann und keine überwiegenden öffentlichen oder privaten Interessen der beantragten Einsicht entgegenstehen (BGE 134 I 286, 291).

E.   Übungen zum 1. Teil

Lösungen S. 144

Übung 1

Sind die folgenden Handlungen Teil des (streitigen oder nichtstreitigen) Verwaltungsverfahrens oder gehören sie zur (verwaltungsinternen oder verwaltungsexternen) Verwaltungsrechtspflege:

- ■ Einreichen eines Baubewilligungsgesuchs?
- ■ Erteilung eines Gastwirtschaftspatents?
- ■ Einsprache gegen den Einschätzungsentscheid eines kantonalen Steueramtes?
- ■ Beschwerde beziehungsweise Rekurs an den Regierungsrat gegen eine Verfügung oder einen Entscheid einer kantonalen Direktion?
- ■ Anfechtung einer Baubewilligung bei einer kantonalen Baurekurskommission?
- ■ Beschwerde an das Bundesverwaltungsgericht gegen die Erteilung einer Betriebskonzession für einen Flugplatz?

Anmerkung: Der Begriff der Verwaltungsrechtspflege ist in seinem engeren Sinne zu verstehen (vgl. 1. Teil, A.1.2).

Übung 2

X. hat im zweiten Versuch die schriftliche Anwaltsprüfung nicht bestanden, was ihr von der kantonalen Anwaltsprüfungskommission mitgeteilt worden ist. X. möchte gegen den Entscheid der Prüfungskommission vorgehen. Obwohl X. die Zusammensetzung der Prüfungskommission seit Längerem bekannt war, rügt sie erst, nachdem ihr das negative Ergebnis mitgeteilt worden ist, die Befangenheit einer Expertin, die bereits ihre erste Prüfungsarbeit als ungenügend bewertet hatte. X. ist der Meinung, dies stelle eine Verletzung des Anspruchs auf ein unabhängiges Gericht dar. Wird X. mit dieser Rüge vor Gericht Erfolg haben?

Übung 3

Im Auftrag der Erziehungsdirektion eines Kantons wurde ein Buch als Informationsschrift über Gruppierungen mit totalitärer Tendenz herausgegeben. Die darin dargestellten Gruppierungen erhoben beim Regierungsrat wegen der Publikation des Buchs Aufsichtsbeschwerde gegen die Erziehungsdirektion und verlangten die Einstellung des weiteren Vertriebs des Werks wegen Verletzung der Glaubens- und Gewissensfreiheit. Der Regierungsrat wies die Aufsichtsbeschwerde ab. Auf eine gegen den Entscheid des Regierungsrates erhobene Beschwerde trat das Bundesgericht nicht ein mit der Begründung, es liege keine anfechtbare Verfügung vor. Hätte das Bundesgericht aufgrund von EMRK 13 auf die Beschwerde eintreten müssen (vgl. BGE 121 I 87)?

Übung 4

X. wurde vom zuständigen Strafgericht des Führens eines Personenwagens in angetrunkenem Zustand schuldig gesprochen und zu einer bedingten Gefängnisstrafe und einer Busse verurteilt. Parallel dazu entzog das kantonale Strassenverkehrsamt X. den Führerausweis für vier Monate. X. erhob gegen den Führerausweisentzug (nicht gegen den Entscheid des Strafgerichts) Rekurs und stellte gleichzeitig ein Gesuch um Durchführung einer öffentlichen Verhandlung. Die zuständige kantonale Rekurskommission wies den Rekurs und das Gesuch um Durchführung einer öffentlichen Verhandlung ab. Hat die Rekurskommission damit gegen BV bzw. EMRK verstossen (vgl. BGE 121 II 22)?

Übung 5

Bei Claudia Gentis, die als Baby von ihren Eltern adoptiert wurde, wird kurz vor ihrem 17. Geburtstag Leukämie diagnostiziert. In der Folge unterzieht sie sich einer Chemotherapie, deren Erfolgsaussichten jedoch gering sind. Die Ärzte raten ihr dringend zu einer Knochenmarktransplantation als der aussichtsreichsten Therapie. Da ihre Adoptiveltern kein Knochenmark spenden können und sich auch sonst kein Spender finden lässt, wendet sich Claudia Gentis an die Vormundschaftsbehörde mit dem Gesuch, ihr die Identität ihrer leiblichen Eltern bekannt zu geben. Sie hofft, dass sich ihre leiblichen Eltern oder deren Nachkommen zu einer Knochenmarkspende bereit erklären können. Daraufhin nimmt die Behörde Kontakt mit der biologischen Mutter von Claudia Gentis auf; der biologische Vater hatte keine weiteren Nachkommen und ist nicht mehr am Leben. Die Mutter lehnt die Bekanntgabe ihres Namens ab, da ihr bei der Geburt absolute Anonymität zugesichert worden sei und sie nicht nach so langer Zeit mit ihrem damals zur Adoption freigegebenen Kind konfrontiert werden möchte. Ausserdem wissen ihr jetziger Mann und ihre weiteren Kinder nichts von Claudia Gentis.

Die Behörde lehnt daraufhin das Auskunftsgesuch von Claudia Gentis ab. Wie beurteilen Sie diesen Entscheid (vgl. BGE 128 I 63 ff.)?

2. Teil   Nicht streitiges Verwaltungsverfahren des Bundes

A.   Die Verfügung

1.   Begriff und Funktion

1.1   Verfügungsbegriff

Eine Verfügung ...

... ist ein individueller, an den Einzelnen gerichteter Hoheitsakt, durch den eine konkrete verwaltungsrechtliche Rechtsbeziehung rechtsgestaltend oder feststellend in verbindlicher und erzwingbarer Weise geregelt wird (vgl. für den Bund VwVG 5 Abs. 1).

Der Begriff der Verfügung charakterisiert sich demnach durch folgende Elemente (vgl. hierzu ausführlicher HÄFELIN/MÜLLER/UHLMANN, Rz. 858 ff.; TSCHANNEN/ZIMMERLI/MÜLLER, S. 229 ff.):

- Einzelfall (individuell-konkret): Eine Verfügung regelt einen bestimmten Sachverhalt (konkret) gegenüber einer oder mehreren bestimmten Personen (individuell).

- Einseitigkeit/Hoheitlichkeit: Eine Verfügung wird einseitig von den Behörden erlassen und ist grundsätzlich ohne Zustimmung des Betroffenen wirksam. Damit unterscheidet sich die Verfügung vom verwaltungsrechtlichen Vertrag, welcher auf der Zustimmung der beteiligten Gemeinwesen und Privaten zur ausgehandelten Regelung beruht und gegenseitige Rechte und Pflichten begründet.

- Ausrichtung auf Rechtswirkungen: Gegenstand einer Verfügung ist die rechtsverbindliche Regelung eines Rechtsverhältnisses. Im Gegensatz zur Verfügung sind Realakte (vgl. dazu TSCHANNEN/ZIMMERLI/MÜLLER, S. 355 ff.) nicht auf Rechtswirkungen ausgerichtet. Dennoch können auch Realakte die Rechtsstellung von Privaten berühren.

- Verbindlichkeit: Verfügungen sind verbindlich und erzwingbar. Sie können nötigenfalls zwangsweise durchgesetzt werden.

- Anwendung von Verwaltungsrecht: Entscheidend ist nicht, welche Behörde die Verfügung erlässt, sondern dass sie in Anwendung von Verwaltungsrecht ergeht.

Der Gesetzgeber weicht teilweise von diesem Verfügungsbegriff ab, indem er in Spezialgesetzen einen besonderen Verfügungsbegriff schafft bzw. bestimmte Verwaltungshandlungen als Verfügung bezeichnet. BöB 29 bezeichnet beispielsweise bestimmte Verwaltungshandlungen im Vergabeverfahren von öffentlichen Aufträgen des Bundes als Verfügungen.

1.1.1   Allgemeinverfügungen

Einen Sonderfall bilden Allgemeinverfügungen, welche zwar einen *bestimmten Sachverhalt* regeln, sich aber an einen *unbestimmten Personenkreis* richten. Rechtlich werden Allgemeinverfügungen wie gewöhnliche Verfügungen behandelt.

Beispiele
- Örtliche Verkehrsanordnungen;
- Typengenehmigungen, z.B. Typenprüfung nach SVG 12

1.1.2   Nutzungs- oder Zonenpläne

Nutzungs- oder Zonenpläne legen Zweck, Ort und Mass der Bodennutzung für ein bestimmtes Gebiet allgemeinverbindlich fest (vgl. RPG 14 Abs. 1).

Nutzungs- oder Zonenpläne sind Anordnungen, welche zwischen Rechtssatz und Verfügung stehen. Sie beziehen sich zwar auf bestimmte Grundstücke, richten sich jedoch an einen unbestimmten Personenkreis. Das Planungsverfahren ist spezialgesetzlich geregelt (vgl. RPG sowie die kantonalen Planungs- und Baugesetze).

1.2 Rechtsgestaltende, verweigernde und feststellende Verfügung

Eine *rechtsgestaltende* Verfügung begründet oder ändert Rechte oder Pflichten oder hebt Rechte oder Pflichten auf (vgl. für den Bund VwVG 5 Abs. 1 lit. a).

Beispiele
- Erteilung einer Rodungsbewilligung;
- Erteilung einer Polizeibewilligung oder einer Konzession;
- Kürzung einer Invalidenrente.

Mit einer *verweigernden* Verfügung wird ein Begehren auf Begründung, Änderung oder Aufhebung von Rechten oder Pflichten abgewiesen oder nicht darauf eingetreten (vgl. für den Bund VwVG 5 Abs. 1 lit. c).

Beispiele
- Ablehnung eines Gesuchs um eine Baubewilligung;
- Ablehnung einer Demonstrationsbewilligung.

Ein Spezialfall stellt die *Feststellungsverfügung* dar, mit welcher lediglich verbindlich festgestellt wird, ob und inwieweit Rechte oder Pflichten bestehen (vgl. für den Bund VwVG 5 Abs. 1 lit. b und VwVG 25 Abs. 1).

Im Bund besteht ein Anspruch auf Erlass einer Feststellungsverfügung, wenn der Gesuchsteller ein schutzwürdiges (rechtliches oder tatsächliches) Interesse an der Klärung der Rechtslage nachweist, sofern das schutzwürdige Interesse nicht mit einer rechtsgestaltenden Verfügung gewährt werden kann (VwVG 25 Abs. 2).

Beispiel
Gesuch um Feststellung, ob eine Parzelle, deren Zuweisung zu einer bestimmten Nutzungszone unklar ist, eine landwirtschaftliche Liegenschaft darstellt oder nicht, wenn dies für die Zulässigkeit des Verkaufs der Liegenschaft entscheidend ist (BGE 116 II 167).

Weiter besteht im Bund ein Anspruch auf Erlass einer Feststellungsverfügung für Personen, welche durch Realakte in ihren Rechten und Pflichten berührt werden, sofern sie ein schutzwürdiges Interesse an der Feststellung haben (VwVG 25a).

1.3 Funktion der Verfügung

Die Verfügung hat eine *materiellrechtliche* und eine *verfahrensrechtliche Funktion*. Ihre materiellrechtliche Funktion ist die verbindliche Regelung eines Rechtsverhältnisses (Rechte und Pflichten). Die verfahrensrechtliche Funktion der Verfügung liegt darin, dass normalerweise das Vorliegen einer Verfügung Voraussetzung für den Zugang zum Rechtsschutz gegen staatliches Handeln ist, da das Verfahrensrecht in der Regel eine Verfügung als Anfechtungsobjekt verlangt.

2. Die Verfügung als Objekt des nichtstreitigen Verwaltungsverfahrens

Das nicht streitige Verwaltungsverfahren regelt die Vorbereitung und den Erlass von erstinstanzlichen Verfügungen. Das Verfahren, welches zum Erlass einer Verfügung führt, wird für den Bund im VwVG (Art. 7–43) eingehend geregelt.

Das Verfahren zur Entstehung von verwaltungsrechtlichen Verträgen ist im VwVG nicht geregelt. Vereinzelt sehen Spezialgesetze einzelne Bestimmungen vor, im Übrigen finden die Bestimmungen des OR (OR 1 ff.) analog Anwendung.

Realakte werden vom VwVG mit Ausnahme von VwVG 25a ebenfalls nicht erfasst. Für diese Verwaltungshandlungen gibt es somit keine verfahrensrechtlichen Formvorschriften. Die Behörden müssen jedoch bei sämtlichen Verwaltungshandlungen Verfassung und Gesetze beachten.

B. Verfahren zum Erlass von erstinstanzlichen Verfügungen und deren Vollstreckung

1. Einleitung des Verfahrens und Bestimmung des Gegenstandes

Grundsätzlich entscheidet im nichtstreitigen Verwaltungsverfahren die zuständige Behörde über Einleitung und Beendigung des Verfahrens. Diese entscheidet aufgrund einer gesetzlichen Grundlage auch, worüber und in welchem Umfang zu entscheiden ist (Offizialprinzip, vgl. 1. Teil, C.2.).

Bei den mitwirkungsbedürftigen Verfügungen sind es dagegen die Privaten, welche mit einem Gesuch (z.B. auf Erteilung einer Bewilligung) das Verfahren auslösen. Mit einem Rückzug des Gesuchs ist das Verfahren beendet, und die Behörden können keine Verfügung mehr erlassen (Dispositionsprinzip, vgl. 1. Teil, C.2.).

2. Zuständigkeit der Behörde

2.1 Begriff
2.1.1 Sachliche Zuständigkeit

Die *sachliche Zuständigkeit* richtet sich nach dem Verfahrensgegenstand. In der Regel bestimmt das materielle Recht, welche Behörde eine bestimmte Verfügung zu erlassen hat.

Beispiel Das Schweizerische Heilmittelinstitut erteilt die Bewilligung für die Herstellung von Arzneimitteln nach HMG 5 Abs. 1 lit. a.

Die Bestimmungen des materiellen Rechts werden durch das Verwaltungsorganisationsrecht (RVOG) ergänzt.

2.1.2 Örtliche Zuständigkeit

Wenn die sachliche Zuständigkeit geklärt ist, gibt es im Bund in der Regel nur eine Behörde, welche sich mit einer bestimmten Angelegenheit befasst. Die Frage der *örtlichen Zuständigkeit* stellt sich damit nur ausnahmsweise (z.B. bei den Schätzungskreisen im Enteignungsverfahren, vgl. EntG 58 f.).

2.1.3 Funktionelle Zuständigkeit

Die *funktionelle Zuständigkeit* betrifft den Instanzenzug. Sie beantwortet die Frage, welche Behörde als erste Instanz verfügt und an welche Behörden ein Entscheid weitergezogen werden kann.

2.2 Pflicht zur Prüfung der Zuständigkeit und Überweisungspflicht

Die Verwaltungsbehörden sind verpflichtet, ihre sachliche, örtliche und funktionelle Zuständigkeit von Amtes wegen zu prüfen (VwVG 7 Abs. 1). Unzulässig ist die sogenannte *Prorogation*, also eine Vereinbarung über die Zuständigkeit zwischen Parteien und Behörden (VwVG 7 Abs. 2).

Wenn sich eine Behörde für unzuständig erachtet, ist sie verpflichtet, die Sache unverzüglich der zuständigen Behörde zu überweisen (VwVG 8 Abs. 1).

2.3 Kompetenzstreitigkeiten
2.3.1 Kompetenzkonflikte zwischen Bundesbehörden

Erachtet eine Behörde ihre Zuständigkeit als zweifelhaft, hat sie unverzüglich einen Meinungsaustausch mit der Behörde, deren Zuständigkeit infrage kommt, zu eröffnen (VwVG 8 Abs. 2). Wenn sich die Behörden über die Zuständigkeit nicht einig werden, entscheidet die gemeinsame Aufsichtsbehörde oder − wenn eine solche fehlt − der Bundesrat (VwVG 9 Abs. 3). Kompetenzstreitigkeiten zwischen dem Bundesgericht und dem Bundesrat sind von der Bundesversammlung zu entscheiden, wenn sich im Meinungsaustausch über die Zuständigkeit (vgl. auch BGG 29 Abs. 2) keine Einigung erzielen lässt (BV 173 Abs. 1 lit. i).

2.3.2 Kompetenzkonflikte zwischen kantonalen Behörden und Bundesbehörden

Kompetenzkonflikte zwischen kantonalen Behörden und Bundesbehörden werden vom Bundesgericht beurteilt (Klage an das Bundesgericht, BGG 120 Abs. 1 lit. a; vgl. 3. Teil, K.1.1).

2.3.3 Kompetenzstreitigkeiten zwischen Behörden und Privaten

Erachtet sich eine Behörde als zuständig, erlässt sie darüber eine Verfügung, wenn eine Partei die Zuständigkeit bestreitet (VwVG 9 Abs. 1). Erachtet sich eine Behörde als unzuständig, muss sie einen Nichteintretensentscheid fällen, wenn eine Partei die Zuständigkeit behauptet (VwVG 9 Abs. 2).

Prüfung der Zuständigkeit

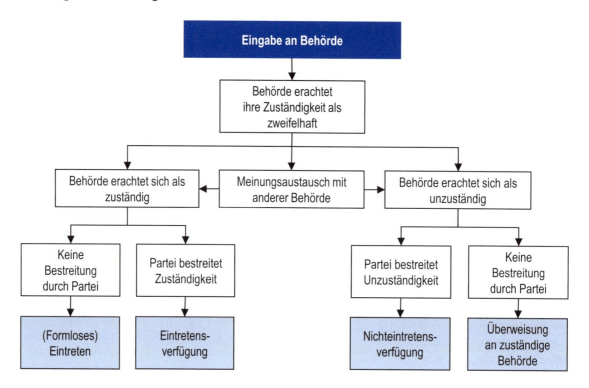

2.4 Koordinationsprinzip

Oft sind für bestimmte Vorhaben (insbesondere Bauten und Anlagen) mehrere Bewilligungen erforderlich. Mit dem Bundesgesetz über die Koordination und Vereinfachung von Entscheidverfahren vom 18. Juni 1999 (Koordinationsgesetz, AS 1999 3071) wurden mehrere Bundesgesetze dahingehend angepasst, dass in solchen Fällen eine einzige Behörde als Leitbehörde bezeichnet wird, deren Entscheid sämtliche nach Bundesrecht erforderlichen Bewilligungen umfasst (konzentriertes Entscheidverfahren). Die Leitbehörde hat im Voraus die Stellungnahmen der betroffenen Fachbehörden einzuholen (RVOG 62a). Bestehen zwischen den Stellungnahmen der Fachbehörden Widersprüche oder ist die Leitbehörde mit den Stellungnahmen nicht einverstanden, ist ein Bereinigungsgespräch durchzuführen. Wenn keine Einigung zustande kommt, entscheidet die Leitbehörde (RVOG 62b).

3. Ausstand

Behördenmitglieder müssen von Amtes wegen in Ausstand treten, wenn sie (gemäss VwVG 10 Abs. 1):

- in der Sache *ein persönliches Interesse* haben (lit. a),
- mit einer Partei *verwandt oder verschwägert* oder durch Ehe, Verlobung oder Kinder mit ihr verbunden sind (lit. b),
- *eine Partei vertreten* oder bereits für eine Partei in der gleichen Sache tätig waren (lit. c) oder
- *aus anderen Gründen* in der Sache befangen sein könnten (lit. d).

Es ist nicht entscheidend, ob die betreffenden Personen tatsächlich befangen sind. Die Ausstandspflicht besteht, wenn sie es nach den Umständen sein könnten.

Wenn die Ausstandspflicht streitig ist, entscheidet darüber die Aufsichtsbehörde oder – wenn es sich um eine Kollegialbehörde handelt – die Behörde selbst unter Ausschluss des betreffenden Mitglieds (VwVG 10 Abs. 2).

Die Verletzung von Bestimmungen über den Ausstand stellt nach VwVG 66 Abs. 2 lit. c einen Revisionsgrund dar (vgl. dazu 3. Teil, C.2.1).

Gestützt auf BPV 94a müssen Angestellte des Bundes auch ausserhalb eines Verfahrens, welches mit dem Erlass einer Verfügung endet, in Ausstand treten, sofern sie befangen sein könnten.

4. Parteien

4.1 Begriff und Voraussetzungen der Parteistellung

Als Parteien gelten ...

... (gemäss VwVG 6)

- Personen, deren Rechte oder Pflichten die Verfügung berühren soll, und
- andere Personen, Organisationen oder Behörden, denen ein Rechtsmittel gegen die Verfügung zusteht.

Partei ist demnach einerseits die Adressatin oder der Adressat einer Verfügung, andererseits aber auch, wer gemäss VwVG 48 sonst noch zur Beschwerde berechtigt ist (vgl. 3. Teil, D.5.).

Die Grundvoraussetzungen für die Parteistellung sind Partei- und Prozessfähigkeit. Parteifähigkeit ist die Fähigkeit, als Partei aufzutreten, Prozessfähigkeit die Fähigkeit, einen Rechtsstreit selber zu führen.

- *Parteifähig* ist, wer rechtsfähig ist. Rechtsfähig sind alle natürlichen Personen und die juristischen Personen des Privatrechts und des öffentlichen Rechts. Parteifähig sind auch Kollektiv- und Kommanditgesellschaften (OR 562 und 602).
- *Prozessfähig* ist, wer nach ZGB 17 handlungsfähig ist. Handlungsunfähige werden daher durch ihre gesetzlichen Vertreter vertreten, ausser es sind höchstpersönliche Rechte betroffen. Juristische Personen handeln durch ihre Organe.

Behörden sind als solche nicht parteifähig, können jedoch durch das Gesetz zur Teilnahme am Verfahren ermächtigt werden.

4.2 Folgen der Parteistellung

Die Einräumung der Parteistellung hat zur Folge, dass den Betroffenen sämtliche *Parteirechte* (z.B. VwVG 18 und 26 ff.), aber auch *Mitwirkungspflichten* (VwVG 13) zukommen. Eine Verfügung bzw. ein Entscheid muss allen Personen mit Parteistellung eröffnet werden (VwVG 34 Abs. 1, vgl. 2. Teil, B.10.). Zur Parteistellung als Beschwerdevoraussetzung im Rechtsmittelverfahren vgl. 3. Teil, D.5. und 3. Teil, I.6.

4.3 Vertretung und Verbeiständung

Die Parteien haben das Recht, sich vertreten oder – wenn dies nicht wegen Dringlichkeit einer amtlichen Untersuchung ausgeschlossen ist – verbeiständen zu lassen (VwVG 11 Abs. 1). Einen allgemeinen Zwang zur Vertretung (Anwaltszwang) gibt es nicht. Die Behörde kann jedoch verlangen, dass eine Vertretung bestellt wird, wenn in einer Sache mehr als 20 Parteien auftreten (VwVG 11a) oder wenn eine Partei offensichtlich unfähig ist, prozessuale Parteihandlungen persönlich vorzunehmen (BGG 41 analog).

4.4 Zustellungsdomizil

Parteien, die im Verfahren einen Antrag stellen, müssen der Behörde ihren Wohnsitz beziehungsweise Sitz (juristische Personen) bekannt geben. Wenn sie im Ausland wohnen, haben sie in der Schweiz ein Zustellungsdomizil zu bezeichnen, ausser wenn das Völkerrecht die Postzustellung im betreffenden Staat gestattet (VwVG 11b Abs. 1). Die Parteien können ausserdem eine elektronische Zustelladresse angeben. Zustellungen dürfen nur dann elektronisch erfolgen, wenn die Partei sich explizit damit einverstanden erklärt hat (VwVG 11b Abs. 2).

5. Feststellung des Sachverhalts

5.1 Untersuchungsmaxime als Grundsatz

Im nichtstreitigen Verwaltungsverfahren gilt die Untersuchungsmaxime als Grundsatz (vgl. 1. Teil, C.3.). Die Behörde hat den Sachverhalt von Amtes wegen festzustellen (VwVG 12). Es ist also grundsätzlich Sache der Behörde, die Sachverhaltsunterlagen zu beschaffen, die rechtlich relevanten Umstände abzuklären und darüber Beweis zu führen.

5.2 Mitwirkungspflicht der Parteien

Die Parteien sind bei der Feststellung des Sachverhalts in den folgenden Fällen zur Mitwirkung verpflichtet (VwVG 13 Abs. 1):

- in einem Verfahren, welches sie *durch eigenes Begehren eingeleitet* haben;
- wenn sie in einem Verfahren *selbstständige Begehren gestellt* haben oder
- wenn ihnen *ein anderes Bundesgesetz* eine Mitwirkungspflicht auferlegt.

Die Mitwirkungspflicht umfasst eine Auskunftspflicht, die Pflicht zur Herausgabe von Akten und die Pflicht zur Duldung von Augenscheinen. Wenn eine Partei die notwendige und zumutbare Mitwirkung verweigert, hat die Behörde die Möglichkeit, auf die Begehren der Partei nicht einzutreten (VwVG 13 Abs. 2).

5.3 Beweismittel

VwVG 12–19 regeln die Beweiserhebung. Dabei verweist VwVG 19 für das Beweisverfahren ergänzend auf die entsprechenden Artikel der Bundeszivilprozessordnung (BZP), welche sinngemäss anzuwenden sind. VwVG 12 nennt die verschiedenen Arten von Beweismitteln.

5.3.1 Urkunden

Unterschieden werden private und öffentliche Urkunden. Bei öffentlichen Urkunden wird Richtigkeit vermutet. Diese Vermutung kann jedoch widerlegt werden.

5.3.2 Auskünfte der Parteien und Auskünfte Dritter

Auskünfte können von den Parteien, von Amtsstellen (Amtsberichte) und von privaten Drittpersonen eingeholt werden. Auskünfte von Amtsstellen und Auskünfte privater Drittpersonen sind schriftlich einzuholen (BZP 49 i.V.m. VwVG 19).

5.3.3 Zeugenaussagen

Die *Zeugenaussage* unterscheidet sich von der einfachen Auskunft dadurch, dass sie unter Hinweis auf die Wahrheitspflicht und unter Strafandrohung bei Falschaussage erfolgt (vgl. StGB 307 i.V.m. StGB 309). Zeugen dürfen nur einvernommen werden, wenn sich der Sachverhalt ansonsten nicht zureichend abklären lässt. Nur der Bundesrat, die Departemente, das Bundesamt für Justiz, das Bundesverwaltungsgericht (bedeutsam für das Rechtsmittelverfahren), die Wettbewerbsbehörden im Sinne des Kartellgesetzes sowie die Eidgenössische Finanzmarktaufsicht dürfen Zeugeneinvernahmen anordnen (VwVG 14 Abs. 1).

5.3.4 Augenschein

Ein *Augenschein* ermöglicht der Behörde die unmittelbare Wahrnehmung von Tatsachen. Gegenstand eines Augenscheins können nicht nur visuell wahrnehmbare, sondern sämtliche durch die Sinnesorgane wahrnehmbare Tatsachen sein, also z.B. auch Lärm- bzw. Geruchsimmissionen.

5.3.5 Gutachten von Sachverständigen

Gutachten von Sachverständigen werden angeordnet, wenn zur Aufklärung des Sachverhalts Fachkenntnisse notwendig sind, auf welche die Behörde nicht aus eigenem Sachverstand zurückgreifen kann.

5.4 Mitwirkungspflichten Dritter

Neben den Parteien sind in den gesetzlich vorgesehenen Fällen grundsätzlich auch Drittpersonen zur Mitwirkung an der Beweiserhebung verpflichtet. Dritte unterliegen der Auskunftspflicht, der Zeugnispflicht, der Pflicht zur Herausgabe von Urkunden (Aktenherausgabe- oder Editionspflicht) und der Pflicht zur Duldung von Augenscheinen (vgl. VwVG 15 und 17). Es bestehen allerdings Zeugnisverweigerungsrechte bezüglich Aussagen gegen nahe Verwandte, für Mediatoren, für Medienschaffende und für Inhaber von Berufs- bzw. Geschäftsgeheimnissen (BZP 42 i.V.m. VwVG 16). Ist eine Person zur Zeugnisverweigerung berechtigt, trifft sie auch keine Auskunftspflicht, keine Aktenherausgabepflicht und keine Pflicht zur Duldung von Augenscheinen.

5.5 Grundsatz der freien Beweiswürdigung

Es gilt der *Grundsatz der freien Beweiswürdigung* (vgl. 1. Teil, C.5.): Die Verwaltungsbehörde hat die Beweise nach freier Überzeugung zu würdigen und muss das Verhalten der Parteien im Verfahren – wie z.B. das Nichtbefolgen einer Vorladung, das Verweigern der Beantwortung von Fragen oder das Vorenthalten angeforderter Beweismittel – mitberücksichtigen (BZP 40 i.V.m. VwVG 19).

6. Mitwirkungsrechte der Parteien

Den Parteien kommen im Verfahren folgende Mitwirkungsrechte zu:

- Akteneinsichtsrecht;
- Äusserungsrecht;
- Mitwirkungsrechte bei der Beweiserhebung.

Dabei handelt es sich um Aspekte des Anspruchs von BV 29 Abs. 2 (vgl. 1. Teil, D.3.). VwVG 29 wiederholt den Anspruch auf rechtliches Gehör als Grundsatz für das Verfahren im Bund. In VwVG 18 und 26 ff. wird dieser Anspruch konkretisiert, wobei das VwVG teilweise über die Minimalgarantien der Bundesverfassung hinausgeht.

Bei einer Verletzung der Mitwirkungsrechte der Parteien kann die Partei die Aufhebung der Verfügung verlangen, ohne dass es darauf ankommt, ob der Entscheid dadurch beeinflusst worden ist. Unter gewissen Voraussetzungen kann ein solcher Mangel im Rechtsmittelverfahren jedoch geheilt werden (vgl. 1. Teil, D.3.).

Eine Verletzung von Bestimmungen über das rechtliche Gehör beziehungsweise das Akteneinsichtsrecht (VwVG 26–33) stellt nach VwVG 66 Abs. 2 lit. c einen Revisionsgrund dar (vgl. 3. Teil, C.2.1).

6.1 Akteneinsichtsrecht

6.1.1 Grundsatz

Die Parteien bzw. ihre Vertreter haben das Recht, in alle für das Verfahren wesentlichen Unterlagen Einsicht zu nehmen (vgl. auch 3. Teil, D.3.3). Das Einsichtsrecht betrifft die Eingaben von Parteien und Vernehmlassungen von Behörden, die als Beweismittel dienenden Aktenstücke und Niederschriften eröffneter Verfügungen. Die Akten können am Sitz der verfügenden Behörde oder einer durch diese zu bezeichnenden kantonalen Stelle eingesehen werden (VwVG 26 Abs. 1). Die Behörden können den Parteien die wesentlichen Unterlagen zur Einsichtnahme auch zustellen, bei Einverständnis der Partei auch auf elektronischem Weg (VwVG 26 Abs. 1bis). Ein Anspruch auf Zusendung besteht jedoch nicht.

6.1.2 Einschränkung des Einsichtsrechts

Das Akteneinsichtsrecht kann verweigert bzw. eingeschränkt werden, wenn öffentliche oder private Geheimhaltungsinteressen überwiegen. Als öffentliche Interessen gelten insbesondere die innere oder äussere Sicherheit der Eidgenossenschaft (VwVG 27 Abs. 1 lit. a). Ausdrücklich nennt das Gesetz auch das (öffentliche) Interesse einer noch nicht abgeschlossenen amtlichen Untersuchung (VwVG 27 Abs. 1 lit. c). Als überwiegendes privates Interesse (VwVG 27 Abs. 1 lit. b) kommt vor allem der Persönlichkeitsschutz infrage.

Es ist jeweils im konkreten Fall abzuwägen, ob das Interesse der Parteien am Einsichtsrecht oder das öffentliche oder private Geheimhaltungsinteresse überwiegt. Dem Verhältnismässigkeitsprinzip entsprechend darf die Verweigerung des Einsichtsrechts sich nur auf diejenigen Akten erstrecken, für welche Geheimhaltungsgründe bestehen (VwVG 27 Abs. 2), und nicht länger andauern, als es die Geheimhaltungsinteressen erfordern, also beispielsweise nicht länger als bis zum Abschluss einer Untersuchung. Nicht verweigert werden kann einer Partei die Einsicht in ihre eigenen Eingaben, in ihre als Beweismittel eingereichten Urkunden und in ihr eröffnete Verfügungen. Die Einsicht in Protokolle über eigene Aussagen einer Partei kann wegen überwiegender Interessen eingeschränkt werden, allerdings nur bis zum Abschluss der Untersuchung (VwVG 27 Abs. 3).

Wenn einer Partei die Einsichtnahme in bestimmte Akten verweigert wird, darf auf diese zum Nachteil der Partei nur abgestellt werden, wenn ihr die Behörde von dem für die Sache wesentlichen Inhalt Kenntnis gegeben hat und die Partei die Gelegenheit hatte, sich dazu zu äussern und Gegenbeweismittel zu bezeichnen (VwVG 28).

6.1.3 Verhältnis zum Datenschutzgesetz und zum Öffentlichkeitsgesetz

Das Datenschutzgesetz (DSG) gewährt jeder Person ein Einsichtsrecht in Bezug auf Daten über die eigene Person (DSG 8) und ist im nichtstreitigen Verwaltungsverfahren (im Gegensatz zum Beschwerdeverfahren) anwendbar (DSG 2 Abs. 2 lit. c). Das Auskunftsrecht gemäss DSG geht weiter als VwVG 26 ff. (vgl. DSG 8 Abs. 2), betrifft jedoch nicht alle für das Verfahren wesentlichen Akten, sondern nur Daten über die betreffende Person.

Das Öffentlichkeitsgesetz (BGÖ), welches grundsätzlich den Zugang zu amtlichen Dokumenten gewährleistet, ist für die Einsichtnahme einer Partei (anders als für andere Personen) in die Akten des nichtstreitigen Verwaltungsverfahrens nicht anwendbar (BGÖ 3 Abs. 1 lit. b).

6.2 Äusserungsrecht

Die Parteien haben das Recht, sich vor dem Erlass der Verfügung vor den zuständigen Behörden zu äussern (VwVG 30 Abs. 1, vgl. auch 3. Teil, D.3.1). Bezüglich der Ausübung des Äusserungsrechts regelt das VwVG keine Einzelheiten. Die Praxis hat folgende Regeln entwickelt: Die Äusserung kann mündlich oder schriftlich erfolgen. Es besteht jedoch kein Anspruch auf eine mündliche Anhörung. Eine persönliche Anhörung durch die verfügende Instanz ist nicht zwingend. Es genügt, wenn die Behörde, welche die Verfügung vorbereitet, eine Anhörung durchführt.

In folgenden Fällen kann die Behörde auf eine vorgängige Anhörung verzichten (VwVG 30 Abs. 2):

- bei Zwischenverfügungen, welche nicht selbstständig anfechtbar sind;
- bei Verfügungen, welche durch Einsprache anfechtbar sind;
- wenn die Behörde den Begehren der Parteien voll entspricht;
- bei Vollstreckungsverfügungen;
- bei anderen erstinstanzlichen Verfügungen, wenn Gefahr im Verzug ist und keine andere bundesrechtliche Bestimmung eine vorgängige Anhörung gewährleistet.

Das Äusserungsrecht der Parteien bezieht sich auf die Tatbestandsaufnahme, die Beweismittel und das Beweisergebnis. Zur Rechtsanwendung sind die Parteien nur anzuhören, wenn die Behörde ihren Entscheid auf einen nicht voraussehbaren Rechtsgrund abstützen will. In einem Verfahren, in welchem mehrere Parteien mit verschiedenen Interessen beteiligt sind, hat jede Partei das Recht, sich zu den erheblichen Vorbringen der Gegenpartei zu äussern (VwVG 31). Wird ein Verfahren auf Antrag der Partei eingeleitet, so muss das Äusserungsrecht durch diese Partei grundsätzlich gleichzeitig mit der Verfahrenseinleitung ausgeübt werden. Sofern der Antrag aus Gründen abgewiesen werden soll, die der Partei nicht bekannt sind und zu denen sie sich nicht schon in der Antragsbegründung geäussert hat, ist sie hierzu jedoch vorgängig anzuhören.

Ein besonderes Einwendungsverfahren kommt zum Zug, wenn zahlreiche Personen von einer Verfügung berührt sind oder sich die Parteien nicht ohne Weiteres vollzählig bestimmen lassen. In diesen Fällen kann die Behörde das Gesuch oder die beabsichtigte Verfügung ohne Begründung in einem amtlichen Blatt veröffentlichen, gleichzeitig öffentlich auflegen und eine Frist setzen für Einwendungen. In der Veröffentlichung muss auf die Verpflichtung hingewiesen werden, gegebenenfalls eine Vertretung zu bestellen (vgl. VwVG 11a; 2. Teil, B.4.3) und Verfahrenskosten sowie Parteientschädigung zu zahlen (VwVG 30a Abs. 1–3).

Die Behörde ist verpflichtet, die Vorbringen der Parteien zu würdigen, sofern diese erheblich sind und rechtzeitig vorgebracht worden sind (*Prüfungspflicht der Behörde*, VwVG 32 Abs. 1). Verspätete Vorbringen können von der Behörde noch berücksichtigt werden, müssen jedoch nicht (VwVG 32 Abs. 2).

6.3 Mitwirkungsrechte bei der Beweiserhebung
6.3.1 Beweisanerbieten durch die Parteien

Die Behörde ist verpflichtet, die angebotenen Beweise abzunehmen und zu würdigen, sofern sie zur Abklärung des Sachverhalts tauglich erscheinen (VwVG 33 Abs. 1). Wenn die Beweisabnahme mit hohen Kosten verbunden ist, kann sie unter Umständen von der Leistung eines Kostenvorschusses abhängig gemacht werden (VwVG 33 Abs. 2).

Das Beweisverfahren kann geschlossen werden, wenn die noch im Raum stehenden Beweisanträge eine nicht erhebliche Tatsache betreffen oder offensichtlich untauglich sind, etwa weil ihnen die Beweiseignung abgeht oder umgekehrt die betreffende Tatsache aus den Akten bereits genügend ersichtlich ist und angenommen werden kann, dass die Durchführung des Beweises im Ergebnis nichts ändern wird (sog. antizipierte Beweiswürdigung).

6.3.2 Teilnahme an der Beweiserhebung

Die Parteien haben das Recht, Zeugeneinvernahmen beizuwohnen und Ergänzungsfragen zu stellen (VwVG 18 Abs. 1). Wenn überwiegende öffentliche oder private Interessen entgegenstehen, kann dieses Recht verweigert werden. Wird auch die Einsichtnahme in die Zeugeneinvernahmeprotokolle verweigert, findet VwVG 28 Anwendung (VwVG 18 Abs. 2 und 3; zu VwVG 28 vgl. 2. Teil, B.6.1.2).

Obwohl im VwVG nicht ausdrücklich geregelt, besteht auch bei Augenscheinen grundsätzlich ein Teilnahmerecht für die Parteien. Bei verwaltungsexternen Sachverständigengutachten können sich die Parteien zur Person der Expertin oder des Experten und zur Fragestellung äussern und Änderungs- und Ergänzungsanträge stellen (BZP 56 ff. i.V.m. VwVG 19).

7. Vorsorgliche Massnahmen

7.1 Sichernde und gestaltende Massnahmen

Vorsorgliche Massnahmen im nichtstreitigen Verwaltungsverfahren haben den Zweck sicherzustellen, dass die in Aussicht genommene Verfügung nicht bereits vorgängig durch die Veränderung rechtlicher oder tatsächlicher Umstände wirkungslos wird. Vorsorgliche Massnahmen dienen daher der Gewährleistung des Rechtsschutzes und stellen zudem die Durchsetzung des objektiven Rechts sicher.

Vorsorgliche Massnahmen lassen sich unterteilen in:

- *sichernde* Massnahmen und
- *gestaltende* Massnahmen.

Sichernde Massnahmen dienen dazu, einen *bereits bestehenden* rechtlichen oder tatsächlichen Zustand *vorläufig aufrechtzuerhalten*. Als sichernde Massnahme gilt etwa die aufschiebende Wirkung eines Rechtsmittels.

Mit gestaltenden Massnahmen werden bereits vorweg *die Rechte und Pflichten* der Verfügungsadressaten *vorläufig geregelt*. Die gestaltenden Massnahmen werden weiter unterteilt in *Regelungsmassnahmen* und *Sanktionsmassnahmen*. Als Regelungsmassnahme gilt z.B. die vorläufige Erteilung einer Bewilligung. Bei den Sanktionsmassnahmen wird die Sanktion mit der vorsorglichen Massnahme vorweggenommen. Ein möglicher Anwendungsfall hierfür ist der vorläufige Entzug einer Bewilligung.

Im erstinstanzlichen Verfahren greift man vor allem zu gestaltenden Massnahmen.

| Beispiel | Nach VZV 30 kann der Lernfahr- oder der Führerausweis vorsorglich entzogen werden, wenn ernsthafte Bedenken an der Fahreignung bestehen. Hierbei handelt es sich um eine gestaltende vorsorgliche Massnahme, und zwar um eine Sanktionsmassnahme. |

Vorsorgliche Massnahmen

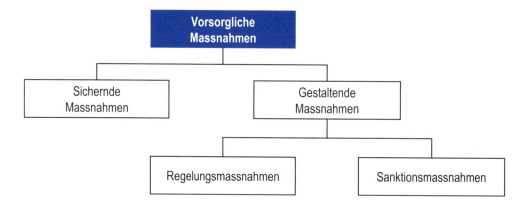

7.2 Voraussetzungen

Vorsorgliche Massnahmen im nichtstreitigen Verwaltungsverfahren sind im VwVG nicht geregelt; die Bestimmungen in VwVG 55 f. beziehen sich nur auf vorsorgliche Massnahmen im streitigen Verwaltungsverfahren. Teilweise finden sich zu den vorsorglichen Massnahmen jedoch Vorschriften im anwendbaren Spezialgesetz.

| Beispiele | ▪ Bundesgesetz über Lebensmittel und Gebrauchsgegenstände: |

LMG 30 Vorsorgliche Massnahmen

[1] Die Kontrollorgane beschlagnahmen beanstandete Waren, wenn dies für den Schutz der Konsumenten erforderlich ist.

[2] Sie können die Waren auch im Falle eines begründeten Verdachts beschlagnahmen.

[3] Beschlagnahmte Waren können amtlich verwahrt werden.

[4] Beschlagnahmte Waren, die sich nicht aufbewahren lassen, werden unter Berücksichtigung der Interessen der Betroffenen verwertet oder beseitigt.

- Bundesgesetz über den Natur- und Heimatschutz:

NHG 16 Vorsorgliche Massnahmen

Droht einer Naturlandschaft im Sinne von Artikel 15, einer geschichtlichen Stätte oder einem Kulturdenkmal von nationaler Bedeutung unmittelbare Gefahr, kann das Eidgenössische Departement für Umwelt, Verkehr, Energie und Kommunikation oder das Eidgenössische Departement des Innern ein solches Objekt durch befristete Massnahmen unter den Schutz des Bundes stellen und die nötigen Sicherungen zu seiner Erhaltung anordnen.

Auch ohne explizite spezialgesetzliche Grundlage können vorsorgliche Massnahmen ergriffen werden. Sie gelten als zulässig, da sich ihr Inhalt aus dem für die Endverfügung massgeblichen Recht ergibt und anhand dieses Rechts auch geprüft wird, ob die Voraussetzungen für die Anordnung von vorsorglichen Massnahmen erfüllt sind. Folgende Voraussetzungen müssen dabei aber *kumulativ* gegeben sein (vgl. BGE 116 Ia 180; VPB 2001 [65] 27):

- Glaubhaftmachung einer günstigen Erfolgsprognose;
- Drohung eines schwerwiegenden, nicht leicht wiedergutzumachenden Nachteils;
- zeitliche Dringlichkeit der Massnahme;
- Unmöglichkeit, die Endverfügung sofort zu treffen;
- Verhältnismässigkeit der Massnahme:
  - Eignung der Massnahme,
  - Erforderlichkeit der Massnahme,
  - Wahrung überwiegender öffentlicher und/oder privater Interessen durch die Massnahme;
- keine Präjudizierung oder Verunmöglichung der zu erlassenden Verfügung.

Beachte Wenn mit der vorsorglichen Massnahme allerdings Zwecke erfüllt werden, die weiter gehen als die Verfügung, die später voraussichtlich erlassen wird, lässt sich die rechtliche Grundlage nicht aus dem anwendbaren materiellen Recht ableiten. Für solche Massnahmen braucht es eine explizite gesetzliche Grundlage.

Wenn das Spezialgesetz Vorschriften für vorsorgliche Massnahmen enthält, jedoch eine darin nicht erwähnte Massnahme getroffen werden soll, muss geprüft werden, ob der Massnahmenkatalog abschliessend ist. Falls nicht, ist die ins Auge gefasste Massnahme unter dem Vorbehalt der oben genannten Voraussetzungen zulässig.

Zulässigkeit von vorsorglichen Massnahmen

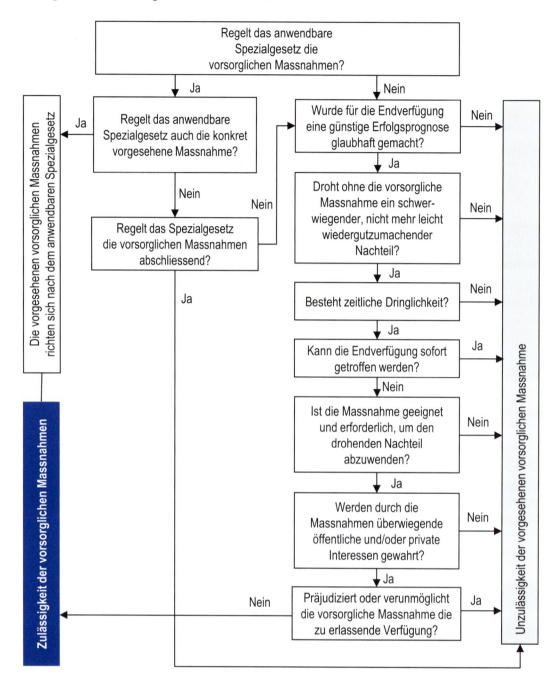

7.3 Summarische Prüfung

Der Sachverhalt und die Rechtslage werden beim Erlass vorsorglicher Massnahmen aufgrund der zeitlichen Dringlichkeit in der Regel nur *summarisch* geprüft. Das summarische Verfahren ist ein schnelles Verfahren, denn es ist dadurch gekennzeichnet, dass kein Beweisverfahren durchgeführt wird. Es genügt daher, dass die geltend gemachten Behauptungen glaubhaft sind. Die Betroffenen sind vor Erlass vorsorglicher Massnahmen anzuhören.

7.4 Superprovisorische Massnahmen

Bei besonderer zeitlicher Dringlichkeit kann eine Massnahme auch *superprovisorisch* ergehen. In einem solchen Fall stützt sich der Entscheid alleine auf die Aktenlage, ohne dass die davon Betroffenen vorab angehört worden sind. Die Anhörung ist so schnell wie möglich nachzuholen und die superprovisorische Massnahme durch eine gewöhnliche vorsorgliche Massnahme zu ersetzen.

7.5 Form

Vorsorgliche Massnahmen ergehen in der Form einer *Zwischenverfügung*. Sofern sie einen nicht wiedergutzumachenden Nachteil für die Betroffenen bewirken, sind sie *selbstständig anfechtbar* (VwVG 46 Abs. 1 lit. a).

7.6 Dauer

Aufgrund ihrer Sicherungsfunktion haben vorsorgliche Massnahmen nur bis zur formellen Rechtskraft der Hauptverfügung Geltung. Durch den Erlass der Hauptverfügung fallen die vorsorglichen Massnahmen automatisch dahin.

8. Fristen

8.1 Gesetzliche und behördliche Fristen

Fristen werden unterteilt in *gesetzliche* und *behördliche* Fristen.

Gesetzliche Fristen werden durch das Gesetz vorgegeben. Zu den gesetzlichen Fristen zählen namentlich die Rechtsmittelfristen (vgl. etwa VwVG 50 Abs. 1).

Dagegen werden behördliche oder richterliche Fristen durch die Behörde bzw. durch den Richter oder die Richterin festgelegt. Hierzu sind etwa Fristen zu zählen, welche den Parteien zur Abgabe einer Stellungnahme angesetzt werden.

8.2 Berechnung der Frist

Werden Fristen nach Tagen berechnet, so beginnen sie *einen Tag nach* Mitteilung an die Parteien zu laufen (VwVG 20 Abs. 1).

Sofern keine Mitteilung an die Parteien notwendig ist, läuft die Frist ab dem auf die Auslösung der Frist folgenden Tag (VwVG 20 Abs. 2).

Bei schriftlicher Eröffnung gilt die Frist erst als mitgeteilt, wenn die entsprechende Verfügung der jeweiligen Partei zugestellt wurde. Ausschlaggebend ist demnach das Datum, an welchem die Partei die Verfügung in Empfang nimmt oder sie in ihren Machtbereich gelangt; mit dem Versand der Verfügung alleine wird noch keine Frist ausgelöst (BGE 122 III 320). Ob die Partei den Inhalt der Verfügung auch tatsächlich zur Kenntnis nimmt, spielt für die Auslösung der Frist folglich keine Rolle (VPB 2005 [69] 121). Es ist an der Behörde zu beweisen, dass die Verfügung, mit welcher einer Partei eine Frist auferlegt wird, richtig zugestellt wurde und wann die Zustellung erfolgte. Damit dieser Nachweis gelingt, sollten entsprechende Verfügungen eingeschrieben versandt werden (BGE 101 Ia 8).

Fristenlauf

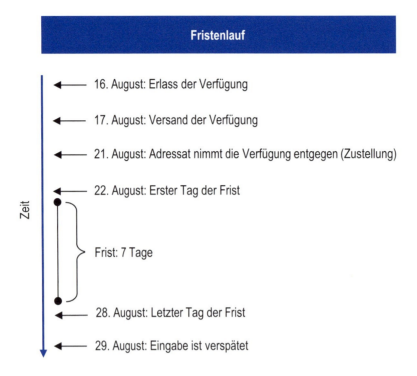

Scheitert die Zustellung von Mitteilungen, die nur gegen Unterschrift an die Adressaten oder andere berechtigte Personen überbracht werden, geht man von einer *fingierten Zustellung* spätestens am siebten Tag nach dem ersten Zustellungsversuch aus (VwVG 20 Abs. 2bis). Ein Anwendungsfall dieser Zustellfiktion liegt vor, wenn der Postbote den Adressaten zu Hause nicht antrifft und ihm eine Abholeinladung in den Briefkasten legt. Die Sendung gilt dann am siebten Tag, nachdem sie dem Adressaten avisiert wurde, als zugestellt, sofern sie nicht früher abgeholt wurde. Wird die Sendung vor dem siebten Tag abgeholt, gilt sie am tatsächlichen Abholtag als zugestellt. Die fingierte Zustellung am siebten Tag nach dem ersten Zustellversuch gilt auch dann, wenn die Post eine längere Abholfrist gewährt und die Sendung erst nach dem siebten Tag abgeholt wird (BGE 127 I 35). Wenn der Zustellungsempfänger seine Post «postlagernd» bekommt, gilt eine Sendung ebenfalls nach Ablauf einer Frist von sieben Tagen als zugestellt, auch wenn die von der Post eingeräumte Abholfrist länger ist (vgl. den Entscheid des Bundesgerichts vom 20. Januar 2006, 5P.425/2005.)

Die Zustellfiktion kommt nur zum Tragen, wenn der Adressat mit einer Zustellung rechnen musste (BGE 119 V 89; VPB 2001 [65] 76).

Muss der Empfänger mit einer Zustellung rechnen, so ist er aufgrund von Treu und Glauben verpflichtet, dafür zu sorgen, dass ihm allfällige Urkunden zugestellt werden können. Namentlich hat es daher keinen Einfluss auf den Fristenlauf, wenn ihm seine Postsendungen aufgrund eines von ihm selbst erteilten Zurückbehaltungsauftrags erst nach einer bestimmten Zeit ausgehändigt werden. Die Sendung gilt dann am letzten Tag einer Frist von sieben Tagen nach Eingang bei der Poststelle am Ort des Empfängers als zugestellt (vgl. BGE 123 III 492).

Fingierte Zustellung

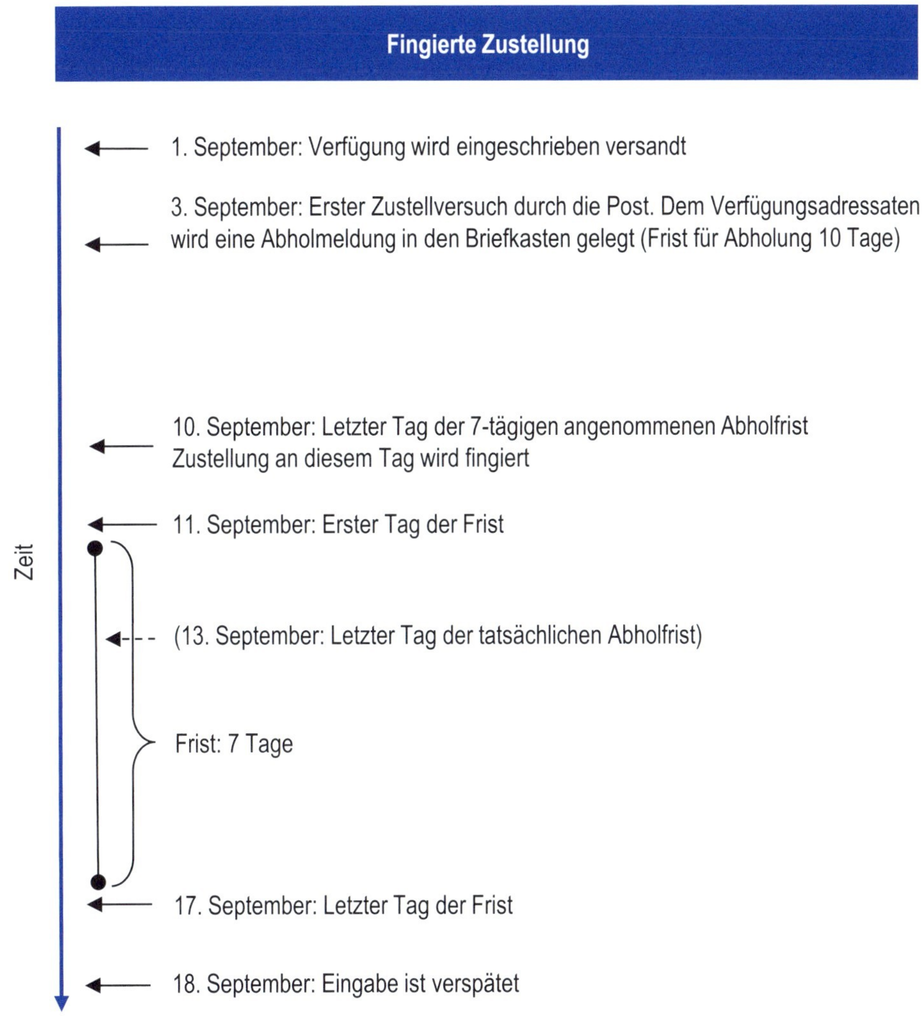

Fingierte Zustellung

Zeit (vertical axis)

← 1. September: Verfügung wird eingeschrieben versandt

← 3. September: Erster Zustellversuch durch die Post. Dem Verfügungsadressaten wird eine Abholmeldung in den Briefkasten gelegt (Frist für Abholung 10 Tage)

← 10. September: Letzter Tag der 7-tägigen angenommenen Abholfrist Zustellung an diesem Tag wird fingiert

← 11. September: Erster Tag der Frist

←-- (13. September: Letzter Tag der tatsächlichen Abholfrist)

Frist: 7 Tage

← 17. September: Letzter Tag der Frist

← 18. September: Eingabe ist verspätet

Fällt der letzte Tag einer Frist auf einen Samstag oder einen Sonntag oder einen anerkannten kantonalen oder eidgenössischen Feiertag, so endet die Frist erst am folgenden Werktag (VwVG 20 Abs. 3 Satz 1).

Massgeblich für die Bestimmung, ob ein anerkannter kantonaler Feiertag vorliegt, ist das Recht jenes Kantons, in welchem die Partei oder ihr Vertreter Sitz oder Wohnsitz hat (VwVG 20 Abs. 3 Satz 2).

Fristenlauf am Wochenende

Fristenlauf am Wochenende

2. September: Zustellung der Verfügung an den Adressaten

3. September: Erster Tag der Frist

Frist: 10 Tage

Samstag, 12. September
Frist endet erst am folgenden Montag

Montag, 14. September: Letzter Tag der Frist

Zeit

8.3 Friststillstand während der Gerichtsferien

Werden die Fristen nach Tagen bestimmt, stehen sie vom siebten Tag vor Ostern bis und mit dem siebten nach Ostern, vom 15. Juli bis und mit 15. August sowie vom 18. Dezember bis und mit 2. Januar still (VwVG 22a Abs. 1).

Das heisst, die Frist wird jeweils um die Dauer der Gerichtsferien verlängert. Vom Stillstand der Fristen ausgenommen sind Verfahren betreffend vorsorglicher Massnahmen (VwVG 22a Abs. 2).

Fristenlauf während der Gerichtsferien

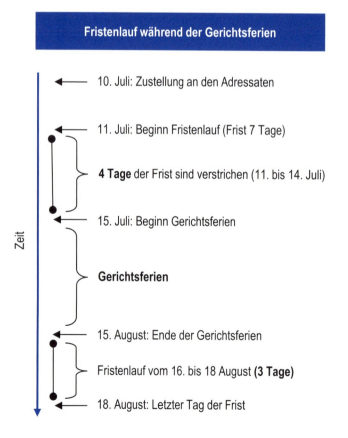

Fristenlauf während der Gerichtsferien

10. Juli: Zustellung an den Adressaten

11. Juli: Beginn Fristenlauf (Frist 7 Tage)

4 Tage der Frist sind verstrichen (11. bis 14. Juli)

15. Juli: Beginn Gerichtsferien

Gerichtsferien

15. August: Ende der Gerichtsferien

Fristenlauf vom 16. bis 18 August **(3 Tage)**

18. August: Letzter Tag der Frist

Zeit

2. Teil: Nicht streitiges Verwaltungsverfahren des Bundes

8.4 Einhaltung der Frist

Die Frist gilt als eingehalten, wenn eine Eingabe am letzten Tag der Frist bei der Behörde eingereicht oder der Schweizerischen Post oder einer diplomatischen oder konsularischen Vertretung der Schweiz im Ausland übergeben wird (VwVG 21 Abs. 1).

Die Aufgabe bei einer ausländischen Poststelle genügt zur Fristwahrung dagegen nicht (VPB 2005 [96] 121). Der Fristwahrung schadet schliesslich auch die Eingabe an eine unzuständige Behörde nicht (VwVG 21 Abs. 2). Das *Beweisrisiko* für die Einhaltung der Frist tragen die Parteien, wobei als Beweis für die Einhaltung der Frist der Poststempel ausreicht. Wird den Parteien eine Frist zur Zahlung eines Vorschusses angesetzt, so entscheidet über die Einhaltung der Frist der Zeitpunkt, an welchem der einverlangte Betrag zugunsten der Behörde der Schweizerischen Post übergeben wurde oder einem Post- oder Bankkonto in der Schweiz belastet worden ist (VwVG 21 Abs. 3).

Auf Bundesebene können Eingaben auch in elektronischer Form gemacht werden. Eine elektronische Eingabe setzt die Verwendung einer elektronischen Signatur und eines vorgeschriebenen Formats voraus (VwVG 21a Abs. 1 und 2). Eine Eingabe in elektronischer Form gilt als rechtzeitig erfolgt, wenn das Informatiksystem, welchem die elektronische Zustelladresse der Behörde angehört, den Empfang vor Ablauf der Frist bestätigt hat (VwVG 21a Abs. 3). Bleibt eine solche Bestätigung aus, sollte zur Fristwahrung die Eingabe nochmals in schriftlicher Form vorgenommen werden, denn alleine der Nachweis, dass die Eingabe rechtzeitig in elektronischer Form abgeschickt wurde, genügt für die Fristwahrung nicht.

8.5 Säumnisfolgen bei behördlichen Fristen

Wenn eine Frist angesetzt wird, so muss die Behörde auf die Säumnisfolgen hinweisen: Bei Nichteinhaltung der Frist dürfen nur die angedrohten Folgen eintreten (VwVG 23). Mögliche Säumnisfolgen stellen etwa die Nichtbeachtung der Eingabe einer Partei oder die Nichtabnahme angebotener Beweise dar (vgl. VPB 1999 [63] 17). Erscheinen verspätete Parteivorbringen für den Entscheid jedoch als ausschlaggebend, können sie aufgrund der im Verwaltungsverfahren herrschenden Offizialmaxime dennoch berücksichtigt werden (VwVG 32 Abs. 2).

8.6 Fristerstreckung

Bei gesetzlichen Fristen ist eine Fristerstreckung nicht möglich (VwVG 22 Abs. 1). Hingegen können behördliche Fristen *erstreckt* werden, wenn das Fristerstreckungsgesuch *innert der angesetzten Frist* gestellt wird und *zureichende Gründe* geltend gemacht werden (VwVG 22 Abs. 2).

8.7 Wiederherstellung einer Frist

Wurde eine behördliche oder gesetzliche Frist versäumt, so kann sie unter folgenden kumulativen Voraussetzungen *wiederhergestellt* werden (VwVG 24 Abs. 1):

■ Die Partei wurde unverschuldeterweise von der Einhaltung der Frist abgehalten.

■ Sie hat innert 30 Tagen nach Wegfall des Hindernisses unter Angabe des Verhinderungsgrundes um Wiederherstellung ersucht.

■ Sie hat zudem innert dieser Frist die unterbliebene Rechtshandlung nachgeholt.

Ein Fristversäumnis ist dann unverschuldet, wenn es nicht auf der Nachlässigkeit einer Partei beruht, sondern dafür objektive Gründe vorliegen. Dies ist etwa der Fall, wenn die Partei zufolge schwerer Krankheit weder in der Lage war, die Frist selber einzuhalten, noch hierfür einen Vertreter ernennen konnte (BGE 119 II 86). Hingegen gilt etwa Fristversäumnis wegen Ferienabwesenheit nicht als unverschuldet (VPB 2004 [86] 146).

9. Sistierung des Verfahrens

Mit Einverständnis der Parteien kann die Behörde das Verfahren sistieren, damit sich die Parteien über den Inhalt der Verfügung einigen können. In der Einigung sollte ein Rechtsmittelverzicht enthalten und die Kostenverteilung geregelt sein (VwVG 33b Abs. 1).

Um eine Einigung zu fördern, kann die Behörde eine neutrale und fachkundige natürliche Person als Mediator einsetzen (VwVG 33b Abs. 2). Der Mediator ist nur an das Gesetz und den Auftrag der Behörde gebunden. Er kann Beweise abnehmen. Soweit es sich dabei jedoch um Augenscheine, Gutachten von Sachverständigen und Zeugeneinvernahmen handelt, braucht er eine vorgängige Ermächtigung der Behörde (VwVG 33b Abs. 3).

Kommt eine Einigung zustande, so wird sie von der Behörde als Inhalt der Verfügung übernommen. Hingegen ist eine solche Übernahme nicht zulässig, wenn die Einigung gegen Bundesrecht verstösst, auf einer unrichtigen oder unvollständigen Feststellung des rechtserheblichen Sachverhaltes beruht oder unangemessen ist (VwVG 33b Abs. 4 i.V.m. VwVG 49). Eine Einigung hat für die Parteien u.a. den Vorteil, dass in kostenpflichtigen Verfahren keine Verfahrenskosten erhoben werden. Wenn die Einigung misslingt, kann die Behörde davon absehen, die Kosten der Mediation den Parteien aufzuerlegen, sofern die Interessenlage dies rechtfertigt (VwVG 33b Abs. 5). Die Parteien können jederzeit verlangen, dass die Sistierung des Verfahrens wieder aufgehoben wird (VwVG 33b Abs. 6).

10. Eröffnung der Verfügung

10.1 Form der Eröffnung

Verfügungen müssen grundsätzlich schriftlich eröffnet werden (VwVG 34 Abs. 1).

Nur mit Einverständnis der Parteien kann eine Eröffnung auch auf elektronische Weise erfolgen, wobei dann die Verfügung mit einer anerkannten elektronischen Signatur zu versehen ist (VwVG 34 Abs. 1bis).

Eine Ausnahme vom Schriftlichkeitserfordernis besteht bei Zwischenverfügungen, die auch mündlich eröffnet werden können. Die Parteien haben aber das Recht auf eine schriftliche Bestätigung, wenn sie diese auf der Stelle verlangen. Rechtsmittelfristen beginnen dann erst von der schriftlichen Bestätigung an zu laufen (VwVG 34 Abs. 2).

In folgenden Fällen kann die Verfügung schliesslich auch mittels Publikation in einem Amtsblatt eröffnet werden (VwVG 36):

- gegenüber einer Partei, die unbekannten Aufenthaltes ist und keinen erreichbaren Vertreter hat;

- gegenüber einer Partei, die sich im Ausland aufhält und keinen erreichbaren Vertreter hat, wenn die Zustellung an ihren Aufenthaltsort unmöglich ist oder wenn die Partei entgegen VwVG 11b Abs. 1 kein Zustelldomizil in der Schweiz bezeichnet hat;

- in einer Sache mit zahlreichen Parteien;

- in einer Sache, in der sich die Parteien ohne unverhältnismässigen Aufwand nicht vollzählig bestimmen lassen.

Wenn keine dieser Konstellationen vorliegt, muss die Verfügung den Parteien im Sinne von VwVG 6 individuell eröffnet werden.

(Zur Zustellung an einen Vertreter und die Bezeichnung eines Zustelldomizils nach VwVG 11 ff. vgl. 2. Teil, B.4.4).

Eröffnung der Verfügung

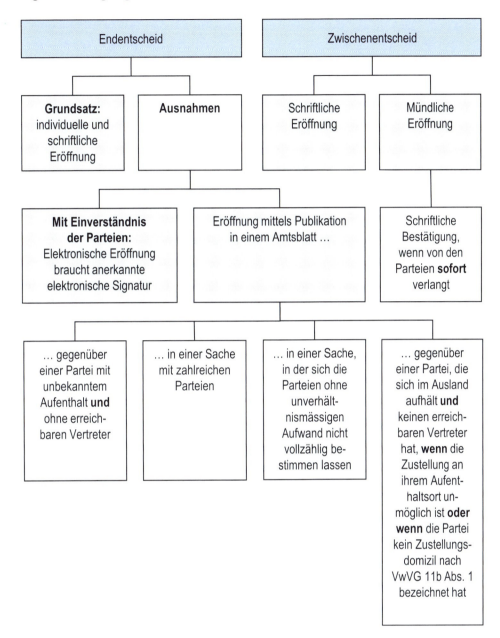

10.2 Inhaltliche Voraussetzungen

Eine Verfügung muss als solche bezeichnet werden. Dies gilt auch dann, wenn sie von der Behörde in Briefform eröffnet wird (VwVG 35 Abs. 1).

Die Verfügung muss eine Begründung sowie eine Rechtsmittelbelehrung enthalten, welche

- das zulässige ordentliche Rechtsmittel,
- die Rechtsmittelinstanz sowie
- die Rechtsmittelfrist bezeichnet (VwVG 35 Abs. 1 und 2).

Die Begründungspflicht ist ein Teilaspekt des Anspruchs auf rechtliches Gehör (vgl. zur Begründungspflicht 1. Teil, D.3.6). Die Behörde kann aber sowohl auf die Begründung als auch auf die Rechtsmittelbelehrung verzichten, wenn sie den Begehren der Parteien voll entspricht und keine Partei eine Begründung verlangt (VwVG 35 Abs. 3).

10.3 Folgen einer mangelhaften Eröffnung

Wurde die Verfügung mangelhaft eröffnet, dürfen den Parteien daraus keine Nachteile erwachsen (VwVG 38).

Die mangelhafte Eröffnung einer Verfügung hat in der Regel deren Anfechtbarkeit zur Folge. Ausnahmsweise, nämlich bei schwerwiegenden Form- und Eröffnungsfehlern, kann die Verfügung nichtig sein. Dies ist der Fall, wenn der Mangel besonders schwer sowie offensichtlich oder zumindest leicht erkennbar ist und wenn keine ernsthafte Gefährdung der Rechtsicherheit besteht (vgl. BGE 122 I 97). Nichtig können etwa Verfügungen sein, die lediglich mündlich eröffnet wurden, obwohl Schriftlichkeit vorgeschrieben ist.

Die konkreten Folgen einer mangelhaften Eröffnung sind im Einzelfall nach Massgabe des *Grundsatzes von Treu und Glauben* (BV 5 und 9) und einer Interessenabwägung festzulegen. Die mangelhafte Eröffnung zieht daher nur Folgen nach sich, wenn die Betroffenen sich bezüglich des Mangels in einem Irrtum befanden und ihnen dadurch, dass sie auf den Mangel vertraut haben, ein Nachteil erwachsen ist. Ausserdem können sich die Betroffenen nur auf den Mangel berufen, wenn sie alles Zumutbare unternommen haben, um den Mangel zu beseitigen. Bei der Interessenabwägung muss das Rechtsschutzinteresse der von der mangelhaften Eröffnung Betroffenen namentlich gegen die Rechtssicherheit abgewogen werden. (Vgl. zur Anwendung des Grundsatzes von Treu und Glauben BGE 111 V 149; VPB 2005 [69] 121.) Die genauen Folgen einer mangelhaften Eröffnung hängen folglich vom konkreten Mangel ab.

Beispiele

- Wurde die Verfügung einer Partei versehentlich nicht zugestellt, weil sie im Mitteilungssatz des Dispositivs vergessen ging, beginnen für sie die Rechtsmittelfristen erst ab tatsächlicher Kenntnis der Verfügung zu laufen. Die Verfügung ist erst wirksam, wenn sie den Parteien zugestellt wurde (vgl. BGE 122 I 97).
- Wurde in einer Rechtsmittelbelehrung eine falsche Rechtsmittelfrist angegeben (z.B. 30 Tage statt 10 Tage), ohne dass dies die betroffene Person (oder ihr Rechtsvertreter) hätte erkennen müssen, kann die Wiederherstellung der Rechtsmittelfrist angezeigt sein.
- Eine Verfügung, die nicht als solche bezeichnet, sondern dem Parteivertreter, einem Rechtsanwalt, lediglich in Kopie zur Kenntnisnahme und ohne Rechtsmittelbelehrung zugestellt wird, kann ab dem Zeitpunkt, an dem die Partei den Verfügungscharakter des Schreibens erkennt oder hätte erkennen müssen, trotz Ablauf der Rechtsmittelfrist noch angefochten werden. Hierfür wird jedoch vorausgesetzt, dass der Rechtsvertreter bei Anwendung der ihm zumutbaren Sorgfalt, z.B. durch Konsultierung der massgeblichen Verfahrensbestimmungen, den Verfügungscharakter nicht bereits innert der Rechtsmittelfrist hätte erkennen müssen (BGE 129 II 125).

Die betroffene Person muss den Mangel innert eines vernünftigen Zeitraums, nachdem sie davon Kenntnis erhielt, geltend machen. Kommt sie dieser Verpflichtung nicht nach, verliert die Einrede der mangelhaften Eröffnung ihre Wirkung.

11. Kosten und Parteientschädigungen

11.1 Kosten

Gewährt eine Bundesbehörde Einsicht in Akten einer bereits erledigten Sache, kann gestützt auf VwVG 26 Abs. 2 eine Gebühr verlangt werden. VwVG 33 Abs. 2 ermöglicht, dass einer Partei für eine mit unverhältnismässig hohen Kosten verbundene Beweisabnahme ein Kostenvorschuss auferlegt werden kann, sofern die Partei im Falle einer für sie ungünstigen Verfügung kostenpflichtig wird. Ohne Leistung des Kostenvorschusses unterbleibt die Beweisabnahme. Eine bedürftige Partei ist jedoch von der Kostenvorschusspflicht befreit (vgl. 1. Teil, B.4.1). Wenn ein Verfahren sistiert wurde, damit sich die Parteien – allenfalls unter Beizug eines Mediators – gütlich einigen können, werden bei zustande gekommener Einigung keine Verfahrenskosten erhoben (VwVG 33b Abs. 5). Abgesehen von diesen besonderen Bestimmungen ist das Auferlegen von Kosten im nichtstreitigen Verwaltungsverfahren nicht im VwVG geregelt. Jedoch sieht die Allgemeine Gebührenverordnung (AllgGV), welche sich auf RVOG 46a stützt, in AllgGV 2 eine Gebührenpflicht für Verfügungen und Dienstleistungen der Bundesverwaltung vor. Somit bildet sie die aufgrund des Legalitätsprinzips erforderliche Rechtsgrundlage für die Gebührenerhebung im nichtstreitigen Verwaltungsverfahren. In AllgGV 3 ff. werden die Grundsätze für die Gebührenerhebung festgelegt. Konkretisiert werden die Kosten in der Verordnung über die Kosten und Entschädigungen im Verwaltungsverfahren vom 10. September 1969

(SR 172.041.0). Gemäss AllgGV 13 Abs. 2 kann die verfügende Behörde eine Spruchgebühr, eine Schreibgebühr und gegebenenfalls Kanzleigebühren erheben. AllgGV 13 Abs. 2 lit. a setzt fest, dass die Spruchgebühr von CHF 100.– bis CHF 2'000.– bzw. unter bestimmten Umständen von CHF 200.– bis CHF 5'000.– betragen kann. Die verschiedenen Kanzleigebühren werden in AllgGV 14 ff. aufgelistet. Zur Kostenbefreiung aufgrund des Rechts auf unentgeltliche Rechtspflege vgl. 1. Teil, B.4.1.

Spezialgesetzliche Gebührenregelungen gehen diesen Bestimmungen allerdings vor (siehe Art. 13 der Verordnung über Kosten und Entschädigungen im Verwaltungsverfahren und AllgGV 1 Abs. 4). Anzutreffen sind etwa Regelungen, wonach das Verfahren grundsätzlich kostenlos ist, jedoch einer sich schuldhaft verhaltenden Person Kosten auferlegt werden können.

Beispiele
- Bundesgesetz über die Mehrwertsteuer:

MWSTG 68 Kosten und Entschädigungen

[1] Im Veranlagungs- und Einspracheverfahren werden in der Regel keine Kosten erhoben und keine Parteientschädigung ausgerichtet.

[2] Ohne Rücksicht auf den Ausgang des Verfahrens können die Kosten von Untersuchungshandlungen derjenigen Person auferlegt werden, die sie schuldhaft verursacht hat.

- Bundespersonalgesetz:

BPG 34 Streitigkeiten aus dem Arbeitsverhältnis

[1] Kommt bei Streitigkeiten aus dem Arbeitsverhältnis keine Einigung zustande, so erlässt der Arbeitgeber eine Verfügung.

[2] Das erstinstanzliche Verfahren sowie das Beschwerdeverfahren nach Artikel 36 sind kostenlos, ausser bei Mutwilligkeit.

11.2 Parteientschädigungen

Parteientschädigungen stellen Schadenersatz dar und werden in der Regel der in einem Verfahren unterliegenden Partei zugunsten der obsiegenden Partei auferlegt. Mit der Parteientschädigung, welche proportional nach Massgabe von Unterliegen und Obsiegen auferlegt wird, werden die durch das Verfahren entstandenen Umtriebe und Auslagen, namentlich Anwaltskosten, vergütet.

Das VwVG regelt die Parteientschädigung für das nicht streitige Verwaltungsverfahren nur, wenn ein Fall einer obligatorischen Vertretung nach VwVG 11a Abs. 3 vorliegt (zur obligatorischen Vertretung siehe vorne, 2. Teil, B.4.3). Hierzu erklärt VwVG 11a Abs. 3 die Bestimmungen über die Parteientschädigung im Beschwerdeverfahren (VwVG 64) als sinngemäss anwendbar. Ausserdem hat die Partei, gegen deren Vorhaben sich die Eingaben richten, auf Anordnung der Behörde die Kosten der amtlichen Vertretung vorzuschiessen (VwVG 11a Abs. 3). Davon abgesehen regelt das VwVG die Parteientschädigung für das nicht streitige Verwaltungsverfahren nicht. Eine Parteientschädigung kann deshalb nur zugesprochen werden, wenn dafür eine spezialgesetzliche Grundlage besteht. Eine analoge Anwendung der Regelung betreffend die Parteientschädigung im Beschwerdeverfahren (VwVG 64) wird vom Bundesgericht selbst in Fällen abgelehnt, in denen sich im erstinstanzlichen Verfahren zwei Parteien mit gegenläufigen Interessen gegenüberstehen (BGE 132 II 47). Zum Anspruch auf unentgeltlichen Rechtsbeistand vgl. 1. Teil, B.4.2.

12. Rechtskraft der Verfügung

12.1 Unterscheidung von formeller und materieller Rechtskraft

Die Rechtskraft bedeutet, dass eine Verfügung nicht mehr abänderbar ist. Die Unterscheidung in *formelle* und *materielle Rechtskraft* kennzeichnet näher, *für wen* die Verfügung unabänderlich geworden ist:

- Eine formell rechtskräftige Verfügung kann durch die *Betroffenen* nicht mehr mit einem ordentlichen Rechtsmittel angefochten werden.
- Eine in materielle Rechtskraft erwachsene Verfügung kann durch die *Verwaltungsbehörden* nicht mehr abgeändert werden.

12.2 Formelle Rechtskraft

Eine Verfügung ist formell rechtskräftig, wenn eine der folgenden Voraussetzungen gegeben ist:
- Es gibt gegen die Verfügung kein ordentliches Rechtsmittel.
- Die Rechtsmittelfrist ist unbenutzt abgelaufen.
- Die Parteien verzichten endgültig auf Einlegung eines Rechtsmittels.
- Ein bereits eingelegtes Rechtsmittel wird wieder zurückgezogen.

Beachte Ein Rechtsmittelverzicht ist nur gültig, wenn die Verfügung bereits ergangen ist und die verzichtende Person Kenntnis des Verfügungsinhaltes hat. Vorgängig ist ein Verzicht auf die Einlegung eines Rechtsmittels unwirksam.

12.3 Materielle Rechtskraft

Die materielle Rechtskraft einer Verfügung bedingt, dass sie bereits in formelle Rechtskraft erwachsen ist. Solange dies nicht geschehen ist, kann die zuständige Behörde in der Regel auf eine noch nicht angefochtene Verfügung jederzeit zurückkommen, ohne dass dafür besondere Voraussetzungen gegeben sein müssen (BGE 121 II 273; vgl. auch VwVG 58 Abs. 1). Auch die formelle Rechtskraft steht dem Widerruf einer Verfügung durch die Verwaltungsbehörde nicht entgegen. Ob eine formell rechtskräftige Verfügung letztlich auch materiell rechtskräftig ist, beurteilt sich nach den strengen Voraussetzungen, die in einem solchen Fall für den *Widerruf* der Verfügung erfüllt sein müssen.

Sofern nicht dem anwendbaren Recht entnommen werden kann, ob und unter welchen Voraussetzungen eine Verfügung widerrufbar ist, bestimmt sich die Zulässigkeit des Widerrufs einer formell rechtskräftigen Verfügung nach folgenden Voraussetzungen:
- Die Verfügung ist ursprünglich oder nachträglich fehlerhaft.
- Das Interesse an der richtigen Anwendung des objektiven Rechts überwiegt das Interesse an der Rechtssicherheit und am Vertrauensschutz.

Da unter diesen Voraussetzungen grundsätzlich alle im nichtstreitigen Verwaltungsverfahren ergangenen Verfügungen durch die Verwaltungsbehörden widerrufbar sind, sofern nicht eine Rechtsmittelinstanz darüber geurteilt hat, stellt die materielle Rechtskraft einer Verfügung die Ausnahme dar. Statt von materieller Rechtskraft wird daher zum Teil auch von der *Rechtsbeständigkeit* einer Verfügung gesprochen.

Nachträgliche Fehlerhaftigkeit kann lediglich bei Verfügungen eintreten, welche sich auf ein Dauerrechtsverhältnis beziehen; nur in diesen Fällen kommt der Änderung der massgeblichen tatsächlichen Verhältnisse oder der rechtlichen Grundlage nach Erlass der Verfügung Bedeutung zu.

(Siehe zum Widerruf einer Verfügung die Darstellung in HÄFELIN/MÜLLER/UHLMANN, Rz. 994 ff.; zur Interessenabwägung und zur Rechtsbeständigkeit einer formell rechtskräftigen Verfügung vgl. VPB 1998 [62] 19).

13. Vollstreckung der Verfügung

13.1 Voraussetzung der Vollstreckbarkeit

Wird eine wirksame Verfügung *nicht freiwillig befolgt*, so *muss* sie aus Gründen der Rechtssicherheit vollstreckt werden. Trotz der in VwVG 39 Abs. 1 gewählten Formulierung («Die Behörde *kann* ihre Verfügung vollstrecken ...») steht es nicht im Ermessen der Behörde zu entscheiden, ob eine Verfügung vollstreckt werden soll oder nicht (vgl. BGE 119 Ia 33 f.).

Vollstreckbar ist eine Verfügung, wenn eine der folgenden Voraussetzungen erfüllt ist (VwVG 39 Abs. 1 lit. a–c):

■ Die Verfügung kann nicht mehr mit einem Rechtsmittel angefochten werden.

■ Gegen die Verfügung kann ein Rechtsmittel eingelegt werden, jedoch kommt diesem keine aufschiebende Wirkung zu oder dem Rechtsmittel wurde die aufschiebende Wirkung entzogen.

13.2 Zwangsmittel zur Vollstreckung einer Verfügung

Vollstreckung bedeutet, dass die Verfügung zwangsweise durchgesetzt wird, wofür *exekutorische* und *repressive* Mittel zur Verfügung stehen können.

Zu den exekutorischen Mitteln, die der unmittelbaren Durchsetzung der Verfügung dienen, werden gezählt:

■ der *unmittelbare Zwang* gegen die verpflichtete Person oder an ihren Sachen (VwVG 41 Abs. 1 lit. b);

■ die *Ersatzvornahme* durch die Behörde selber oder durch beauftragte Dritte auf Kosten der verpflichteten Person (VwVG 41 Abs. 1 lit. a), wobei die Kosten durch besondere Verfügung festzusetzen sind;

■ die *Schuldbetreibung* bei Verfügungen auf Geldzahlung oder Sicherheitsleistung (VwVG 40). In einem solchen Fall richtet sich die Vollstreckung nach dem Bundesgesetz über die Schuldbetreibung und Konkurs (SchKG).

Bei den repressiven Mitteln handelt es sich um *Sanktionen*. Sie dienen nicht unmittelbar der Vollstreckung, jedoch wird ihnen eine präventive Wirkung zugeschrieben. Sanktionen können verhängt werden:

■ wenn eine entsprechende Bestrafung in einem Spezialgesetz vorgesehen ist (VwVG 41 Abs. 1 lit. c);

■ wenn die zu den spezialgesetzlichen Strafnormen subsidiäre Strafverfolgung wegen Ungehorsams gemäss StGB 292 zur Anwendung gelangt (VwVG 41 Abs. 1 lit. d).

Repressive Mittel kommen hauptsächlich in jenen Bereichen zur Anwendung, in denen die Durchsetzung der Verfügung mit exekutorischen Mitteln nicht möglich ist. Grundsätzlich können Sanktionen nur verhängt werden, wenn seitens des säumigen Verfügungsadressaten ein Verschulden im strafrechtlichen Sinne vorliegt.

Der im VwVG aufgeführte Katalog der Zwangsmittel ist nicht abschliessend. Es lassen sich in Spezialgesetzen weitere Zwangsmittel wie z.B. Ordnungsbussen, die Anordnung von administrativen Rechtsnachteilen oder Disziplinarmassnahmen bei besonderen Rechtsverhältnissen finden.

Zwangsmassnahmen erfordern eine gesetzliche Grundlage. Exekutorische Massnahmen können sich allerdings auf das angewandte materielle Recht stützen, da sich aus diesem eine Vollzugskompetenz der Behörden ableiten lässt. Sobald aber eine exekutorische Massnahme weiter geht, als zur Herstellung des gesetzmässigen Zustandes erforderlich ist, und über die ursprüngliche Verfügung hinaus in die Rechtsposition der Einzelnen eingreift, ist auch in solchen Fällen eine spezielle gesetzliche Grundlage erforderlich. Repressive Massnahmen benötigen auf jeden Fall eine spezielle Grundlage im Gesetz. Dies gilt ebenfalls für administrative Rechtsnachteile, die zugleich repressiver und exekutorischer Natur sind (z.B. der vorübergehende Entzug einer Bewilligung).

(Vgl. zur Vollstreckung von Verfügungen auch VPB 2000 [64] 74.)

Arten von Zwangsmitteln

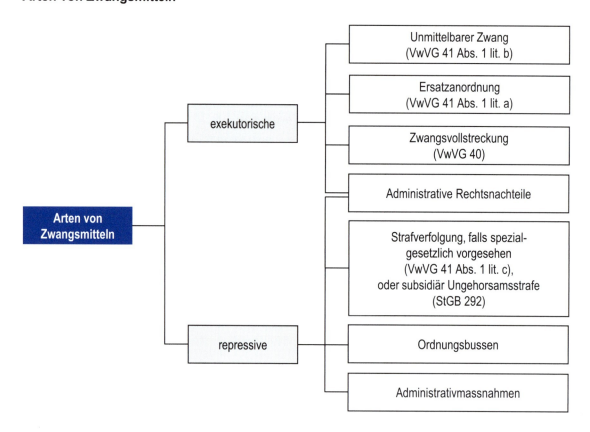

13.3 Voraussetzungen des Einsatzes von Zwangsmitteln

Der Einsatz von Zwangsmitteln ist grundsätzlich nur zulässig (VwVG 41 Abs. 2),

- wenn das Zwangsmittel den Verpflichteten vorgängig angedroht und auf eine allfällig anwendbare Strafbestimmung hingewiesen worden ist und

- wenn den Verpflichteten eine angemessene Frist zur Erfüllung der Verfügung angesetzt wurde.

Ohne vorgängige Androhung und Fristansetzung kann nur zum unmittelbaren Zwang oder zur Ersatzvornahme (sog. antizipierte Ersatzvornahme) gegriffen werden, wenn *Gefahr in Verzug* ist (VwVG 41 Abs. 3).

Die Behörden müssen bei der Auswahl und dem Einsatz der Zwangsmittel das Verhältnismässigkeitsprinzip beachten (VwVG 42; vgl. auch BV 5 Abs. 2 und BV 36 Abs. 3).

Soweit repressive Zwangsmittel einen reinen Strafcharakter aufweisen, kommt das Prinzip «ne bis in idem» zur Anwendung. Dieses Prinzip ist in Art. 4 des Protokolls Nr. 7 zur EMRK (SR 0.101.07) verankert. Es bedeutet, dass eine Person, gegen die bereits eine Sanktion verhängt wurde, in der gleichen Sache nicht nochmals belangt werden darf. Wenn mit den repressiven Zwangsmitteln zugleich exekutorische Ziele verfolgt werden, gilt hingegen deren wiederholter oder kumulierter Einsatz in der gleichen Sache als mit dem Prinzip «ne bis in idem» vereinbar. Bei exekutorischen Zwangsmitteln findet das Prinzip «ne bis in idem» keine Anwendung.

Zulässigkeit des Einsatzes von Zwangsmitteln

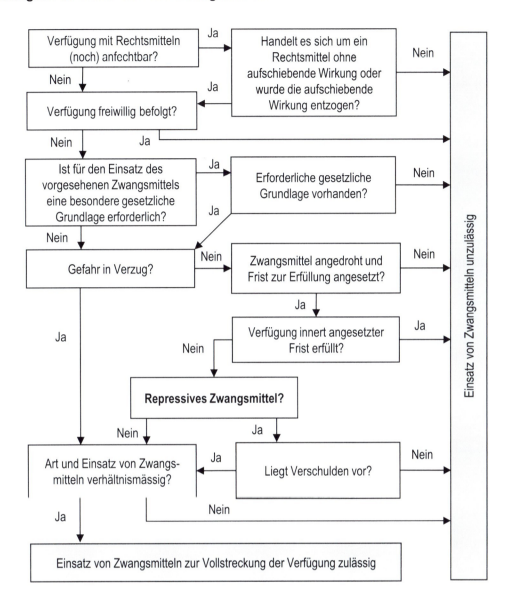

C. Übungen zum 2. Teil

Lösungen S. 145

Übung 6

Handelt es sich bei den folgenden Handlungen und Akten um Verfügungen:

■ Beschluss einer Gemeindeversammlung über eine Tempo-30-Zone für eine Quartierstrasse?

■ Verordnung des Eidgenössischen Departements für Umwelt, Verkehr, Energie und Kommunikation über Sicherheitsmassnahmen im Luftverkehr?

■ Vereinbarung zwischen einer Gemeinde und Privaten über die Erschliessung von Bauland?

■ Betriebsbewilligung für eine Seilbahn?

■ Entlassung eines Fussballtrainers?

■ Verkehrskontrolle durch die Polizei?

■ Zulassung eines neuen Medikaments durch das Schweizerische Heilmittelinstitut?

Weshalb?

Übung 7

Welche Behörde ist im Bund zuständig für:

■ den Entscheid über Finanzhilfen zur Filmförderung?

■ die Erteilung der Betriebsbewilligung für eine Kernanlage?

■ die Erteilung einer Betriebsbewilligung für ein Flugfeld?

■ die Erteilung einer Bewilligung für die Stammzellengewinnung?

Übung 8

Wer entscheidet über folgende Kompetenzstreitigkeiten:

■ zwischen dem Bundesamt für Verkehr und dem Bundesamt für Strassen?

■ zwischen dem Bundesamt für Umwelt und dem Bundesamt für Gesundheit?

■ zwischen dem Bundesrat und dem Bundesgericht?

■ zwischen einer kantonalen Regierung und einem Departement des Bundes?

Übung 9

Wie hat eine Bundesbehörde vorzugehen, wenn sie:

■ der Ansicht ist, eine andere Bundesbehörde sei zuständig?

■ Zweifel hat, ob sie oder eine andere Bundesbehörde zuständig ist?

■ sich als zuständig erachtet und eine betroffene Privatperson die Zuständigkeit bestreitet?

■ sich als unzuständig erachtet und eine betroffene Privatperson die Zuständigkeit behauptet?

Übung 10

Muss ein Behördenmitglied in Ausstand treten, wenn es:

■ in der gleichen Region wohnt wie der Gesuchsteller?

■ mit dem Gesuchsteller nicht verheiratet oder verlobt ist, aber ein gemeinsames Kind hat?

■ mit dem Gesuchsteller nicht verheiratet oder verlobt ist und keine gemeinsamen Kinder hat, aber seit zehn Jahren im Konkubinat lebt?

■ Mitglied der gleichen Partei ist wie der Gesuchsteller?

■ mit der Schwester des Gesuchstellers sehr gut befreundet ist?

■ den Gesuchsteller am Stammtisch als «üblen Halunken» beschimpft hat?

Übung 11

A. führt einen Autocarosseriebetrieb. Er beabsichtigte, den aus einem Nicht-EU/EFTA-Land stammenden B. als Mitunternehmer einzusetzen, und stellte bei der zuständigen Behörde ein entsprechendes Gesuch. Das Bundesamt für Migration (BFM) verweigerte seine Zustimmung. Zur Begründung führte es aus, Drittstaatsangehörige könnten nur zur Erwerbstätigkeit in der Schweiz zugelassen werden, wenn es sich bei ihnen um qualifizierte Arbeitskräfte handle und besondere Gründe vorlägen. Zudem müsse die Einhaltung der am Einsatzort geltenden orts- und berufsüblichen Lohn- und Arbeitsmarktbedingungen gewährt sein. Im vorliegenden Fall seien die Voraussetzungen von AuG 21 und AuG 22 nicht erfüllt. A. ist der Ansicht, das BFM habe seinen Anspruch auf rechtliches Gehör verletzt, weil es ihn vor seinem Entscheid nicht mehr angehört habe. Liegt er damit richtig?

Übung 12

Rechtsanwältin Meier stellte bei einer Behörde namens ihrer Klientschaft ein Bewilligungsgesuch. Mit Verfügung vom 10. Februar wurde das Gesuch abgewiesen und auf die Frist von 20 Tagen hingewiesen, innert welcher die Beschwerde gegen die Verfügung erhoben werden kann. Die Verfügung wurde am 13. Februar, einem Montag, der Post übergeben, konnte Rechtsanwältin Meier jedoch am folgenden Tag nicht zugestellt werden. Der Postbote legte Rechtsanwältin Meier daher die Aufforderung in den Briefkasten, den eingeschriebenen Brief in der Zeit vom 15. bis am 24. Februar auf der Post abzuholen. Nachdem Rechtsanwältin Meier den Brief am 24. Februar abgeholt hatte, übergab sie die Beschwerdeschrift am 16. März der Schweizerischen Post. Wurde die Beschwerde fristgerecht (kein Schaltjahr) erhoben (vgl. BGE 127 I 35)?

Übung 13

Rechtsanwalt Nebel stellte im Auftrag seiner Mandantschaft beim zuständigen Bundesamt ein Gesuch um Erteilung einer Bewilligung. Kurze Zeit danach erhält er ein Schreiben des betreffenden Bundesamtes, welches die Überschrift «Mitteilung betreffend Gesuch vom 11. November 2006» und den Vermerk «Zur Kenntnisnahme (Doppel)» trägt. Da Rechtsanwalt Nebel aufgrund von Fristen, die ihm in anderen Verfahren laufen, gerade sehr unter Zeitdruck steht, überfliegt er das Schreiben nur kurz. Er kommt dabei zur Erkenntnis, dass es sich um eine unverbindliche Orientierung handelt, und legt das Schreiben in sein Aktendossier. Als er sechs Wochen später das Schreiben wieder hervornimmt, bemerkt er auf dessen Rückseite einen Hinweis, wonach gegen diesen Entscheid innert 30 Tagen nach Empfang Beschwerde beim Bundesverwaltungsgericht eingereicht werden könne (VwVG 50 Abs. 1). Hierauf liest er das Schreiben genauer und stösst auf den Satz «Daher kann das Gesuch nicht gutgeheissen werden». Als er sich beim Bundesamt nach der Rechtsnatur des Schreibens erkundigt, wird ihm beschieden, es handle sich um eine Verfügung. Daraufhin erhebt er beim Bundesverwaltungsgericht Beschwerde und macht bezüglich der Fristeinhaltung geltend, die Verfügung sei mangelhaft eröffnet worden, weshalb auf seine – an sich verspätete – Berufung gemäss Treu und Glauben einzutreten sei. Eventualiter macht er geltend, die Berufungsfrist sei ihm nach VwVG 24 Abs. 1 wiederherzustellen, da er aufgrund seiner Arbeitsbelastung nicht in der Lage gewesen sei, innert Frist eine Berufungsschrift auszuarbeiten. Über die hierfür erforderliche Zeit verfüge er erst jetzt.

Wird das Bundesverwaltungsgericht auf die Beschwerde gestützt auf Treu und Glauben eintreten? Wird das Bundesverwaltungsgericht Rechtsanwalt Nebel die Berufungsfrist wiederherstellen?

3. Teil   Verwaltungsrechtspflege (i.e.S.) im Bund

A.   Totalrevision der Bundesrechtspflege

1.   Abschaffung der verwaltungsinternen Beschwerde im Bund

Im Bund wurde die verwaltungsinterne Beschwerde mit der Totalrevision der Bundesrechtspflege weitgehend abgeschafft. Gegen Verfügungen von Bundesbehörden ist das Bundesverwaltungsgericht in den meisten Fällen erste Beschwerdeinstanz. Das Bundesrecht sieht ausnahmsweise jedoch nach wie vor eine verwaltungsinterne Beschwerde vor.

Beispiel

- Beschwerde an das Eidgenössische Departement des Innern (EDI) gegen Verfügungen des Bundesamtes für Kultur über Finanzhilfen zur Filmförderung (FiG 32 Abs. 2).

Soweit das Verfahren einer solchen verwaltungsinternen Beschwerde nicht im Spezialgesetz geregelt ist, kommt das VwVG zur Anwendung. Entscheidet (ausnahmsweise) eine Verwaltungsbehörde des Bundes auf Beschwerde hin, zieht sie einen rechtskräftigen Entscheid von Amtes wegen oder auf Begehren einer Partei in Revision, wenn ein Revisionsgrund nach VwVG 66 vorliegt (VwVG 66–68). Zur Erläuterung und Berichtigung solcher Beschwerdeentscheide vgl. VwVG 69.

Daneben kennt das Bundesrecht weitere Rechtsschutzmittel, welche der verwaltungsinternen Verwaltungsrechtspflege zuzuordnen sind:

- Einsprache (vgl. 3. Teil, C.1.);
- Wiedererwägungsgesuch (vgl. 3. Teil, C.2.);
- Aufsichtsbeschwerde (vgl. 3. Teil, C.3.);
- Beschwerde an den Bundesrat (vgl. 3. Teil, H.1.).

Das Bundesverwaltungsgericht ersetzte auch die meisten Rekurskommissionen des Bundes. Eine Ausnahme stellt die weiterhin existierende Unabhängige Beschwerdeinstanz für Radio und Fernsehen (UBI) dar (vgl. 3. Teil, G.3.). Die verschiedenen Rekurskommissionen waren zuständig für Sachbereiche, bei denen spezielle Fachkenntnisse notwendig waren bzw. in welchen die Beschwerdefälle besonders zahlreich waren.

Die Beschwerde an das Bundesverwaltungsgericht weist eine wichtige Besonderheit auf: Während Verwaltungsgerichte Verfügungen üblicherweise nur auf Rechtsfehler und nicht auf Angemessenheit hin überprüfen, gewährleistet die Beschwerde an das Bundesverwaltungsgericht eine umfassende Rechts- und Ermessenskontrolle. Bei gewissen fachspezifischen Problemen und bei politischen Fragen auferlegen sich Behörden, welche grundsätzlich auch eine Ermessenskontrolle vornehmen, allerdings häufig Zurückhaltung, indem sie nicht ohne Not von der Auffassung der Vorinstanz abweichen *(Ohne-Not-Praxis)*.

2.   Neuordnung der Rechtsmittel ans Bundesgericht

Vor der Totalrevision der Bundesrechtspflege konnten mit Verwaltungsgerichtsbeschwerde ans Bundesgericht letztinstanzlich Verfügungen angefochten werden, welche sich auf Bundesverwaltungsrecht stützten, und zwar unabhängig davon, ob sie von einer eidgenössischen oder einer kantonalen Instanz erlassen worden waren. Kantonale Hoheitsakte (Verfügungen und Erlasse), welche sich auf kantonales Recht stützten, konnten dagegen nur mit staatsrechtlicher Beschwerde angefochten werden. Dies führte bei der Anfechtung von letztinstanzlichen kantonalen Entscheiden in vielen Fällen zu Abgrenzungsschwierigkeiten, da sich diese oft nicht entweder auf Bundesverwaltungs- oder kantonales Recht stützen, sondern ihre Grundlage sowohl im kantonalen als auch im Bundesrecht hatten.

Mit dem Inkrafttreten der total revidierten Bundesrechtspflege wurden diese komplizierten Abgrenzungsfragen bezüglich des Zugangs an das Bundesgericht entschärft. Bei der Beschwerde in öffentlich-rechtlichen Angelegenheiten (BGG 82 ff.) sind grundsätzlich sämtliche Entscheide in Angelegenheiten des öffentlichen Rechts zulässiges Anfechtungsobjekt (BGG 82 lit. a). Neben den Entscheiden des Bundesverwaltungsgerichts sind demnach auch letztinstanzliche kantonale Entscheide in Angelegenheiten des öffentlichen Rechts grundsätzlich einheitlich mit der Beschwerde in öffentlich-rechtlichen Angelegenheiten anfechtbar, unabhängig davon, ob sie sich auf Bundesverwaltungsrecht oder kantonales Recht stützen.

Allerdings sind wie früher bei der Verwaltungsgerichtsbeschwerde zahlreiche Entscheide von der Beschwerde in öffentlich-rechtlichen Angelegenheiten an das Bundesgericht ausgeschlossen (vgl. zu den ausgeschlossenen Sachgebieten bzw. zu den Streitwertgrenzen 3. Teil, I.3.1.5 bzw. I.3.1.6). Wenn die Beschwerde in öffentlich-rechtlichen Angelegenheiten an das Bundesgericht ausgeschlossen ist, entscheidet im Normalfall das Bundesverwaltungsgericht letztinstanzlich über Verfügungen von Bundesbehörden. Gegen Entscheide letzter kantonaler Instanzen dagegen ist in diesen Fällen noch die subsidiäre Verfassungsbeschwerde wegen Verletzung verfassungsmässiger Rechte zulässig.

Übersicht Verwaltungsrechtspflege des Bundes

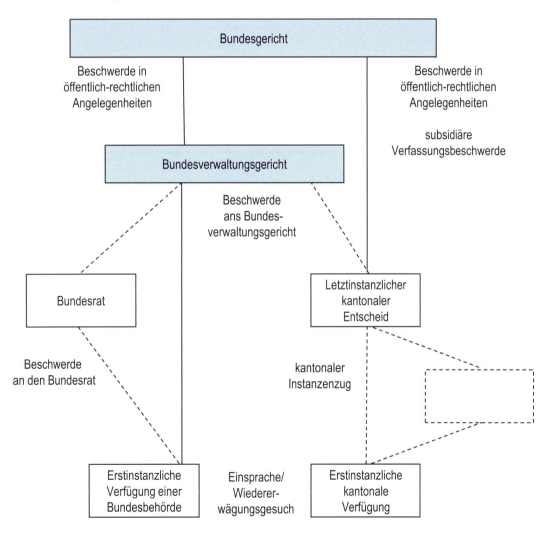

B. Allgemeines zu den Rechtsschutzmitteln

1. Unterscheidung Rechtsbehelf und Rechtsmittel

Im Rahmen der Verwaltungsrechtspflege gibt es mit den formlosen Rechtsbehelfen und den förmlichen Rechtsmitteln zwei Arten von Rechtsschutzmitteln, welche den Rechtsuchenden zur Verfolgung ihrer Interessen dienen können.

Rechtsmittel beinhalten einen *Rechtsschutzanspruch*. Das heisst, die angerufene Rechtsmittelinstanz ist verpflichtet, auf das Rechtsmittel zu reagieren und einen Entscheid zu fällen. Dabei kann das Verfahren durch ein Sachurteil oder einen Prozessentscheid beendet werden. Reagiert die Rechtsmittelinstanz nicht innert angemessener Frist, so liegt ein Verstoss gegen das Rechtsverzögerungsverbot bzw. unter gewissen Umständen gegen das Rechtsverweigerungsverbot vor (vgl. 1. Teil, D.2.1). Der förmliche Charakter der Rechtsmittel kommt darin zum Ausdruck, dass sie innert einer vorgeschriebenen Frist eingelegt werden müssen und die entsprechende Eingabe den jeweiligen Formerfordernissen genügen muss. Zu den Rechtsmitteln wird die Beschwerde gezählt (vgl. VwVG 45 ff.).

Bei *Rechtsbehelfen* besteht hingegen *kein Rechtsschutzanspruch*. Das bedeutet, dass die angerufene Instanz nicht verpflichtet ist, auf den Rechtsbehelf zu reagieren und entweder einen Nichteintretensentscheid zu fällen oder in der Sache zu entscheiden. Folglich verstösst es nicht gegen das Verbot der Rechtsverzögerung und -verweigerung, wenn die angerufene Instanz die Sache nicht oder nicht innert einer bestimmten Frist an die Hand nimmt. Die Formlosigkeit der Rechtsbehelfe zeigt sich darin, dass sie anders als die Rechtsmittel nicht an eine Frist gebunden sind, sondern jederzeit ergriffen werden können, und dass die Eingabe keiner Formvorschrift genügen muss. Rechtsbehelfe sind das Wiedererwägungsgesuch und die Aufsichtsbeschwerde.

	Rechtsbehelfe	Rechtsmittel
Rechtsanspruch auf Behandlung	Nein	Ja
Einreichung des Rechtsschutzmittels innert einer vorgeschriebenen Frist erforderlich	Nein	Ja
Einhaltung von Formerfordernissen erforderlich	Nein	Ja

2. Arten von Rechtsmitteln

2.1 Vollkommene und unvollkommene

Mit der Unterscheidung in vollkommene und unvollkommene Rechtsmittel wird zum Ausdruck gebracht, dass die Kognition der angerufenen Rechtsmittelinstanz und folglich auch der Umfang des Rechtsschutzes unterschiedlich sein können.

Bei vollkommenen Rechtsmitteln verfügt die angerufene Instanz über eine vollständige Prüfbefugnis, die es ihr erlaubt, Sachverhalts-, Ermessens- und Rechtsfragen zu prüfen.

Dagegen ist die Kognition bei unvollkommenen Rechtsmitteln beschränkt. Die angerufene Rechtsmittelinstanz tritt nur auf bestimmte Beschwerdegründe ein. Sie kann in der Regel nur noch eine Rechtmässigkeits-, aber keine Ermessensprüfung vornehmen und ist an die Sachverhaltserstellung der Vorinstanz gebunden.

2.2 Ordentliche und ausserordentliche

Ob ein ordentliches oder ausserordentliches Rechtsmittel gegeben ist, entscheidet sich danach, ob der angefochtene Rechtsakt bereits formell rechtskräftig ist oder nicht. Dabei stehen ordentliche Rechtsmittel gegen Rechtsakte zur Verfügung, die noch nicht in formelle Rechtskraft erwachsen sind, weshalb die Erhebung eines ordentlichen Rechtsmittels grundsätzlich die Vollstreckung hemmt (Suspensivwirkung).

Ausserordentliche Rechtsmittel werden gegen bereits formell rechtskräftige Rechtsakte eingelegt. Mit ihnen wird nicht das bisherige Verfahren bei einer Rechtsmittelinstanz weitergeführt, sondern es wird ein neues Verfahren eröffnet, mit welchem die formelle Rechtskraft des bereits erledigten Verfahrens beseitigt werden soll. Ausserordentlichen Rechtsmitteln kann folglich keine hemmende Wirkung zukommen.

2.3 Devolutive und nicht devolutive

Ob ein Rechtsmittel einen devolutiven Charakter hat oder nicht, beurteilt sich nach der zuständigen Rechtsmittelinstanz. Devolutive Rechtsmittel richten sich an eine übergeordnete Instanz, die in der Streitsache einen Entscheid fällt. Durch die devolutive Wirkung eines Rechtsmittels wird die Streitsache der Instanz, die den angefochtenen Entscheid erliess, entzogen. Die Beschwerde an das Bundesverwaltungsgericht ist ein devolutives Rechtsmittel.

Rechtsmittel ohne devolutiven Charakter richten sich hingegen an die gleiche Instanz, welche bereits den angefochtenen Entscheid traf. Rechtsmittel ohne devolutive Wirkung sind die Einsprache, die Revision und die Erläuterung.

2.4 Kassatorische und reformatorische

Kassatorische und reformatorische Rechtsmittel gehören zu den devolutiven Rechtsmitteln.

Der Unterschied zwischen kassatorischen und reformatorischen Rechtsmitteln liegt in der Entscheidbefugnis der Rechtsmittelinstanz: Während die Rechtsmittelinstanz bei kassatorischen Rechtsmitteln den Entscheid der Vorinstanz und die Sache zur Neubeurteilung zurückweist, trifft sie bei reformatorischen Rechtsmitteln den neuen Entscheid in der Sache selbst.

2.5 Prinzipale und subsidiäre

Sind die Voraussetzungen für mehrere Rechtsmittel gegeben (Rechtsmittelkonkurrenz), wird mit der Unterscheidung in prinzipale und subsidiäre Rechtsmittel auf die Rangfolge hingewiesen, in welcher die Rechtsmittel zu erheben sind. Prinzipale Rechtsmittel gehen dabei subsidiären vor.

C. Einsprache, Wiedererwägungsgesuch und Aufsichtsbeschwerde

1. Einsprache

Die Einsprache ...

... ist ein Rechtsmittel, mit welchem von einer Behörde die Überprüfung einer Verfügung verlangt werden kann, welche von *derselben Behörde* erlassen worden ist (nicht devolutiv). Es gibt im Bund kein allgemeines Einspracheverfahren. Das Rechtsmittel der Einsprache besteht nur, wenn diese in einem Spezialgesetz vorgesehen ist.

Beispiele
- Einsprache gegen die Steuerveranlagung gemäss DBG 132 ff.;
- Einsprache im Bereich der Sozialversicherungen gemäss ATSG 52;
- Einsprache gegen Bewilligungen nach dem Kernenergiegesetz (KEG) gemäss KEG 46 und 55.

Die Einsprache findet im VwVG keine Erwähnung. Wenn sie jedoch in einem Spezialgesetz vorgesehen ist, gilt für das Verfahren das VwVG. Die spezialgesetzlich vorgesehene Einsprache stellt ein ordentliches Rechtsmittel dar, was bedeutet, dass die Beschwerde ans Bundesverwaltungsgericht bzw. an den Bundesrat nicht zulässig ist, soweit keine Einsprache erfolgt ist (VGG 32 Abs. 2 lit. a bzw. VwVG 74; vgl. 3. Teil, D.2.4 bzw. 3. Teil, H.1.3).

Einspracheentscheide gelten als Verfügungen (VwVG 5 Abs. 2), gegen welche der gewöhnliche Rechtsmittelweg offensteht.

Die Einsprache als Rechtsmittel ist zu unterscheiden vom besonderen Einwendungsverfahren (VwVG 30a, vgl. 2. Teil, B.6.2), welches vor dem Erlass einer Verfügung durchgeführt werden kann, wenn eine grosse Anzahl von Personen betroffen ist.

2.   Wiedererwägungsgesuch

Das Wiedererwägungsgesuch ...

... ist ein formloser Rechtsbehelf, mit welchem eine Behörde ersucht wird, eine erstinstanzliche Verfügung abzuändern oder aufzuheben, welche dieselbe Behörde erlassen hat.

Das Wiedererwägungsgesuch ist im VwVG nicht allgemein geregelt. Immerhin wird in VwVG 58 Abs. 1 festgehalten, dass die verfügende Behörde die Möglichkeit hat, eine Verfügung bis zur Vernehmlassung im Beschwerdeverfahren in Wiedererwägung zu ziehen. Nach der Rechtsprechung des Bundesgerichts über die Widerrufbarkeit von Verfügungen ist die Änderung einer Verfügung allerdings bis zum Eintritt der formellen Rechtskraft (vgl. dazu 2. Teil, B.12.) und unter strengeren Voraussetzungen grundsätzlich auch noch danach möglich (vgl. zu den Voraussetzungen für die Widerrufbarkeit von Verfügungen HÄFELIN/MÜLLER/UHLMANN, Rz. 994 ff.; TSCHANNEN/ZIMMERLI/MÜLLER, S. 287 ff.).

Im Rahmen des Prozessrechts interessiert in erster Linie die verfahrensrechtliche Frage, in welchen Fällen eine Behörde verpflichtet ist, ein Wiedererwägungsgesuch zu prüfen. Grundsätzlich ist das Wiedererwägungsgesuch ein blosser Rechtsbehelf, weil der Gesuchsteller keinen Anspruch auf Prüfung und Beurteilung des Gesuchs hat. Es liegt im Ermessen der Behörde, das Gesuch zu prüfen oder nicht.

Ein Wiedererwägungsgesuch ist nur gegen erstinstanzliche Verfügungen möglich. Beschwerdeentscheide können nicht in Wiedererwägung gezogen werden (vgl. aber zur Revision von Entscheiden des Bundesverwaltungsgerichts 3. Teil, F.1). Formlos ist das Wiedererwägungsgesuch, weil es nicht an eine Frist oder eine bestimmte Form gebunden ist. Nach dem Grundsatz von Treu und Glauben kann die Wiedererwägung einer Verfügung allerdings auch nicht während unbeschränkter Zeit oder immer wieder verlangt werden.

Ausnahmsweise anerkennt die Rechtsprechung einen Anspruch auf Behandlung des Gesuchs. In folgenden Fällen stellt das Wiedererwägungsgesuch deshalb nicht mehr einen blossen Rechtsbehelf, sondern ein ausserordentliches Rechtsmittel dar:

- Die Behandlungspflicht ist gesetzlich vorgesehen oder ergibt sich aus einer ständigen Verwaltungspraxis (vgl. BGE 120 Ib 42, 46).
- Es können *Revisionsgründe* geltend gemacht werden.
- Die *Verhältnisse* haben sich seit dem Erlass der Verfügung *wesentlich geändert*.

Die Ablehnung eines Wiedererwägungsgesuchs kann grundsätzlich nicht angefochten werden. Wenn die Behörde das Gesuch nicht behandelt beziehungsweise nicht darauf eintritt, ist eine Beschwerde an die Rechtsmittelinstanz (normalerweise das Bundesverwaltungsgericht) nur möglich mit der Begründung, dass ausnahmsweise ein Anspruch auf Behandlung des Gesuchs besteht. Ergeht dagegen aufgrund eines Wiedererwägungsgesuchs ein neuer Sachentscheid, so steht dagegen der gewöhnliche Rechtsmittelweg offen.

Das Wiedererwägungsgesuch als formloser Rechtsbehelf und als ausserordentliches Rechtsmittel

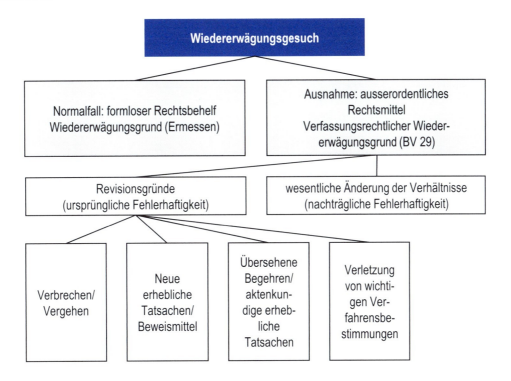

2.1 Revision von erstinstanzlichen Verfügungen

Die Behörde, welche eine erstinstanzliche Verfügung erlassen hat, ist auf Wiedererwägungsgesuch einer Partei hin verpflichtet, die Verfügung zu überprüfen, wenn ein Revisionsgrund vorliegt. Revisionsgründe betreffen eine mögliche *ursprüngliche Fehlerhaftigkeit* einer Verfügung.

Aufgrund von BV 29 Abs. 1 besteht in gewissen Fällen möglicher ursprünglicher Fehlerhaftigkeit einer Verfügung ein Anspruch auf Behandlung eines Wiedererwägungsgesuchs (vgl. 1. Teil, D.2.1.1). Der Anspruch auf Überprüfung einer ursprünglich fehlerhaften Verfügung geht im Bund jedoch noch weiter, indem VwVG 66 analog angewendet wird. Die dort genannten Revisionsgründe für Beschwerdeentscheide gelten auch für erstinstanzliche Verfügungen und gehen weiter als der Minimalanspruch gemäss BV 29 Abs. 1.

Ein Anspruch auf Überprüfung einer erstinstanzlichen Verfügung besteht demnach in folgenden Fällen:

- Beeinflussung des Entscheids durch ein *Verbrechen oder Vergehen* (VwVG 66 Abs. 1 analog);
- die Partei bringt neue erhebliche Tatsachen oder Beweismittel vor (VwVG 66 Abs. 2 lit. a analog);
- die Partei weist nach, dass aktenkundige erhebliche Tatsachen oder bestimmte Begehren übersehen worden sind (VwVG 66 Abs. 2 lit. b analog);
- die Partei weist nach, dass Bestimmungen über den Ausstand, das Akteneinsichtsrecht oder das rechtliche Gehör verletzt worden sind (VwVG 66 Abs. 2 lit. c analog).

Die Revision ist unzulässig, wenn die gesuchstellende Person die vorgebrachten Gründe schon im vorhergehenden ordentlichen Verfahren hätte geltend machen können (VwVG 66 Abs. 3 analog). Kommt die Behörde zum Schluss, dass die geltend gemachten Revisionsgründe rechtserheblich sind, muss der Sachverhalt neu beurteilt werden. Die Verfügung wird daraufhin bestätigt, oder es wird eine neue Verfügung erlassen (VwVG 68 Abs. 1 analog).

2.2 Anpassung erstinstanzlicher Verfügungen wegen wesentlicher Änderung der Verhältnisse

Die Behörde, welche eine erstinstanzliche Verfügung erlassen hat, ist auf Wiedererwägungsgesuch hin verpflichtet, eine Abänderung der Verfügung zu prüfen, wenn sich die Verhältnisse wesentlich geändert haben, sodass eine *nachträgliche Fehlerhaftigkeit* vorliegt.

Das VwVG regelt die Anpassung einer Verfügung wegen geänderter Verhältnisse nicht. Ein Anspruch auf Behandlung eines Wiedererwägungsgesuchs besteht jedoch aufgrund von BV 29 Abs. 1, wenn sich die tatsächlichen oder rechtlichen Verhältnisse wesentlich geändert haben.

Wenn dies der Fall ist, hat die Behörde nach den Regeln des Widerrufs von Verfügungen zu entscheiden, ob die Verfügung angepasst wird oder nicht (vgl. HÄFELIN/MÜLLER/UHLMANN, Rz. 994 ff.; TSCHANNEN/ZIMMERLI/MÜLLER, S. 287 ff.).

3. Aufsichtsbeschwerde

Die Aufsichtsbeschwerde ...

... ist eine *Anzeige* an die Aufsichtsbehörde, mit der jede Person jederzeit auf Tatsachen aufmerksam machen kann, welche im öffentlichen Interesse von Amtes wegen ein Einschreiten gegen eine untergeordnete Behörde erfordern (VwVG 71 Abs. 1).

Die Aufsichtsbeschwerde ist ein formloser Rechtsbehelf. Sie löst kein eigentliches Beschwerdeverfahren aus, sondern ist nur eine Anzeige. Der Anzeigesteller hat keine Parteirechte (VwVG 71 Abs. 2) und keinen Anspruch auf eine Behandlung seiner Anzeige. Die Aufsichtsbehörde entscheidet nach Ermessen, ob und wie sie eine Aufsichtsbeschwerde behandelt.

Der Anwendungsbereich der Aufsichtsbeschwerde ist nicht auf Verfügungen der untergeordneten Behörde beschränkt. Eine Aufsichtsbeschwerde kann sich gegen jedes Handeln oder Unterlassen einer Behörde richten.

Nach der Praxis hat die Aufsichtsbeschwerde subsidiären Charakter. Die Behörden behandeln eine Anzeige nur, wenn kein ordentliches oder ausserordentliches Rechtsmittel zur Verfügung steht.

Behandelt die Aufsichtsbehörde eine Aufsichtsbeschwerde nicht oder nicht im Sinne des Anzeigestellers, ist dagegen kein Rechtsmittel möglich. In Betracht kommt nur eine erneute Anzeige an die nächsthöhere Aufsichtsbehörde.

D. Beschwerde an das Bundesverwaltungsgericht

1. Überblick über die Zulässigkeitsvoraussetzungen

Das Bundesverwaltungsgericht prüft seine Zuständigkeit von Amtes wegen (VwVG 7 Abs. 1 i.V.m. VGG 37). Erweisen sich die Zuständigkeitsvoraussetzungen als nicht erfüllt, trifft es einen Nichteintretensentscheid.

Folgende Voraussetzungen müssen für die Verwaltungsgerichtsbeschwerde kumulativ vorhanden sein:

- zulässiges Anfechtungsobjekt (Verfügung gemäss VwVG 5; VGG 31, vgl. 3. Teil, D.2.2);
- kein unzulässiger Sachbereich (Ausnahmekatalog von VGG 32, vgl. 3. Teil, D.2.3);
- zulässige Vorinstanz (VGG 33, vgl. 3. Teil, D.3.);
- fehlende Möglichkeit der Beschwerde an eine kantonale Behörde (VGG 32 Abs. 2 lit. b, 3. Teil, D.2.5) oder der Einsprache oder Beschwerde an eine Behörde gemäss VGG 33 lit. c–f (VGG 32 Abs. 2, vgl. 3. Teil, D.2.4);
- zulässiger Beschwerdegrund (VwVG 49, vgl. 3. Teil, D.4.);
- *Beschwerderecht* (VwVG 6 und 48, vgl. 2. Teil, B. 4.1 und 3. Teil, D.5.): Partei- und Prozessfähigkeit, Teilnahme am vorinstanzlichen Verfahren und Beschwerdelegitimation;
- Einhaltung der Beschwerdefrist (VwVG 50 Abs. 1, vgl. 3. Teil, D.6.1);

- Einhalten der formalen Anforderungen an die *Beschwerdeschrift* (VwVG 52 Abs. 1, vgl. 3. Teil, D.6.2);
- Einzahlung eines allfällig auferlegten Kostenvorschusses (VwVG 63 Abs. 4, vgl. 3. Teil, D.7.11.3).

Zulässigkeitsvoraussetzungen der Beschwerde ans Bundesverwaltungsgericht

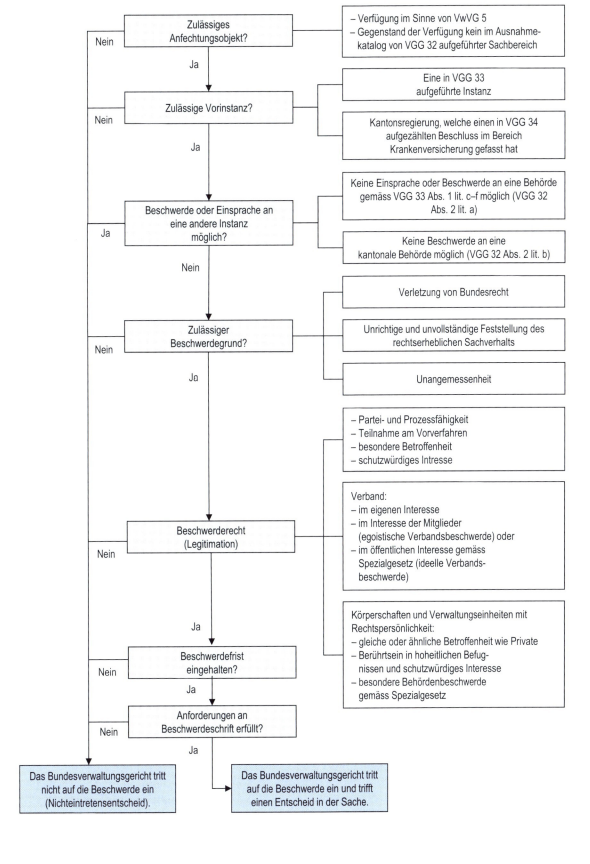

2. Anfechtungsobjekt

2.1 Generalklausel von VGG 31

Die Beschwerde ans Bundesverwaltungsgericht steht grundsätzlich gegen Verfügungen im Sinne von VwVG 5 offen (VGG 31).

Mit dieser Generalklausel wird dem Bundesverwaltungsgericht eine *allgemeine Sachzuständigkeit* in Bundesverwaltungssachen zugewiesen. Darin kommt zum Ausdruck, dass das Bundesverwaltungsgericht die Funktion eines *allgemeinen Verwaltungsgerichts* des Bundes erfüllt (VGG 1 Abs. 1). Es unterscheidet sich dadurch von den nunmehr aufgelösten Rekurs- und Schiedskommissionen des Bundes, welche jeweils lediglich für einen bestimmten Sachbereich zuständig waren und demgemäss Spezialverwaltungsgerichte darstellten.

2.2 Verfügungen im Sinne von VwVG 5

Eine Verfügung im Sinne von VwVG 5 ist eine *Einzelfallanordnung* einer Behörde, welche sich auf *öffentliches Recht des Bundes* stützt und einen der in VwVG 5 Abs. 2 aufgezählten Gegenstände zum Inhalt hat (vgl. auch 2. Teil, A.1.1).

Da sich die Beschwerde ans Bundesverwaltungsgericht demnach gegen Verfügungen und Entscheide von Vorinstanzen richtet, urteilt das Bundesverwaltungsgericht nicht erstinstanzlich, sondern als Rechtsmittelinstanz. Daher spricht man auch von *nachträglicher Verwaltungsgerichtsbarkeit*.

2.2.1 Einzelfallanordnung

Die Einzelfallanordnung im Sinne von VwVG 5 ist ein *einseitiger, individuell-konkreter Rechtsanwendungsakt*, der von einer *Behörde angeordnet wird*.

Mit diesen Merkmalen werden folgende Abgrenzungen getroffen:

- *Behördenanordnung:* Die Verfügung muss von einem Träger öffentlicher Aufgaben ausgehen, welchem in einem Gesetz die entsprechende Verfügungsbefugnis eingeräumt worden ist.

  Eine «Behördenanordnung» kann auch von Privaten ausgehen, welchen die Erfüllung öffentlicher Aufgaben und die hierzu erforderlichen Verfügungsbefugnisse übertragen worden sind. Hingegen liegt keine Behördenanordnung im Sinne von VwVG 5 vor, wenn die Anordnung zwar von der Zentralverwaltung oder einer öffentlich-rechtlichen Einrichtung ausgeht, dieser jedoch im konkreten Fall keine Verfügungsbefugnis zukommt. Die Verfügung einer funktionell oder sachlich unzuständigen Behörde ist grundsätzlich nichtig, ausser der verfügenden Behörde kommt auf dem betreffenden Gebiet allgemeine Entscheidungsgewalt zu oder durch die Nichtigkeit würde die Rechtssicherheit ernsthaft gefährdet (VPB 68 [2004] 150). VGG 33 zählt die Behörden auf, gegen deren Verfügungen Beschwerde ans Bundesverwaltungsgericht geführt werden kann.

- *Einseitigkeit:* Mit dem Element der Einseitigkeit wird die hoheitliche Natur der Verfügung angesprochen, wodurch sie sich von rechtsgeschäftlichen Vereinbarungen zwischen Staat und Privaten unterscheidet.

  Während Verträge mittels übereinstimmender Willensäusserungen der Parteien zustande kommen, regelt die Verfügung ein Rechtsverhältnis autoritativ. Zwischen der anordnenden Behörde und dem Verfügungsadressat besteht auch bei mitwirkungsbedürftigen Verfügungen ein Subordinationsverhältnis.

- *Individuell-konkrete Anordnung:* Die Verfügung richtet sich an eine bestimmte Person (*«individuell»*) und regelt einen bestimmten Lebenssachverhalt (*«konkret»*).

  Im Gegensatz zu Erlassen, welche sich an eine unbestimmte Zahl von Personen (*«generell»*) wenden und einen unbestimmten Sachverhalt (*«abstrakt»*) regeln, wird mit der Verfügung das anwendbare Recht im Einzelfall konkretisiert. *Allgemeinverfügungen* werden aufgrund der von ihnen bewirkten Einzelfallkonkretisierung trotz des unbestimmten Adressatenkreises, an welchen sie sich wenden, auch zu den Einzelfallanordnungen gezählt.

Generell-abstrakte Normen können nicht mit der Beschwerde ans Bundesverwaltungsgericht angefochten werden.

Adressaten von Einzelfallanordnungen sind grundsätzlich Private. Dadurch unterscheidet sich die Verfügung von verwaltungsinternen Weisungen (Dienstbefehle), welche nur für die Behörden, an die sie sich richten, verbindlich sind und keine Rechte und Pflichten von Privaten begründen.

2.2.2 Öffentliches Recht des Bundes

Verfügungen stellen nur ein taugliches Anfechtungsobjekt für die Beschwerde ans Bundesverwaltungsgericht dar, wenn sie sich auf öffentliches Recht des Bundes stützen. Dazu zählen auch Verfügungen,

- die direkt gestützt auf eine Bestimmung der Bundesverfassung ergangen sind oder
- bei denen gerügt wird, es sei fälschlicherweise nicht öffentliches Recht des Bundes zur Anwendung gekommen oder
- es sei kantonales Ausführungsrecht zum Bundesverwaltungsrecht angewendet worden, welches jedoch über die Regelung im Bundesverwaltungsrecht nicht hinausgeht und daher keine eigenständige Bedeutung hat.

Keine Anfechtungsobjekte der Bundesverwaltungsgerichtsbeschwerde sind Verfügungen, die sich auf kantonales öffentliches Recht, auf Bundeszivilrecht, auf das Strafrecht oder auf das Schuldbetreibungs- und Konkursrecht des Bundes stützen. – Das Strafrecht und das Schuldbetreibungs- und Konkursrecht gelten nicht als öffentliches Recht des Bundes im Sinne von VwVG 5. – Es ist aber zu beachten, dass im Zivilrecht und im Strafrecht vereinzelt Regelungen enthalten sein können, welche als materielles Verwaltungsrecht und somit dennoch als öffentliches Recht des Bundes im obgenannten Sinn zu qualifizieren sind.

2.2.3 Gegenstand der Verfügung

Gegenstand einer Verfügung ist die rechtsverbindliche Regelung eines Rechtsverhältnisses.

Die Rechtsverbindlichkeit grenzt die Verfügung von blossen *Realakten* ab, gegen die die Beschwerde ans Bundesverwaltungsgericht verschlossen ist (zu den Realakten vgl. 2. Teil, A.1.1).

Wer jedoch ein schutzwürdiges Interesse vorzuweisen hat, kann von der für den Realakt zuständigen Behörde

- die Unterlassung, die Einstellung oder den Widerruf widerrechtlicher Handlungen,
- die Beseitigung der Folgen widerrechtlicher Handlungen sowie
- die Feststellung der Widerrechtlichkeit von Handlungen verlangen,

sofern sich die entsprechenden Handlungen auf öffentliches Recht des Bundes stützen und Rechte und Pflichten berühren (VwVG 25a Abs. 1).

Die solchermassen angerufene Behörde hat ihren Entscheid in die Form einer Verfügung zu kleiden (VwVG 25a Abs. 2), die ihrerseits grundsätzlich als Anfechtungsobjekt der Beschwerde ans Bundesverwaltungsgericht tauglich ist.

Verfügungen können folgende Gegenstände zum Inhalt haben (VwVG 5 Abs. 1):

- die Begründung, die Änderung oder die Aufhebung von Rechten und Pflichten (lit. a.);
- die Feststellung des Bestehens, des Nichtbestehens oder des Umfanges von Rechten und Pflichten (lit. b);
- die Abweisung von Begehren auf Begründung, Änderung, Aufhebung oder Feststellung von Rechten oder Pflichten oder das Nichteintreten auf entsprechende Begehren (lit. c).

Wenn ein schutzwürdiges Interesse nachgewiesen werden kann (VwVG 25 Abs. 2), besteht gegenüber der in der Sache zuständigen Behörde ein Anspruch auf Erlass einer Feststellungsverfügung im Sinne von VwVG 5 Abs. 1 lit. b.

VwVG 5 Abs. 2 stellt zudem klar, dass zu den Verfügungen gemäss VwVG 5 auch folgende Verfügungen gehören:

- Vollstreckungsverfügungen (VwVG 41 Abs. 1 lit. a und b),
- Zwischenverfügungen (VwVG 45 und 46),
- Einspracheentscheide (VwVG 30 Abs. 2 lit. b und 74),
- Beschwerdeentscheide (VwVG 61),
- Entscheide im Rahmen einer Revision (VwVG 68) sowie
- Erläuterungen (VwVG 69).

Nicht gegen alle Zwischenverfügungen kann jedoch Beschwerde erhoben werden. Zulässig ist die Beschwerde gegen selbstständig eröffnete Zwischenverfügungen:

- über die Zuständigkeit und über Ausstandsbegehren (VwVG 45 Abs. 1);
- wenn sie einen nicht wiedergutzumachenden Nachteil bewirken können (VwVG 46 Abs. 1 lit. a) oder
- wenn die Gutheissung der Beschwerde sofort einen Endentscheid herbeiführen und damit einen bedeutenden Aufwand an Zeit und Kosten für ein weitläufiges Beweisverfahren ersparen würde (VwVG 46 Abs. 1 lit. b).

Der nicht wiedergutzumachende Nachteil muss nicht rechtlicher Natur sein, vielmehr genügt ein schutzwürdiges Interesse an der sofortigen Aufhebung oder Abänderung der Zwischenverfügung. Es können daher auch wirtschaftliche Interessen geltend gemacht werden (BGE 120 Ib 97; VPB 59 [1995] Nr. 13).

Wenn die Beschwerde gemäss VwVG 46 Abs. 1 gegen eine Zwischenverfügung nicht zulässig ist oder von ihr kein Gebrauch gemacht wurde, so sind die betreffenden Zwischenverfügungen mit Beschwerde gegen die Endverfügung anfechtbar, sofern sie sich auf den Inhalt der Endverfügung auswirken (VwVG 46 Abs. 2). Hingegen sind selbstständig eröffnete Zwischenverfügungen über die Zuständigkeit und über Ausstandsbegehren später nicht mehr anfechtbar (VwVG 45 Abs. 2).

Anfechtbarkeit von Zwischenverfügungen

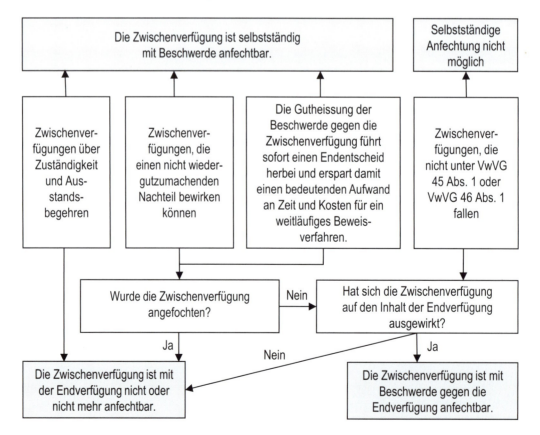

Die Beschwerde ans Bundesverwaltungsgericht ist auch möglich gegen das *unrechtmässige Verweigern oder Verzögern* einer anfechtbaren Verfügung (VwVG 46a).

Dagegen spricht VwVG 5 Abs. 3 Erläuterungen von Behörden über die Ablehnung oder Erhebung von Ansprüchen, die auf dem Klageweg zu verfolgen sind, den Verfügungscharakter ab. Die Beschwerde ans Bundesverwaltungsgericht ist gegen solche Erläuterungen ausgeschlossen.

2.3 Negativkatalog von VGG 32

Die *Generalklausel* von VGG 31 gilt nicht uneingeschränkt. Gegen Verfügungen in gewissen Sachbereichen, welche im *Negativkatalog* von VGG 32 abschliessend aufgelistet sind, ist die Beschwerde ans Bundesverwaltungsgericht ausgeschlossen. Es sind dies Bereiche, die der Gesetzgeber namentlich wegen ihrer ausgeprägten Technizität oder ihres überwiegend politischen Charakters als nicht geeignet für die Beurteilung durch das Bundesverwaltungsgericht erachtet hat.

■ Die Beschwerde ist unzulässig gegen Verfügungen auf dem Gebiet der inneren und äusseren Sicherheit des Landes, der Neutralität, des diplomatischen Schutzes und der übrigen auswärtigen Angelegenheiten, soweit das Völkerrecht nicht einen Anspruch auf gerichtliche Beurteilung einräumt (VGG 32 Abs. 1 lit. a).

Gegen solche Verfügungen ist wegen ihres hauptsächlich politischen Charakters auch die Beschwerde in öffentlich-rechtlichen Angelegenheiten ans Bundesgericht versperrt (BGG 83 Abs. 1 lit. a). Die damit gemachte Ausnahme vom Anspruch auf richterliche Beurteilung nach BV 29a wird mit dem überwiegend politischen Charakter solcher Verfügungen begründet. Sie können aber mit Beschwerde an den Bundesrat angefochten werden (VwVG 72 lit. a).

Mit dem völkerrechtlichen Anspruch auf gerichtliche Beurteilung ist die in EMRK 6 Abs. 1 verankerte Rechtswegsgarantie angesprochen (vgl. hierzu 1. Teil, D.5.1.5).

Der Begriff der «übrigen auswärtigen Angelegenheiten» ist restriktiv auszulegen und soll nur Anordnungen mit überwiegend politischem Charakter umfassen. Daher können Verfügungen in den Bereichen «Entwicklungszusammenarbeit» und «humanitäre Hilfe», die früher von der Verwaltungsgerichtsbeschwerde an das Bundesgericht ausgeschlossen waren, nunmehr grundsätzlich mit Beschwerde an das Bundesverwaltungsgericht weitergezogen werden, sofern die übrigen Voraussetzungen erfüllt sind.

■ Die Beschwerde ist unzulässig gegen Verfügungen betreffend die politische Stimmberechtigung der Bürger und Bürgerinnen sowie bei Volkswahlen und -abstimmungen (VGG 32 Abs. 1 lit. b).

Zur Verfahrensbeschleunigung unterliegen solche Verfügungen direkt der Beschwerde in öffentlich-rechtlichen Angelegenheiten ans Bundesgericht (BGG 82 lit. c).

■ Die Beschwerde ist unzulässig gegen Verfügungen über leistungsabhängige Lohnanteile des Bundespersonals, soweit sie nicht die Gleichstellung der Geschlechter betreffen (VGG 32 Abs. 1 lit. c).

Gegen solche Verfügungen ist die Beschwerde an den Bundesrat möglich (VwVG 72 lit. b).

■ Weiter ist die Beschwerde unzulässig gegen
  ▪ Genehmigung der Errichtung und Führung einer Fachhochschule (VGG 32 Abs. 1 lit. d);
  ▪ Verfügungen auf dem Gebiet der Kernenergie betreffend Rahmenbewilligung von Kernanlagen, die Genehmigung des Entsorgungsprogramms, den Verschluss von geologischen Tiefenlagern, den Entsorgungsnachweis (VGG 32 Abs. 1 lit. e);
  ▪ Verfügungen über die Erteilung, Änderung oder Erneuerung von Infrastrukturkonzessionen für Eisenbahnen (VGG 32 Abs. 1 lit. f);
  ▪ Verfügungen über die Erteilung von Konzessionen für Spielbanken (VGG 32 Abs. 1 lit. h).

Solche Verfügungen fallen in die Kompetenz des Bundesrates. In diesen Fällen besteht kein gerichtlicher Rechtsschutz. Die gesetzliche Ausnahme von der Rechtswegsgarantie gemäss BV 29a wurde wegen des politischen Charakters dieser Verfügungen gemacht. Wäre die

Beschwerde ans Bundesverwaltungsgericht zulässig, würden die entsprechenden Geschäfte gestützt auf RVOG 47 Abs. 6 direkt auf das in der Sache zuständige Departement übergehen.

■ Die Beschwerde ist schliesslich unzulässig gegen Verfügungen der unabhängigen Beschwerdeinstanz für Radio und Fernsehen (VGG 32 Abs. 1 lit. g).

Zur Beschwerdeinstanz für Radio und Fernsehen vgl. 3. Teil, G.3.

<table>
<tr><td>**Beachte**</td><td>• Wenn die Beschwerde ans Bundesverwaltungsgericht ausgeschlossen ist, weil einer der im Negativkatalog aufgeführten Sachbereiche Gegenstand der anzufechtenden Verfügung ist, muss geprüft werden, ob allenfalls die Beschwerde in öffentlich-rechtlichen Angelegenheiten ans Bundesgericht (BGG 82 ff.) oder die Verwaltungsbeschwerde an den Bundesrat (VwVG 72 ff.) offenstehen.
• Würde die Beschwerde ans Bundesverwaltungsgericht in einem Spezialgesetz ausgeschlossen, ohne dass zugleich eine andere Beschwerdeinstanz bezeichnet wird, könnte die Aufsichtsbehörde als Beschwerdeinstanz angerufen werden (VwVG 47 Abs. 1 lit. d).</td></tr>
</table>

2.4 Ausschöpfung des Instanzenzugs

Im Allgemeinen beurteilt das Bundesverwaltungsgericht direkt erstinstanzliche Behördenentscheide, da die verwaltungsinterne Verwaltungsrechtspflege im Bund grundsätzlich abgeschafft wurde. Ausnahmsweise kann ein Spezialgesetz aber dennoch zuerst einen verwaltungsinternen Beschwerdeweg vorsehen. Wenn dies der Fall ist und eine Verfügung durch Beschwerde an eine Behörde im Sinne von VGG 33 lit. c–f angefochten oder wenn bei der verfügenden Behörde Einsprache erhoben werden kann, ist die Beschwerde an das Bundesverwaltungsgericht ausgeschlossen (VGG 32 Abs. 2 lit. a). Sie kann dann erst erhoben werden, wenn der vorhergehende Instanzenzug ausgeschöpft wurde.

Ausnahmsweise kann jedoch auf die Ausschöpfung des Instanzenzuges verzichtet werden. Eine solche *Sprungbeschwerde* ist möglich, wenn eine Vorinstanz des Bundesverwaltungsgerichts im Einzelfall eine Weisung erteilt hat, dass oder wie eine Vorinstanz verfügen soll (VwVG 47 Abs. 2). In der Rechtsmittelbelehrung muss dann darauf hingewiesen werden, dass die entsprechende Verfügung nicht an die nächsthöhere Beschwerdeinstanz, sondern – diese überspringend – direkt ans Bundesverwaltungsgericht weitergezogen werden kann (VwVG 47 Abs. 2). Entscheidet eine Beschwerdeinstanz in der Sache und weist diese an die Vorinstanz zurück, so gelten die dabei erteilten Weisungen nicht als Weisungen im Sinne von VwVG 47 Abs. 2 (VwVG 47 Abs. 4).

2.5 Vorrang der Beschwerde an eine kantonale Behörde

Sieht ein Spezialgesetz des Bundes vor, dass Verfügungen mit Beschwerde an eine kantonale Behörde angefochten werden können, ist gegen solche Verfügungen die Beschwerde ans Bundesverwaltungsgericht unzulässig (VGG 32 Abs. 2 lit. b). Eine solche Konstellation ist hauptsächlich dort anzutreffen, wo die Verfügung durch eine Bundesanstalt oder einen Bundesbetrieb erging. Beides sind zulässige Vorinstanzen des Bundesverwaltungsgerichts. Damit hat der Gesetzgeber potenzielle Kompetenzkonflikte, wie sie vor allem im Sozialversicherungsrecht auftreten können, zugunsten der Beschwerde an die kantonale Behörde gelöst.

3. Funktionelle Zuständigkeit (Vorinstanzen)

3.1 Zulässige Vorinstanzen

Der Rechtsmittelweg ans Bundesverwaltungsgericht ist auch dadurch eingeschränkt, dass die Beschwerde nur gegen Verfügungen bestimmter Vorinstanzen zulässig ist. Die zulässigen Vorinstanzen sind in VGG 33 abschliessend aufgezählt. Aufgrund seiner Funktion als allgemeines Verwaltungsgericht des Bundes handelt es sich bei den Vorinstanzen des Bundesverwaltungsgerichts grundsätzlich um *Instanzen des Bundes*.

Die regulären und dadurch auch am häufigsten vorkommenden Vorinstanzen sind die Bundeskanzlei, die Departemente und die ihnen unterstellten oder administrativ zugeordneten Dienststellen der Bundesverwaltung (VGG 33 lit. d) sowie die Anstalten und Betriebe des Bundes (VGG 33 lit e).

Zulässige Vorinstanzen sind ausserdem die eidgenössischen Kommissionen (VGG 33 lit. f), Schiedsgerichte aufgrund öffentlich-rechtlicher Verträge des Bundes, seiner Anstalten und Betriebe (VGG 33 lit. g) sowie Instanzen oder Organisationen ausserhalb der Bundesverwaltung, die in Erfüllung ihnen übertragener öffentlich-rechtlicher Aufgaben des Bundes verfügen (VGG 33 lit. h). Weiter ist das Bundesverwaltungsgericht zuständig für Beschwerden gegen Verfügungen des Bundesrats und der Organe der Bundesversammlung auf dem Gebiet des Arbeitsverhältnisses des Bundespersonals (VGG 33 lit. a) sowie gegen weitere ganz bestimmte Verfügungen des Bundesrats (VGG 33 lit. b).

Beachte Gegen andere (nicht in VGG 33 lit. a und b erwähnte) Entscheide des Bundesrats oder der Organe der Bundesversammlung ist die Beschwerde ans Bundesverwaltungsgericht nicht zulässig.

Das Bundesstrafgericht, das Bundespatentgericht, der Bundesanwalt oder die Bundesanwältin sowie die Aufsichtsbehörde über die Bundesanwaltschaft sind ebenfalls nur ganz ausnahmsweise zulässige Vorinstanzen des Bundesverwaltungsgerichts, nämlich soweit sich eine Beschwerde gegen eine Verfügung auf dem Gebiet des Arbeitsverhältnisses bestimmter Personen (namentlich der Mitglieder und des Personals der jeweiligen Behörde) richtet (VGG 33 lit. c–c^{quinquies}).

Beachte Liegt eine Verfügung einer der in VGG 33 lit. a–h genannten Instanzen vor, so muss sie grundsätzlich beim Bundesverwaltungsgericht angefochten werden. Der verwaltungsinterne Beschwerdeweg steht nur offen, wenn ein Bundesgesetz diese Möglichkeit ausdrücklich vorsieht (vgl. VwVG 47 Abs. 1).

Nur ausnahmsweise, wenn dies in einem *Bundesgesetz* ausdrücklich so vorgesehen ist, ist das Bundesverwaltungsgericht zur Beurteilung von Verfügungen kantonaler Instanzen bzw. von Beschlüssen kantonaler Regierungen zuständig (VGG 33 lit. i).

Der Weiterzug von Verfügungen letzter kantonaler Instanzen ans Bundesverwaltungsgericht ist etwa in LwG 166 Abs. 2 oder in KVG 53 Abs. 1 vorgesehen.

3.2 Unzulässige Vorinstanzen

Gegen Verfügungen von Instanzen, die in der Auflistung von VGG 33 nicht enthalten sind, steht die Verwaltungsgerichtsbeschwerde nicht offen. Zudem wird in VGG 32 Abs. 1 lit. g die Verwaltungsgerichtsbeschwerde ausdrücklich ausgeschlossen für Verfügungen der unabhängigen Beschwerdeinstanz für Radio und Fernsehen (UBI). Die UBI wurde als einzige Fachinstanz nicht in das Bundesverwaltungsgericht integriert. Sie steht denn auch hierarchisch nicht unter, sondern neben dem Bundesverwaltungsgericht. Dies ist auch der Grund für den Ausschluss des Weiterzugs von Verfügungen der UBI an das Bundesverwaltungsgericht. Hingegen ist es möglich, Entscheide der UBI mittels Beschwerde in öffentlich-rechtlichen Angelegenheiten durch das Bundesgericht beurteilen zu lassen.

4. Beschwerdegrund

4.1 Übersicht

VwVG 49 zählt folgende Gründe für die Beschwerde ans Bundesverwaltungsgericht auf:

- die Verletzung des Bundesrechts, wozu auch die Überschreitung oder der Missbrauch des Ermessens gehören;
- die unrichtige oder unvollständige Feststellung des rechtserheblichen Sachverhaltes;
- die Unangemessenheit.

Da demnach die Rügegründe nicht eingeschränkt sind, gehört die Beschwerde an das Bundesverwaltungsgericht zu den sogenannten vollkommenen Rechtsmitteln.

4.2 Verletzung von Bundesrecht

Mit der Beschwerde ans Bundesverwaltungsgericht kann die Verletzung von Bundesrecht gerügt werden. Rügegründe können sich somit aus dem gesamten Bundesrecht ergeben, weshalb sich eine Rüge nicht unbedingt auf ein Bundesgesetz stützen muss, sondern sich die Grundlage dafür auch in einer Rechtsverordnung, in der Bundesverfassung oder im unmittelbar anwendbaren Völkerrecht, mithin in der EMRK, befinden kann. Nicht zum Bundesrecht gehören die *Verwaltungsverordnungen,* da sie aufgrund ihrer Natur als interne Dienstanweisungen weder die Behörden noch die Privaten binden. Die Verletzung einer Verwaltungsverordnung kann daher grundsätzlich nicht mit der Beschwerde ans Bundesverwaltungsgericht geltend gemacht werden. Nach der Rechtsprechung des Bundesgerichts und des Bundesverwaltungsgerichts können Verwaltungsverordnungen allerdings als Auslegungshilfen herangezogen werden – insbesondere dann, wenn es um die Anwendung unbestimmter Rechtsbegriffe im konkreten Einzelfall geht. Der Richter soll Verwaltungsverordnungen bei seiner Entscheidung mitberücksichtigen, sofern sie eine dem Einzelfall angepasste und gerecht werdende Auslegung der anwendbaren gesetzlichen Bestimmungen zulassen (BGE 121 II 473, 478).

Eine *Rechtsverletzung* liegt vor, wenn eine Norm unrichtig ausgelegt, falsch oder gar nicht angewendet wurde (BGE 115 Ib 347). Als Rechtsverletzung gilt auch, wenn ein Sachverhalt unter eine falsche Norm subsumiert worden ist oder eine ungültige Norm zur Anwendung gelangt ist. Im letzteren Fall ist die entsprechende Norm sodann akzessorisch auf ihre Gültigkeit zu überprüfen. Die akzessorische Normenkontrolle umfasst die Frage, ob der angewendete Rechtssatz in Kraft ist und ob er mit übergeordnetem Recht vereinbar ist. Sofern es sich bei der überprüften Norm um ein Bundesgesetz handelt, ist allerdings das Anwendungsgebot von BV 190 zu beachten.

Unter einer Ermessensüberschreitung versteht man Überschreitung des Rahmens, welcher die Grenzen des eingeräumten Ermessens bezeichnet. Beim Ermessensmissbrauch über- oder unterschreitet die verfügende Behörde zwar den Rahmen ihres Ermessens nicht, jedoch wendet sie sachfremde Kriterien an oder verletzt allgemeine Rechtsprinzipien. Ein Ermessensmissbrauch liegt etwa dann vor, wenn das Ermessen willkürlich, rechtsungleich, wider das Gebot von Treu und Glauben oder unverhältnismässig ausgeübt wird. Ebenfalls als Rechtsverletzung und somit als Rügegrund gilt die Ermessensunterschreitung, auch wenn sie in VwVG 49 nicht explizit genannt wird. Ermessensunterschreitung liegt vor, wenn die verfügende Behörde das ihr übertragene Ermessen nicht ausschöpft, weil sie sich als gebunden erachtet.

Rechtsverletzung

4.3 Unrichtige oder unvollständige Sachverhaltserhebung

Die Rüge, der Sachverhalt sei unrichtig oder unvollständig erhoben worden, betrifft nur den Sachverhalt, soweit er für die konkrete Verfügung erheblich ist (zur Sachverhaltsfeststellung und zum Beweisverfahren vgl. 2. Teil, B.5 und 2. Teil, B.6.3).

Unrichtig ist die Sachverhaltserhebung,

- wenn die Verfügung auf Tatsachen beruht, die falsch und aktenwidrig sind,
- wenn die für die Erstellung des Sachverhaltes notwendigen Beweismittel nicht eingeholt wurden (vgl. VwVG 12 ff.),
- wenn zwar Beweise eingeholt wurden, aber deren Würdigung unzutreffend ist.

Unvollständig ist die Sachverhaltserhebung, wenn verfügungsrelevante Tatsachen für die Verfügung nicht berücksichtigt wurden (vgl. VPB 2004 [86] 148).

4.4 Unangemessenheit

Mit der Unangemessenheitsprüfung kontrolliert das Bundesverwaltungsgericht, ob eine Anordnung *zweckmässig* ist.

Die Befugnis des Bundesverwaltungsgerichts, die Unangemessenheit von Verfügungen zu überprüfen, wodurch ihm eine *volle Überprüfungsbefugnis* zukommt, stellt in der Verwaltungsgerichtsbarkeit eine *Ausnahme* dar. In der Regel kann mit einer (kantonalen) Verwaltungsgerichtsbeschwerde die Unangemessenheit einer Verfügung nicht gerügt werden. Die Überprüfung der Angemessenheit einer Anordnung ist dann den verwaltungsinternen Verwaltungsrechtspflegeinstanzen überlassen.

Die Rüge der Unangemessenheit kann bei Verfügungen, über welche eine kantonale Behörde als Beschwerdeinstanz entschieden hat, nicht erhoben werden (VwVG 49 Abs. 1 lit. c). Diesem Ausnahmefall kommt jedoch keine grosse Bedeutung zu.

Beschwerdegründe bei der Beschwerde an das Bundesverwaltungsgericht

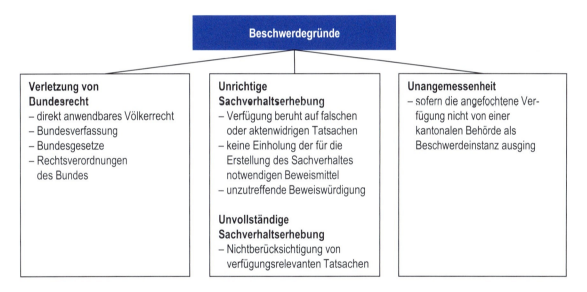

5. Beschwerderecht

5.1 Beschwerdefähigkeit

Die Verwaltungsgerichtsbeschwerde ans Bundesverwaltungsgericht kann nur erheben, wer *beschwerdefähig* ist. Über Beschwerdefähigkeit verfügt, wer partei- und prozessfähig ist (siehe hierzu 2. Teil, B.4.1).

5.2　Beschwerdelegitimation

5.2.1　Voraussetzungen

Für die Beschwerde ans Bundesverwaltungsgericht ist legitimiert, wer folgende drei Voraussetzungen kumulativ erfüllt (VwVG 48 Abs. 1):

- wer vor der Vorinstanz am Verfahren teilgenommen hat oder keine Möglichkeit zur Teilnahme erhalten hat;
- wer durch die angefochtene Verfügung besonders berührt ist;
- wer ein schutzwürdiges Interesse an der Aufhebung oder Änderung der Verfügung hat.

5.2.2　Schutzwürdige Interessen (materielle Beschwer)

Als *schutzwürdig* gelten *tatsächliche Interessen* wirtschaftlicher und ideeller Natur: Das Vorhandensein eines besonderen Rechtsschutzinteresses wird im Gegensatz zur subsidiären Verfassungsbeschwerde ans Bundesgericht nicht verlangt. Demgemäss ist es nicht erforderlich, dass die geltend gemachten Interessen durch die als verletzt gerügte Norm geschützt werden. Jedoch müssen die beschwerdeführenden Personen *eigene* Interessen verfolgen, d.h., die Aufhebung oder Änderung der Verfügung muss *ihnen* direkt einen praktischen Vorteil bringen. Sie können sich daher nicht auf das öffentliche Interesse oder auf die Interessen Dritter berufen. Auch ein lediglich mittelbares Interesse genügt bereits nicht mehr. Wer ein schutzwürdiges Interesse geltend machen kann, gilt auch als durch die Verfügung berührt. Schliesslich muss das geltend gemachte tatsächliche Interesse zusätzlich *aktuell* sein.

Auf das Erfordernis des *aktuellen* Rechtsschutzinteresses kann ausnahmsweise verzichtet werden, wenn folgende zwei Voraussetzungen kumulativ gegeben sind (zum aktuellen Interesse vgl. 3. Teil, J.5.3):

- In Grundsatzfragen kann kaum je ein rechtzeitiger Entscheid gefällt werden.
- Die aufgeworfene Frage kann sich jederzeit unter gleichen oder ähnlichen Umständen wieder stellen.

5.2.3　Besondere Betroffenheit (materielle Beschwer)

Für die Legitimation zur Verwaltungsgerichtsbeschwerde genügt nicht jegliches Berührtsein, sondern es muss eine *besondere Betroffenheit* vorliegen. Damit wird zum Ausdruck gebracht, dass die beschwerdeführende Person *mehr als die Allgemeinheit* von der Verfügung berührt sein und eine *besondere, beachtenswerte und nahe Beziehung zur Streitsache* aufweisen muss. Das Erfordernis der besonderen Betroffenheit verhindert, dass die Beschwerde ans Bundesverwaltungsgericht zu einer Popularbeschwerde wird. Immer materiell beschwert sind die Verfügungsadressaten. Drittbetroffenen hingegen fehlt es oftmals an der besonderen Beziehungsnähe, wodurch sie von der Beschwerde ausgeschlossen werden. Die besondere Beziehungsnähe von Drittbetroffenen wurde etwa beim Bestehen einer besonderen *räumlichen* Nähe zur Streitsache bejaht (vgl. z.B. BGE 127 V 80; VPB 2005 [69] 90).

5.2.4　Teilnahme am Vorverfahren (formelle Beschwer)

Die Legitimation zur Bundesverwaltungsgerichtsbeschwerde setzt schliesslich *Teilnahme am Vorverfahren* voraus *(formelle Beschwer)*. Von diesem Erfordernis kann ausnahmsweise abgesehen werden, wenn die beschwerdeführende Person keine Möglichkeit hatte, am Vorverfahren zu partizipieren. Dies kann namentlich der Fall sein, wenn eine entsprechende Teilhabe verfahrensrechtlich ausgeschlossen war oder wenn die beschwerdeführende Person am Verfahren aus anderen Gründen, z.B. Unkenntnis über das Verfahren, ohne eigenes Verschulden nicht teilnehmen konnte. Nicht formell beschwert ist ein Beschwerdeführer, dessen Begehren durch die Vorinstanz gänzlich gutgeheissen wurden (vgl. VPB 2000 [64] 18).

Voraussetzungen der Beschwerdelegitimation

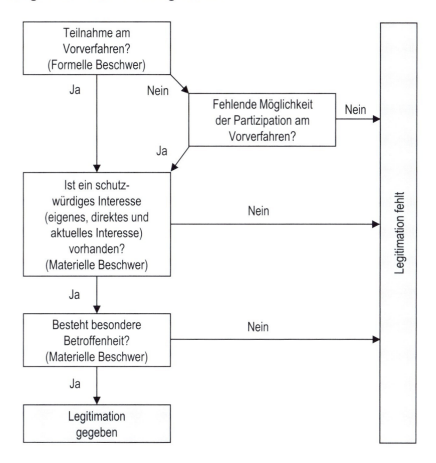

5.3 Besondere Fälle der Beschwerdelegitimation

5.3.1 Egoistische Verbandsbeschwerde

Die egoistische Verbandsbeschwerde ermöglicht es Verbänden, im eigenen Namen Beschwerde zu führen und so die Interessen ihrer Mitglieder zu vertreten.

Die egoistische Verbandsbeschwerde ist unter folgenden Voraussetzungen zulässig (vgl. BGE 120 I 90, BGE 119 Ib 374):

- Der Verband muss über juristische Persönlichkeit verfügen (z.B. Verein).
- Mit der Beschwerde werden die Interessen aller oder einer grossen Zahl von Mitgliedern verfolgt.
- Die Verbandsstatuten sehen die Wahrung der infrage stehenden Interessen der Mitglieder vor.
- Von den Mitgliedern ist eine grosse Zahl selber zur Beschwerde legitimiert und von der Verfügung betroffen.

Keine egoistische Verbandsbeschwerde liegt vor, wenn der Verband selber betroffen ist und im eigenen Interesse Beschwerde führt. In einem solchen Fall muss der Verband nicht die besonderen Voraussetzungen der egoistischen Verbandsbeschwerde, dafür jedoch die allgemeinen Voraussetzungen zur Beschwerdelegitimation erfüllen.

5.3.2 Legitimation öffentlich-rechtlicher Körperschaften und anderer Verwaltungseinheiten mit Rechtspersönlichkeit

Grundsätzlich können Bund, Kantone, Gemeinden und andere Träger von Verwaltungsaufgaben gegen eine Verfügung einer Behörde einer anderen Körperschaft oder Verwaltungseinheit (z.B. eine Gemeinde gegen die Verfügung einer Bundesanstalt) keine Beschwerde einlegen. Das Beschwerderecht ist als Rechtsschutzmittel für Private konzipiert.

Ausnahmsweise, nämlich in folgenden zwei Anwendungsfällen, kann das Gemeinwesen aber dennoch zur Beschwerde zugelassen sein (vgl. BGE 124 II 409, 123 II 425):

- Öffentlich-rechtliche Körperschaften (z.B. Gemeinden) oder Verwaltungseinheiten mit eigener Rechtspersönlichkeit (z.B. Anstalten) sind zur Beschwerde befugt, wenn sie durch eine Verfügung gleich oder ähnlich wie Private betroffen sind.
- Die Beschwerdelegitimation des Gemeinwesens ist auch gegeben, wenn es in seinen hoheitlichen Befugnissen berührt ist und ein schutzwürdiges Interesse an der Aufhebung oder Änderung der Verfügung hat.

Eine gleiche oder ähnliche Betroffenheit wie Private wird bejaht, wenn mit der angefochtenen Verfügung in das Finanz- oder Verwaltungsvermögen des Gemeinwesens eingegriffen wird. In seinen hoheitlichen Befugnissen berührt gilt ein Gemeinwesen, wenn es in seiner Autonomie betroffen ist.

Die öffentlich-rechtliche Körperschaft oder Verwaltungseinheit muss jeweils als Adressatin oder Drittbetroffene des angefochtenen Entscheides die gleichen Legitimationsvoraussetzungen wie Private erfüllen, damit auf ihre Beschwerde eingetreten wird. Folglich müssen sich geltend gemachte finanzielle Interessen direkt aus der angefochtenen Verfügung ergeben und konkreter Natur sein. Ein allgemeines finanzielles Interesse reicht daher für die Beschwerdelegitimation nicht aus.

Aus dem gleichen Grund genügt es für die Beschwerdelegitimation auch nicht, dass das Gemeinwesen in seinen hoheitlichen Befugnissen berührt ist, sondern es muss zugleich auch über ein schutzwürdiges Interesse an der Aufhebung oder Änderung des angefochtenen Entscheids verfügen. Das allgemeine öffentliche Interesse an der richtigen Anwendung von Bundesrecht reicht hierfür noch nicht aus. Eine von der mit Entscheidkompetenz versehenen Behörde divergierende Rechtsauffassung begründet demnach noch keine Beschwerdelegitimation (VPB 2000 [64] 67).

5.3.3 Spezialgesetzliche Beschwerdebefugnis

VwVG 48 Abs. 2 erklärt Personen, Organisationen und Behörden zur Beschwerde berechtigt, denen ein anderes Bundesgesetz dieses Recht einräumt. Im Vordergrund stehen dabei die *ideelle Verbandsbeschwerde* und die *Behördenbeschwerde*. Diese Beschwerden dienen der Verfolgung öffentlicher Interessen, weshalb mit ihnen auch nur öffentliche Interessen und nicht etwa Interessen privater Dritter verfolgt werden können. Wird eine solche Beschwerde benützt, um Interessen privater Dritter durchzusetzen, trifft die Rechtsmittelinstanz demzufolge einen Nichteintretensentscheid.

Wenn ein spezialgesetzliches Beschwerderecht gegeben ist, muss das Vorhandensein eines schutzwürdigen Interesses und der besonderen Betroffenheit nach VwVG 48 Abs. 1 nicht mehr nachgewiesen werden. Jedoch ist zu beachten, dass im anwendbaren Spezialgesetz ebenfalls Beschwerdevoraussetzungen statuiert sein können.

Beispiele

Ideelle Verbandsbeschwerde:

- Bundesgesetz über die Gleichstellung von Frau und Mann:

GlG 7 Klagen und Beschwerden von Organisationen

[1] Organisationen, die nach ihren Statuten die Gleichstellung von Frau und Mann fördern oder die Interessen der Arbeitnehmerinnen oder Arbeitnehmer wahren und seit mindestens zwei Jahren bestehen, können im eigenen Namen feststellen lassen, dass eine Diskriminierung vorliegt, wenn der Ausgang des Verfahrens sich voraussichtlich auf eine grössere Zahl von Arbeitsverhältnissen auswirken wird. Sie müssen der betroffenen Arbeitgeberin oder dem betroffenen Arbeitgeber Gelegenheit zur Stellungnahme geben, bevor sie eine Schlichtungsstelle anrufen oder eine Klage einreichen.

[2] Im Übrigen gelten die Bestimmungen für die Klagen und Beschwerden von Einzelpersonen sinngemäss.

- Bundesgesetz über den Natur- und Heimatschutz:

NHG 12 Beschwerderecht der Gemeinden und der Organisationen: 1. Beschwerdeberechtigung

[1] Gegen Verfügungen der kantonalen Behörden oder der Bundesbehörden steht das Beschwerderecht zu:

a. den Gemeinden

b. den Organisationen, die sich dem Naturschutz, dem Heimatschutz, der Denkmalpflege oder verwandten Zielen widmen unter folgenden Voraussetzungen:

1. Die Organisation ist gesamtschweizerisch tätig.

2. Sie verfolgt rein ideelle Zwecke; allfällige wirtschaftliche Tätigkeiten müssen der Erreichung der ideellen Zwecke dienen.
(…)

Verbandsbeschwerden

Bei der Behördenbeschwerde fungiert die beschwerdeführende Behörde als Organ der jeweils betroffenen Körperschaft. Grundsätzlich ist es einer unteren Instanz verwehrt, die Entscheide einer oberen Instanz anzufechten, da dies im Widerspruch zum hierarchischen Aufbau der Verwaltung stehen würde (VPB 2000 [64] 67). Dieser Grundsatz kann durch spezialgesetzliche Behördenbeschwerden durchbrochen werden, bei welchen die verfügende Behörde ausdrücklich berechtigt wird, den Rechtsmittelentscheid der ihr vorgesetzten Instanz anzufechten. Ebenfalls anzutreffen sind spezialgesetzliche Regelungen, welche Behörden zur Beschwerde gegen Verfügungen anderer Behörden ermächtigen (z.B. ein Bundesamt gegen Verfügungen kantonaler Behörden).

Beispiele
- Bundesgesetz über den Wald:
WaG 46 Rechtspflege
(…)
2 Das Bundesamt ist berechtigt, gegen Verfügungen der kantonalen Behörden in Anwendung dieses Gesetzes und seiner Ausführungserlasse die Rechtsmittel des eidgenössischen und kantonalen Rechts zu ergreifen.
(…)

- Bundesgesetz über den Umweltschutz:
USG 56 Behördenbeschwerde
1 Das Bundesamt ist berechtigt, gegen Verfügungen der kantonalen Behörden in Anwendung dieses Gesetzes und seiner Ausführungsbestimmungen die Rechtsmittel des eidgenössischen und kantonalen Rechts zu ergreifen.
2 Die gleiche Berechtigung steht auch den Kantonen zu, soweit Einwirkungen aus Nachbarkantonen auf ihr Gebiet strittig sind.

- Bundesgesetz über die technischen Handelshemmnisse:
THG 20a Rechtspflege
(…)
2 Gegen Verfügungen der Vollzugsorgane kann beim Bundesverwaltungsgericht Beschwerde geführt werden.
3 Der Wettbewerbskommission steht das Beschwerderecht gegen Allgemeinverfügungen nach den Artikeln 19 Abs. 7 und 20 zu.

Allgemeine Beschwerdebefugnis des Gemeinwesens und besondere Behördenbeschwerde

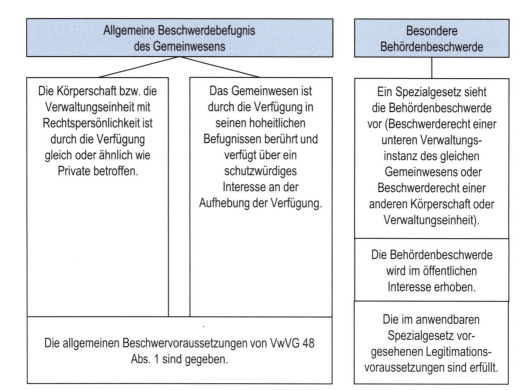

6. Beschwerdefrist und Beschwerdeschrift

6.1 Beschwerdefrist

Die Beschwerde ist innert 30 Tagen nach Eröffnung der Verfügung dem Bundesverwaltungsgericht einzureichen (VwVG 50 Abs. 1). Da es sich hierbei um eine gesetzliche Frist handelt, ist sie nicht erstreckbar (VwVG 22 Abs. 1). Zur Berechnung und Einhaltung der Frist siehe 2. Teil, B.8.2 bis 8.4.

Wird eine Verfügung unrechtmässig verzögert oder verweigert, kann jederzeit Beschwerde geführt werden (VwVG 50 Abs. 2).

6.2 Beschwerdeschrift

Die Beschwerdeschrift muss bestimmten Formerfordernissen genügen (VwVG 52 Abs. 1). Sie muss enthalten:

- die Begehren,
- die Begründung der Begehren,
- die Angabe der Beweismittel und
- die Unterschrift des Beschwerdeführers oder seines Vertreters.

Das Begehren muss auf Aufhebung oder Abänderung des vorinstanzlichen Entscheides lauten. Aus der Begründung des Begehrens muss hervorgehen, weshalb und in welchen Punkten der Entscheid der Vorinstanz angefochten wird. Die Begründung muss sich zum Sachverhalt, zum massgeblichen Recht und zum Vorliegen der Beschwerdevoraussetzungen äussern. Der Beschwerdeschrift sind die ausgefertigte angefochtene Verfügung und die als Beweismittel angerufenen Urkunden beizulegen, sofern der Beschwerdeführer diese zuhanden hat (VwVG 52 Abs. 1). Die Unterschrift unter der Beschwerde muss im Original vorliegen. Eine Foto- oder Telefaxkopie genügt nicht. Zum Erfordernis der Originalunterschrift vgl. VPB 2004 (68) 2.

Wenn die eingereichte Beschwerdeschrift den Anforderungen nicht genügt oder wenn die Beschwerde zwar formell vollständig ist, jedoch die Rechtsbegehren oder deren Begründung die nötige Klarheit vermissen lassen, wird dem Beschwerdeführer durch das Bundesverwaltungsgericht eine kurze Nachfrist zur Verbesserung angesetzt. Eine solche Nachfrist setzt jedoch voraus, dass sich die Beschwerde nicht als offensichtlich unzulässig herausstellt (VwVG 52 Abs. 2). Das Bundesverwaltungsgericht darf unter den genannten Voraussetzungen eine Nachfrist nur in Fällen eines offensichtlichen Rechtsmissbrauchs verweigern (VPB 2000 [64] 96). Die Nachfrist wird mit der Androhung versehen, dass nach unbenutztem Fristenlauf aufgrund der Akten entschieden oder bei Fehlen der Anträge, deren Begründung oder der Unterschrift des Beschwerdeführers auf die Beschwerde nicht eingetreten wird (VwVG 52 Abs. 3; siehe hierzu VPB 1998 [62] 61).

Ausnahmsweise, nämlich wenn es der aussergewöhnliche Umfang oder die besondere Schwierigkeit einer Beschwerdesache erfordert, gestattet das Bundesverwaltungsgericht dem Beschwerdeführer, seine Begründung innert einer angemessenen Nachfrist zu ergänzen. Allerdings muss der Beschwerdeführer darum ersuchen, und die Beschwerde muss ansonsten ordnungsgemäss eingereicht worden sein. Wird eine solche Nachfrist zur Ergänzung der Begründung gewährt, findet die allgemeine, in VwVG 32 Abs. 2 statuierte Regelung betreffend verspäteter Eingaben keine Anwendung (VwVG 53).

7. Beschwerdeverfahren

7.1 Anwendbares Verfahrensrecht

7.1.1 Grundsatz

Das Beschwerde- und das Klageverfahren vor Bundesverwaltungsgericht richten sich nach den Bestimmungen des Verwaltungsverfahrensgesetzes (VwVG), sofern das Verwaltungsgerichtsgesetz nichts anderes bestimmt (VGG 37; vgl. auch VwVG 2 Abs. 4). Dabei ist zu beachten, dass das VwVG wiederum Verfahrensbestimmungen des Bundesrechts, welche ein Verfahren eingehender als das VwVG regeln, für anwendbar erklärt, falls diese Bestimmungen nicht im Widerspruch zu den Normen des VwVG stehen (VwVG 4). Schliesslich gehen Verfahrensbestimmungen anderer Bundesgesetze dem VwVG auch dann vor, wenn sie zwar im Widerspruch zum VwVG stehen, aber jünger als dieses sind und wenn der Gesetzgeber eine entsprechende Abweichung zum VwVG ausdrücklich beabsichtigte. Für die Bestimmung der anwendbaren Verfahrensvorschriften ergibt sich somit folgendes Prüfschema:

Findet sich eine Verfahrensregelung im VGG?

Wenn nein:

Normiert ein Bundesgesetz das Verfahren ausführlicher als das VwVG, ohne im Widerspruch zu diesem zu stehen, oder bestehen vom VwVG abweichende Verfahrensvorschriften in einem Bundesgesetz, welches jünger als das VwVG ist, und wurde die Abweichung vom Gesetzgeber ausdrücklich gewollt?

Wenn nein:

Das Verwaltungsverfahrensgesetz (VwVG) kommt zur Anwendung.

7.1.2 Besondere Verfahrensbestimmungen im VGG

Im VGG finden sich zu folgenden Gegenständen besondere Regelungen:

- zum Ausstand (VGG 38);
- zu den Kompetenzen des Instruktionsrichters oder der Instruktionsrichterin und zur Anfechtbarkeit von dessen oder deren Verfügungen (VGG 39);
- zur Öffentlichkeit der Parteiverhandlung (VGG 40);
- zur Urteilsberatung (VGG 41);
- zur Urteilsverkündung (VGG 42) sowie
- zur mangelhaften Vollstreckung (VGG 43).

7.2 Verfahrensleitung

Die Verfahrensleitung bis zum Entscheid obliegt dem Abteilungspräsidenten oder der Abteilungspräsidentin als Instruktionsrichter bzw. -richterin. Er oder sie kann diese Aufgabe auch einem anderen Richter oder einer anderen Richterin anvertrauen (VGG 39 Abs. 1). Der Instruktionsrichter oder die Instruktionsrichterin ist namentlich zuständig, um über die Abschreibung gegenstandslos gewordener Verfahren und über das Nichteintreten auf offensichtlich unzulässige Rechtsmittel zu entscheiden (VGG 23). Prozessleitende Verfügungen des Instruktionsrichters oder der Instruktionsrichterin unterliegen innerhalb des Verwaltungsgerichts keiner Beschwerde (VGG 39 Abs. 2). Es ist daher nicht möglich, solche Verfügungen ans Gesamtgericht weiterzuziehen. Sofern die jeweilige Zwischenverfügung die Voraussetzungen erfüllt, ist jedoch ein Weiterzug ans Bundesgericht möglich.

7.3 Verfahrensdisziplin

Zur Aufrechterhaltung der Verfahrensdisziplin können Parteien oder deren Vertreter, die den Geschäftsgang stören oder den Anstand verletzen, mit Verweis oder mit Ordnungsbusse bis zu CHF 500.– bestraft werden (VwVG 60 Abs. 1). Liegt ein Fall von bös- oder mutwilliger Prozessführung vor, kann gegen die fehlbare Partei oder ihren Vertreter eine Ordnungsbusse bis zu CHF 1'000.– oder bei Rückfall bis zu CHF 3'000.– ausgesprochen werden (VwVG 60 Abs. 2). Ausserdem kann bei einer Verhandlung der oder die Vorsitzende eine Person, die sich den Anweisungen nicht unterzieht, aus dem Sitzungssaal wegweisen und mit einer Ordnungsbusse bis zu CHF 500.– belegen (VwVG 60 Abs. 3).

7.4 Ausstand

Das VGG regelt den Ausstand durch Verweisung in VGG 38 auf die entsprechenden Bestimmungen im Bundesgerichtsgesetz; BGG 34 ff. gelangen sinngemäss zur Anwendung. Zum Ausstand im Verfahren vor Bundesgericht vgl. 3. Teil, H.9.3.

7.5 Verfahrenssprache

Das Verfahren ist in einer der vier Amtssprachen (Deutsch, Französisch, Italienisch, Rumantsch Grischun) zu führen (VwVG 33a Abs. 1). Englisch ist daher als Verfahrenssprache ausgeschlossen. Die Sprache im Beschwerdeverfahren richtet sich nach der Sprache, in welcher der angefochtene Entscheid verfasst wurde. Jedoch ist es möglich, das Verfahren vor Bundesverwaltungsgericht auch in einer anderen Amtssprache zu führen, wenn diese von den Parteien verwendet wird (VwVG 33a Abs. 2).

7.6 Schriftenwechsel

Eine nicht von vornherein unbegründete oder unzulässige Beschwerde wird der Vorinstanz und allfälligen Gegenparteien der beschwerdeführenden Partei oder anderen Beteiligten ohne Verzug zur Kenntnis gebracht. Zugleich wird ihnen Frist zur Vernehmlassung angesetzt und die Vorinstanz wird zur Vorlage ihrer Akten aufgefordert (VwVG 57 Abs. 1). Die Parteien können auf jeder Stufe des Verfahrens zu einem weiteren Schriftenwechsel eingeladen werden. Ausserdem kann eine mündliche Verhandlung anberaumt werden (VwVG 57 Abs. 2).

7.7 Aufschiebende Wirkung und andere vorsorgliche Massnahmen

Das VwVG unterscheidet bei den vorsorglichen Massnahmen zwischen aufschiebender Wirkung (Suspensiveffekt der Beschwerde) und anderen vorsorglichen Massnahmen (siehe die Marginalien zu VwVG 55 f.).

7.7.1 Aufschiebende (suspensive) Wirkung

Der Beschwerde kommt aufschiebende Wirkung zu, ausser ein anderes Bundesgesetz bestimmt das Gegenteil (VwVG 55 Abs. 1 und 5). Die Beschwerde verhindert somit, dass die angefochtene Verfügung vorerst rechtswirksam wird und vollstreckt werden kann (vgl. VwVG 39). Die aufschiebende Wirkung kann der Beschwerde entzogen werden, wenn die angefochtene Verfügung nicht eine Geldleistung zum Gegenstand hat (VwVG 55 Abs. 2). Der Entzug erfolgt auf Begehren oder von Amtes wegen durch die Vorinstanz oder nach Einreichen der Beschwerde beim Bundesverwaltungsgericht durch den Instruktionsrichter oder die Instruktionsrichterin. Ordnet die Vorinstanz den Entzug an, kann der Instruktionsrichter oder die Instruktionsrichterin die aufschiebende Wirkung wiederherstellen. Über ein entsprechendes Begehren muss unverzüglich entschieden werden (VwVG 55 Abs. 3).

Für den Entzug der aufschiebenden Wirkung braucht es überzeugende Gründe. Da damit die Gefahr verbunden ist, dass Tatsachen geschaffen werden, welche nicht mehr rückgängig gemacht werden können und dadurch den Entscheid in der Sache vorwegnehmen, kommen als solche Gründe hauptsächlich drohende schwere Nachteile infrage. Ausserdem muss der Entzug der aufschiebenden Wirkung mit dem Verhältnismässigkeitsprinzip vereinbar sein. Demgemäss dürfen zur Abwendung des schweren Nachteils keine anderen, milderen Massnahmen zur Verfügung stehen, da andernfalls der Entzug der aufschiebenden Wirkung nicht erforderlich wäre. Zudem ist eine Interessenabwägung vorzunehmen, in welcher alle betroffenen Interessen einzubeziehen sind. Im Widerstreit stehen können sowohl öffentliche und private Interessen als auch verschiedene private Interessen (z.B. diejenigen des Verfügungsadressaten und von Drittbetroffenen) oder verschiedene öffentliche Interessen (zur Interessensabwägung vgl. BGE 129 II 286).

Der Entzug der aufschiebenden Wirkung erfolgt mittels Zwischenverfügung, die unter bestimmten Umständen selbstständig bei Bundesgericht anfechtbar ist.

Gewisse Spezialgesetze entziehen der Beschwerde ans Bundesverwaltungsgericht die aufschiebende Wirkung. Solche Bestimmungen gehen der allgemeinen Regel in VwVG 55 vor. Eine Erteilung der aufschiebenden Wirkung auf Gesuch hin durch das Bundesverwaltungsgericht ist dann nur möglich, wenn dies im Spezialgesetz so vorgesehen ist (VPB 1999 [63] 50). Wenn das Spezialgesetz für die Erteilung der aufschiebenden Wirkung keine Voraussetzungen nennt, werden die zu VwVG 55 entwickelten Grundsätze angewendet. Das Bundesverwaltungsgericht prüft dann im Sinne einer prima-facie-Würdigung der materiellen Rechtslage, ob aufgrund der vorliegenden Akten davon auszugehen ist, dass sich die Beschwerde als offensichtlich unbegründet erweist. Wenn dies zutrifft, ist die aufschiebende Wirkung nicht zu gewähren. Andernfalls schreitet das Bundesverwaltungsgericht zur Interessenabwägung (vgl. VPB 2005 [69] 80).

Beispiel Bundesgesetz über das öffentliche Beschaffungswesen:

BöB 28 Aufschiebende Wirkung

[1] Die Beschwerde hat keine aufschiebende Wirkung.

[2] Das Bundesverwaltungsgericht kann die aufschiebende Wirkung auf Gesuch hin erteilen.

Entzug und Wiederherstellung der aufschiebenden Wirkung

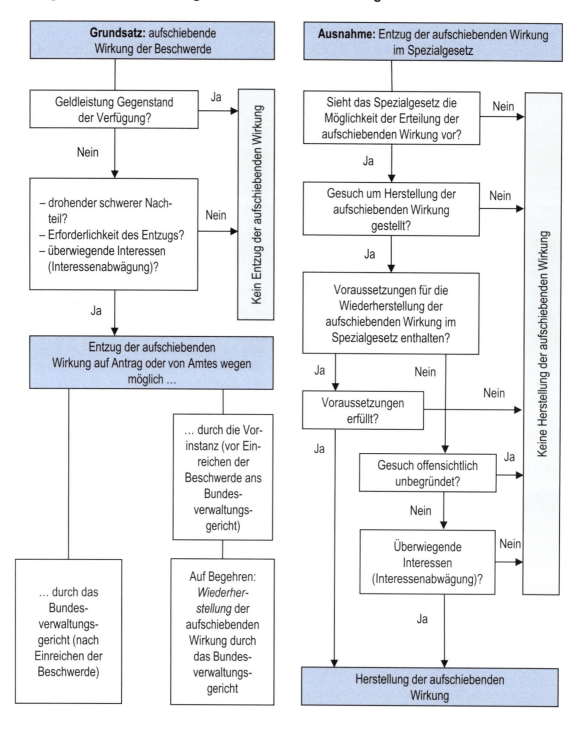

Wenn der Entzug der aufschiebenden Wirkung der Beschwerde *willkürlich* erfolgte, oder wurde das Begehren um Wiederherstellung der aufschiebenden Wirkung *willkürlich* nicht oder verspätet gutgeheissen, haftet die entsprechende Körperschaft oder Anstalt, in deren Namen die Behörde verfügt hat, für den daraus entstandenen Schaden (VwVG 55 Abs. 4). VwVG 55 Abs. 4 geht als lex specialis der Regelung im Verantwortlichkeitsgesetz des Bundes vor.

7.7.2 Andere Massnahmen

Die aufschiebende Wirkung als vorsorgliche Massnahme ist nicht in allen Fällen möglich oder sinnvoll. Namentlich bei negativen Verfügungen, mit denen ein Rechtsbegehren um Begründung oder Änderungen von Rechten und Pflichten abgelehnt wurde, macht die aufschiebende Wirkung als vorsorgliche Massnahme keinen Sinn. Es steht dem Bundesverwaltungsgericht daher offen, von Amtes wegen oder auf Begehren einer Partei auch andere Massnahmen anzuordnen, mit denen der bestehende Zustand erhalten werden kann oder bedrohte Interessen einstweilen sichergestellt werden können (VwVG 56). Möglich sind sichernde oder gestaltende Massnahmen (siehe zu den vorsorglichen Massnahmen auch 2. Teil, B.7.). Die Anordnung solcher Massnahmen fällt in die Zuständigkeit des Instruktionsrichters oder der Intruktionsrichterin als Einzelrichter oder Einzelrichterin.

7.8 Feststellung des Sachverhalts
7.8.1 Durch den Instruktionsrichter bzw. die Instruktionsrichterin

Wenn nötig, kann der Instruktionsrichter bzw. die Instruktionsrichterin Augenscheine vornehmen, Zeugen einvernehmen oder Parteien anhören. Hierzu zieht er oder sie einen zweiten Richter bzw. eine zweite Richterin bei (VGG 39 Abs. 2).

7.8.2 Öffentlichkeit der Parteiverhandlung (VGG 40)

Sind zivilrechtliche Ansprüche oder strafrechtliche Anklagen gemäss EMRK 6 Ziff. 1 Gegenstand des Verfahrens vor Verwaltungsgericht, ordnet der Instruktionsrichter oder die Instruktionsrichterin als Einzelrichter bzw. Einzelrichterin eine öffentliche Parteiverhandlung an, wenn:

- eine Partei das verlangt oder
- gewichtige Interessen das rechtfertigen (VGG 40 Abs. 1).

Der Abteilungspräsident bzw. die Abteilungspräsidentin oder der Einzelrichter bzw. die Einzelrichterin können in Fällen, welche nicht in den Anwendungsbereich von EMRK 6 Ziff. 1 fallen, ebenfalls die Durchführung einer öffentlichen Parteiverhandlung anordnen (VGG 40 Abs. 2).

Ein Ausschluss der Öffentlichkeit ist jedoch möglich, wenn eine Gefährdung der öffentlichen Ordnung, der Sicherheit oder der Sittlichkeit befürchtet wird oder wenn es das Interesse einer beteiligten Person rechtfertigt (VGG 40 Abs. 3).

Zum Anspruch auf öffentliche Parteiverhandlung nach EMRK 6 Ziff. 1 und BV 30 Abs. 3 vgl. 1. Teil, D.6.

7.9 Urteilsverfahren
7.9.1 Besetzung

In der Regel entscheiden die Abteilungen des Bundesverwaltungsgerichts in der Besetzung mit drei Richterinnen oder Richtern (VGG 21 Abs. 1). Eine Fünferbesetzung des Spruchkörpers kann jedoch durch den Präsidenten oder die Präsidentin im Interesse der Rechtsfortbildung oder der Einheit der Rechtsprechung angeordnet werden (VGG 21 Abs. 2).

Über die Abschreibung von gegenstandslos gewordenen Verfahren und das Nichteintreten auf offensichtlich unzulässige Rechtsmittel entscheidet der Instruktionsrichter oder die Instruktionsrichterin als Einzelrichter bzw. Einzelrichterin (VGG 23 Abs. 1).

7.9.2 Aktenzirkulation oder mündliche Entscheidberatung (VGG 41)

Das Bundesverwaltungsgericht entscheidet in der Regel im Verfahren der Aktenzirkulation aufgrund eines Referates (VGG 41 Abs. 1). Einstimmigkeit in der Urteilsfindung ist keine Voraussetzung für das Zirkularverfahren. Ausnahmsweise kommt es in zwei Fällen zu einer mündlichen Entscheidberatung (VGG 41 Abs. 2):

- wenn sie vom Abteilungspräsidenten oder von der Abteilungspräsidentin angeordnet oder von einem Richter oder einer Richterin verlangt wird, oder
- wenn eine Abteilung in Fünferbesetzung entscheidet und sich keine Einstimmigkeit ergibt.

In letzterem Fall wird öffentlich beraten, wenn dies durch den Abteilungspräsidenten bzw. die Abteilungspräsidentin angeordnet oder von einem Richter oder einer Richterin verlangt wird (VGG 41 Abs. 3).

7.10 Beschwerdeentscheid
7.10.1 Formeller oder materieller Entscheid

Die Beschwerde wird entweder durch einen formellen oder durch einen materiellen Entscheid erledigt.

... ist ein Entscheid in der Sache, bei welchem sich das Bundesverwaltungsgericht dazu äussert, ob die Beschwerde begründet ist oder nicht. Je nach Resultat heisst es die Beschwerde vollständig oder teilweise gut oder weist sie ab.

... liegt vor, wenn aufgrund fehlender Prozessvoraussetzungen nicht auf die Beschwerde eingetreten wird oder wenn das Verfahren abgeschrieben wird, weil das Rechtsmittel zurückgezogen wurde, ein Vergleich abgeschlossen wurde, die Beschwerde anerkannt wurde oder Gegenstandslosigkeit eingetreten ist. Die Prozesserledigung durch Vergleich spielt indessen im Beschwerdeverfahren vor Bundesverwaltungsgericht nur eine sehr geringe Rolle.

7.10.2 Reformatio in peius vel melius

Das Bundesverwaltungsgericht kann gemäss VwVG 62 Abs. 1 die Verfügung zugunsten einer Partei abändern (reformatio in melius). Die Abänderung zuungunsten einer Partei (reformatio in peius) bedeutet, dass der Entscheid des Bundesverwaltungsgerichts für den Beschwerdeführer ungünstiger ist als der angefochtene vorinstanzliche Entscheid. Eine reformatio in peius ist grundsätzlich nur zulässig, wenn die Verfügung Bundesrecht verletzt oder auf einer unrichtigen oder unvollständigen Sachverhaltsfeststellung beruht. Wegen Unangemessenheit darf die Verfügung nur zuungunsten einer Partei abgeändert werden, wenn damit zugleich eine Änderung zugunsten einer anderen Partei erfolgt (VwVG 62 Abs. 2). Eine derartige reformatio in peius ist daher nur in einem Mehrparteienverfahren zulässig. Wenn das Bundesverwaltungsgericht beabsichtigt, eine Verfügung zuungunsten einer Partei abzuändern, setzt es diese Partei darüber in Kenntnis und gibt ihr Gelegenheit, sich dazu zu äussern (VwVG 62 Abs. 3). Es steht der von der drohenden Schlechterstellung betroffenen Partei dann offen, das Rechtsmittel zurückzuziehen. Durch die Begründung der Begehren wird das Bundesverwaltungsgericht nicht gebunden (VwVG 62 Abs. 4).

Reformatio in peius vel melius

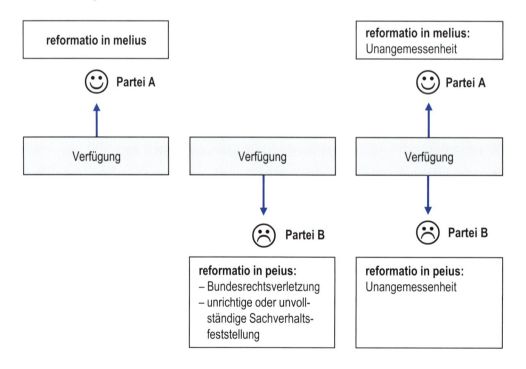

7.10.3 Reformatorischer oder kassatorischer Entscheid

Der Entscheid des Bundesverwaltungsgerichts kann entweder reformatorischer oder kassatorischer Natur sein (VwVG 61 Abs. 1).

Grundsätzlich trifft das Verwaltungsgericht den Entscheid in der Sache selber (Reformation). Die Rückweisung der Sache an die Vorinstanz (Kassation) ist als Ausnahme aber in VwVG 61 Abs. 1 ebenfalls vorgesehen. Die Rückweisung der Sache an die Vorinstanz kann sich beispielsweise rechtfertigen, wenn der rechtserhebliche Sachverhalt von der Vorinstanz unrichtig festgestellt wurde. Erfolgt eine Rückweisung, so erteilt das Bundesverwaltungsgericht der Vorinstanz eine verbindliche Weisung zur Entscheidung in der Sache.

7.10.4 Aufbau des Beschwerdeentscheides

VwVG 61 Abs. 2 bestimmt den Aufbau des Beschwerdeentscheides. Dieser muss die Zusammenfassung des erheblichen Sachverhaltes, die Begründung des Entscheides (Erwägungen) sowie die Entscheidungsformel (Dispositiv) enthalten.

7.10.5 Eröffnung und Rechtskraft

Der Beschwerdeentscheid muss den Parteien sowie der Vorinstanz eröffnet werden (VwVG 61 Abs. 3). Er erwächst in formelle Rechtskraft,

- wenn keine Beschwerde ans Bundesgericht offensteht (z.B. wegen Nichterreichens der Streitwertgrenze),
- wenn die Frist für die Beschwerde ans Bundesgericht abgelaufen ist oder
- wenn auf das Ergreifen der Beschwerde ans Bundesgericht verzichtet wurde oder eine entsprechende Beschwerde zurückgezogen wurde.

7.10.6 Urteilsverkündung (VGG 42)

Das Bundesverwaltungsgericht legt das Dispositiv seiner Entscheide während 30 Tagen nach deren Eröffnung öffentlich auf. Mit der öffentlichen Auflage wird dem Anspruch auf öffentliche Urteilsverkündung gemäss EMRK 6 Ziff. 1 entsprochen (vgl. 1. Teil, C.6.). Die öffentliche Verkündung hat unabhängig davon zu erfolgen, ob das Urteil auch öffentlich beraten wurde oder nicht.

7.11 Verfahrenskosten und Parteientschädigung

VwVG 63–65 regeln die Kosten und Entschädigungen sowie die unentgeltliche Rechtspflege für die Beschwerde gegen Verfügungen im Sinne von VwVG 5. Das Bundesverwaltungsgericht hat die Details zur Bemessung der Gerichtsgebühren, der Entschädigungen sowie der Kosten und des Honorars unentgeltlicher Rechtsbeistände für das Beschwerdeverfahren vor Bundesverwaltungsgericht gestützt auf VwVG 63 Abs. 5, 64 Abs. 5 und 65 Abs. 5 i.V.m. VGG 16 Abs. 1 lit. a im VGKE selber geregelt.

7.11.1 Zusammensetzung und Auferlegung

Verfahrenskosten werden in der Regel der unterliegenden Partei auferlegt (VwVG 63 Abs. 1).

Zieht eine Partei die Beschwerde zurück oder anerkennt sie die Beschwerde, hat sie grundsätzlich ebenfalls die Verfahrenskosten zu tragen. Die Verfahrenskosten setzen sich zusammen aus der Spruchgebühr, den Schreibgebühren und den Barauslagen. Die Höhe der Verfahrenskosten und deren Auferlegung müssen Eingang ins Dispositiv des Entscheides finden. Wenn eine Partei nur teilweise unterliegt, werden ihr die Verfahrenskosten im entsprechenden Umfang ermässigt. Es besteht auch die Möglichkeit, einer Partei die Verfahrenskosten ausnahmsweise zu erlassen (VwVG 63 Abs. 1).

Eine solche Ausnahme ist gerechtfertigt, wenn

■ ein Rechtsmittel ohne erheblichen Aufwand für das Gericht durch Rückzug oder Vergleich erledigt wird (VGKE 6 lit. a);

■ andere Gründe in der Sache oder in der Person der Partei die Auferlegung von Verfahrenskosten als unverhältnismässig erscheinen lassen (VGKE 6 lit. b).

Keine Verfahrenskosten werden den Vorinstanzen oder beschwerdeführenden und unterliegenden Bundesbehörden auferlegt (VwVG 63 Abs. 2).

Beachte Diese Kostenbefreiung gilt nicht für die gesamte öffentliche Hand. Dieser können Kosten auferlegt werden, wenn folgende drei Voraussetzungen kumulativ erfüllt sind (VwVG 63 Abs. 2):
- Sie ist die beschwerdeführende und unterliegende Partei.
- Es handelt sich bei ihr nicht um eine Bundesbehörde.
- Der Streit dreht sich um die vermögensrechtlichen Interessen von Körperschaften oder Anstalten.

Ausnahmsweise können einer obsiegenden Partei Verfahrenskosten auferlegt werden, wenn sie diese durch die Verletzung von Verfahrenspflichten verursacht hat (VwVG 63 Abs. 3).

Schliesslich kann im anwendbaren Spezialgesetz Kostenlosigkeit des Verfahrens vorgesehen sein. In einem solchen Fall findet sich zumeist die Regelung, dass eine Kostenauflage bei mutwilliger oder leichtsinniger Prozessführung dennoch möglich ist.

Beispiele
- ZDG 65 (Zivildienstgesetz).
- BPG 34 Abs. 2 i.V.m. 36 Abs. 1 (Bundespersonalgesetz).

7.11.2 Höhe der Verfahrenskosten

VwVG 63 Abs. 4bis gibt den Rahmen der Spruchgebühr sowie Kriterien vor, nach welchen die Spruchgebühr innerhalb des vorgegebenen Rahmens festzusetzen ist. Der Rahmen der Spruchgebühr beträgt in Streitigkeiten ohne Vermögensinteresse CHF 100.– bis CHF 5'000.–, in den übrigen Streitigkeiten CHF 100.– bis CHF 50'000.–. Innerhalb dieses Rahmens bestimmt sich die Spruchgebühr nach Umfang und Schwierigkeit der Streitsache, nach der Art der Prozessführung sowie nach der finanziellen Lage der Parteien. Wie die Kosten im Detail zu bemessen sind, bestimmen VGKE 2–4.

7.11.3 Kostenvorschuss

Der beschwerdeführenden Person wird ein Kostenvorschuss in der Höhe der mutmasslichen Verfahrenskosten auferlegt. Für die Leistung des Kostenvorschusses wird ihr eine angemessene Frist angesetzt, welche mit der Androhung verbunden wird, dass bei Nichtleistung auf die Beschwerde nicht eingetreten wird. Falls besondere Gründe vorliegen, kann allerdings auf die Erhebung eines Kostenvorschusses ganz oder teilweise verzichtet werden (VwVG 63 Abs. 4).

7.11.4 Parteientschädigung

Das Bundesverwaltungsgericht kann einer ganz oder teilweise obsiegenden Partei eine Entschädigung für die ihr entstandenen notwendigen Kosten zusprechen (VwVG 64 Abs. 1).

Die Parteientschädigung umfasst hauptsächlich die Kosten, welche der obsiegenden Partei aufgrund des Beizugs eines rechtskundigen Vertreters entstanden sind. Die Parteientschädigung muss im Dispositiv des Entscheides beziffert werden. Wenn möglich wird sie der unterliegenden Gegenpartei auferlegt. Die unterliegende Partei kann zur Bezahlung einer Parteientschädigung nach Massgabe ihrer Leistungsfähigkeit an die Gegenpartei allerdings nur dann verpflichtet werden, wenn sie sich mit selbstständigen Begehren am Verfahren beteiligt hat (VwVG 64 Abs. 3). Ist eine solche Kostenauflage nicht möglich, so wird die Parteientschädigung derjenigen Körperschaft oder Anstalt auferlegt, in deren Namen die Vorinstanz verfügt hat (VwVG 64 Abs. 2). Ausserdem haftet die Körperschaft oder die Anstalt, in deren Namen die Vorinstanz verfügt hat, für Entschädigungen, welche einer Gegenpartei auferlegt wurden und sich als uneinbringlich herausstellen (VwVG 64 Abs. 4). Wie die Parteientschädigungen im Detail zu bemessen sind, regeln VGKE 8–11.

7.11.5 Unentgeltliche Rechtspflege

Eine Partei wird auf Antrag hin durch den Instruktionsrichter bzw. die Instruktionsrichterin von der Bezahlung der Gerichtskosten und der Sicherstellung einer allfälligen Parteientschädigung befreit (VwVG 65 Abs. 1), wenn

- sie nicht über die erforderlichen Mittel verfügt (Bedürftigkeit) und
- das Rechtsbegehren nicht aussichtslos erscheint (vgl. zu diesen Voraussetzungen 1. Teil, C.4.1).

Der bedürftigen Partei wird eine Anwältin bzw. ein Anwalt als unentgeltlicher Rechtsbeistand bestellt (VwVG 65 Abs. 2), wenn:

- die Voraussetzungen für das unentgeltliche Verfahren gegeben sind und
- es zur Wahrung der Rechte der Partei notwendig ist (vgl. 1. Teil, C.4.2).

Wenn die bedürftige Partei später über hinreichende finanzielle Mittel verfügt, muss sie die Kosten und das Honorar der Anwältin bzw. des Anwaltes vergüten (VwVG 65 Abs. 4). Für die Bemessung des Honorars und der Kosten des unentgeltlichen Rechtsbeistands verweist VGKE 12 auf die Artikel 8–11 VGKE.

Zuständig für den Entscheid über Gesuche betreffend die unentgeltliche Rechtspflege ist der Instruktionsrichter bzw. die Instruktionsrichterin als Einzelrichter bzw. Einzelrichterin.

8. Vollstreckung

8.1 Voraussetzung der Vollstreckbarkeit

Entscheide des Bundesverwaltungsgerichts sind nach Massgabe des VwVG vollstreckbar (VGG 37). Folglich setzt die Vollstreckbarkeit voraus, dass der Entscheid in formelle Rechtskraft erwachsen ist (VwVG 39 sowie 2. Teil, B.12.).

8.2 Mangelhafte Vollstreckung (VGG 43)

VGG 43 regelt den Rechtsmittelweg, wenn Entscheide des Bundesverwaltungsgerichts mangelhaft vollstreckt werden. Mit Ausnahme von Entscheiden, welche auf Zahlung einer Geldsumme oder auf Leistung einer Geldsicherheit lauten, kann bei mangelhafter Vollstreckung Beschwerde beim Bundesrat erhoben werden. Der Bundesrat hat dann die erforderlichen Massnahmen zu treffen.

E. Klage an das Bundesverwaltungsgericht sowie Ersuchen um Entscheid über Meinungsverschiedenheiten in der Amts- und Rechtshilfe

1. Ursprüngliche Verwaltungsgerichtsbarkeit

In bestimmten, allerdings nicht sehr zahlreichen Rechtsstreitigkeiten kann auch ans Bundesverwaltungsgericht gelangt werden, wenn vorab noch kein Entscheid oder keine Verfügung ergangen ist. Das Bundesverwaltungsgericht urteilt in diesen Fällen als *erste Instanz* (sog. ursprüngliche Verwaltungsgerichtsbarkeit).

2. Art der Streitigkeiten

Die *Klage ans Bundesverwaltungsgericht* steht offen bei:

- Streitigkeiten aus öffentlich-rechtlichen Verträgen des Bundes, seiner Anstalten und Betriebe sowie der Instanzen oder Organisationen ausserhalb der Bundesverwaltung, die in Erfüllung ihnen übertragener öffentlich-rechtlicher Aufgaben des Bundes verfügen (VGG 35 lit. a i.V.m. VGG 33 lit. h);
- Streitigkeiten über Empfehlungen des Datenschutzbeauftragten im Privatrechtsbereich (VGG 35 lit. b);
- Streitigkeiten zwischen Bund und Nationalbank betreffend die Vereinbarungen über Bankdienstleistungen und die Vereinbarung über die Gewinnausschüttung (VGG 35 lit. c);
- Ersuchen um Einziehung von Vermögenswerten nach dem Bundesgesetz über die Rückerstattung unrechtmässig erworbener Vermögenswerte politisch exponierter Personen (VGG 35 lit. d).

Beispiel Nach LVG 39 (Landesversorgungsgesetz) entscheidet das Bundesverwaltungsgericht auf Klage hin Streitigkeiten zwischen Parteien von Pflichtlagerverträgen, Pflichtlagerhaltern und Pflichtlagerorganisationen sowie dem Bund und Pflichtlagerorganisationen.

Soweit ein Bundesgesetz es vorsieht, entscheidet das Bundesverwaltungsgericht als erste Instanz bei *Meinungsverschiedenheiten in der Amts- und Rechtshilfe* zwischen Bundesbehörden und zwischen Behörden des Bundes und der Kantone (VGG 36a Abs. 1). Dritte können sich nicht an einem solchen Verfahren beteiligen (VGG 36a Abs. 2).

Beispiel Nach FINMAG 41 (Finanzmarktaufsichtsgesetz) entscheidet das Bundesverwaltungsgericht auf Ersuchen einer der betroffenen Behörden über Meinungsverschiedenheiten in der Zusammenarbeit zwischen der FINMA einerseits und Strafverfolgungsbehörden und anderen inländischen Behörden andererseits.

3. Ausnahme

Die Klage ans Bundesverwaltungsgericht ist ausgeschlossen, wenn ein anderes Bundesgesetz die Erledigung des Streites einer in VGG 33 erwähnten Behörde überträgt (VGG 36). Da somit die Streitigkeit durch Verfügung erledigt wird, kann das Bundesverwaltungsgericht in diesen Fällen mittels Beschwerde angerufen werden.

4. Verfahren

4.1 Anwendbares Recht

Auf das Klageverfahren vor Bundesverwaltungsgericht sind die Allgemeinen Bestimmungen von VGG 37 bis 43 ebenfalls anwendbar (siehe zu diesen Bestimmungen 3. Teil, D.7). Aufgrund der Ähnlichkeit des Klageverfahrens vor Bundesverwaltungsgericht mit einem Zivilprozess verweist zudem VGG 44 Abs. 1 auf BZP 3–73 und BZP 79–85. Diese Spezialregelung geht dem allgemeinen Verweis auf das VwVG in VGG 37 vor. Demnach ist für das Klageverfahren vor Bundesverwaltungsgericht vorab zu prüfen, ob sich in den genannten Artikeln des BZP eine Regelung finden lässt. Wenn nicht, ist in dem in Teil 3, D.7.1.1 geschilderten Prüfprogramm weiterzufahren. Da der Verweis auf das BZP relativ umfangreich ist, dürften andere Verfahrensregelungen jedoch kaum mehr zur Anwendung gelangen. Eine Ausnahme immerhin bildet die Vollstreckung der Entscheide, welche sich nach der Regelung im VwVG richtet. Zudem richten sich die Gerichtsgebühren und die Parteientschädigung für das Klageverfahren vor Bundesverwaltungsgericht kraft ausdrücklicher Regelung von VGG 44 Abs. 3 nach VwVG 63–65.

4.2 Untersuchungsmaxime

VGG 44 Abs. 2 hält fest, dass das Bundesverwaltungsgericht den Sachverhalt von Amtes wegen feststellt. Somit ist auch das Klageverfahren vor Bundesverwaltungsgericht durch die Untersuchungsmaxime geprägt. Das Bundesverwaltungsgericht muss folglich den entscheidrelevanten Sachverhalt von Amtes wegen feststellen und ist davon auch dann nicht befreit, wenn Tatsachenbehauptungen von der Gegenpartei nicht bestritten wurden.

F. Revision, Erläuterung und Berichtigung von Entscheiden des Bundesverwaltungsgerichts

1. Revision von Entscheiden des Bundesverwaltungsgerichts

1.1 Grundsatz

Die Revision als ausserordentliches Rechtsmittel ist dadurch gekennzeichnet, dass sie sich gegen bereits formell rechtskräftige Entscheide des Bundesverwaltungsgerichts wendet und mit ihr die nochmalige Beurteilung des Falles durch das gleiche Gericht, nämlich durch das Bundesverwaltungsgericht bezweckt wird.

1.2 Revisionsgründe und Verfahren

Für die Revision von Entscheiden des Bundesverwaltungsgerichts verweist VGG 45 auf die Artikel 121–128 BGG. Diese (und nicht etwa VwVG 66 ff.) kommen sinngemäss zur Anwendung (zur Revision von Entscheiden des Bundesgerichts siehe 3. Teil, L.1.). Soweit den entsprechenden Artikeln keine Regelung entnommen werden kann, gilt auch für die Revision der Verweis von VGG 37 auf das VwVG. Namentlich für die Regelung der Kosten muss auf das VwVG zurückgegriffen werden. VGG 47 verweist überdies für Inhalt, Form, Verbesserung und Ergänzung eines Revisionsgesuchs auf VwVG 67 Abs. 3. Danach muss in der Begründung des Revisionsbegehrens der Revisionsgrund genannt und überdies dargetan werden, dass das Revisionsbegehren rechtzeitig erfolgt ist. Ausserdem sind auch bereits die Begehren für den Fall, dass ein neuer Beschwerdeentscheid ergeht, zu stellen. Bezüglich Inhalt, Form und Ergänzung des Revisionsbegehrens verweist VwVG 67 Abs. 3 weiter auf VwVG 52 f.

1.3 Subsidiarität zur Beschwerde ans Bundesverwaltungsgericht

Soweit Gründe durch die um Revision nachsuchende Partei bereits bei der Beschwerde ans Bundesverwaltungsgericht hätten vorgetragen werden können, sind sie als Revisionsgründe nicht zugelassen (VGG 46). Mit der damit einhergehenden Subsidiarität des Revisionsverfahrens zum Beschwerdeverfahren vor Bundesverwaltungsgericht soll vermieden werden, dass das Revisionsverfahren genutzt wird, um ein verpasstes Beschwerdeverfahren nachzuholen.

2. Erläuterung und Berichtigung von Entscheiden des Bundesverwaltungsgerichts

Die Erläuterung ist ein ausserordentliches Rechtsmittel, welches darauf gerichtet ist, *Unklarheiten*, *Lücken* und *Widersprüche innerhalb des Dispositivs* oder *zwischen* dem *Dispositiv* und der *Begründung* des Entscheides zu beseitigen. Wenn sich die Unklarheiten einzig in der Begründung befinden, steht die Erläuterung allerdings als Rechtsmittel nicht offen.

Die Berichtigung des Entscheiddispositivs wird vom Bundesverwaltungsgericht von Amtes wegen oder auf Gesuch hin vorgenommen, wenn ein Rechnungs- oder Kanzleifehler vorliegt.

Für die Erläuterung und Berichtigung gelten die Bestimmungen des Bundesgerichtsgesetzes (namentlich BGG 129, vgl. 3. Teil, L.2) sinngemäss (VGG 48 Abs. 1) und nicht etwa VwVG 69. Sofern das Bundesverwaltungsgericht einen Entscheid berichtigt oder erläutert, fangen allfällige Rechtsmittelfristen neu zu laufen an.

G. Verwaltungsrechtspflege durch Rekurs- und Schiedskommissionen

1. Grundsatz: Aufhebung der Rekurs- und Schiedskommissionen

Das Bundesverwaltungsgericht ersetzt die früher im Bund zahlreich anzutreffenden Rekurs- und Schiedskommissionen. Eine Ausnahme wurde jedoch für die unabhängige Beschwerdeinstanz für Radio und Fernsehen (UBI) sowie für gewisse Schieds- und einzelne Rekurskommissionen gemacht.

2. Rekurskommissionen

Rekurskommissionen sind Rechtsmittelinstanzen, bei welchen Verfügungen angefochten werden können. Folglich handelt es sich beim Verfahren vor einer Rekurskommission um ein Beschwerdeverfahren. Rekurskommissionen erfüllen die Funktion von Spezialverwaltungsgerichten, sofern sie über richterliche Unabhängigkeit verfügen.

- Nach BPG 36 Abs. 2 (Bundespersonalgesetz) können Beschwerden gegen Verfügungen, die ein Arbeitsverhältnis beim Bundesgericht betreffen, an eine Rekurskommission gezogen werden. Diese setzt sich aus je dem Präsidenten oder der Präsidentin der Verwaltungsgerichte der Kantone Waadt, Luzern und Tessin zusammen. Für das Verfahren gelten hauptsächlich die Regeln des VwVG.
- Gegen Verfügungen der ETH und ihrer Forschungsanstalten kann bei der ETH-Beschwerdekommission Beschwerde geführt werden – vgl. ETH-Gesetz 37 Abs. 3 und 4 und ETH-Gesetz 37a. Entscheide der ETH-Beschwerdekommission können nach den allgemeinen Bestimmungen über die Bundesrechtspflege grundsätzlich mit Beschwerde ans Bundesverwaltungsgericht weitergezogen werden.

3. Die unabhängige Beschwerdeinstanz für Radio und Fernsehen (UBI)

Die UBI ist als eine spezielle Fachinstanz dem Bundesverwaltungsgericht nicht untergeordnet, sondern steht hierarchisch neben diesem. Das Weiterbestehen der UBI wurde begründet mit dem besonderen Zweck, welchem die Beschwerde an die UBI dient, sowie mit den besonderen Verfahrensregeln, die zur Anwendung gelangen. Da die Beschwerde an die UBI hauptsächlich die Funktion einer Programmaufsicht erfüllt, steht der Rechtsschutz des Einzelnen nicht im Vordergrund. Aufgrund der entsprechend weit gefassten Beschwerdelegitimation spricht man von einer eigentlichen Popularbeschwerde. Die Beschwerde an die UBI ist in RTVG 94 ff. (Bundesgesetz über Radio und Fernsehen) geregelt.

4. Schiedskommissionen

Schiedskommissionen entscheiden auf Klage hin als erste Instanz über verwaltungsrechtliche Streitigkeiten. Sie verfügen über richterliche Unabhängigkeit. Da Schiedskommissionen zu den eidgenössischen Kommissionen im Sinne von VGG 33 lit. f zählen, können ihre Entscheide grundsätzlich ans Bundesverwaltungsgericht weitergezogen werden.

- Schätzungskommissionen gemäss EntG 59 ff. (Enteignungsgesetz).
- Schiedskommission gemäss EBG 40a (Eisenbahngesetz).

H. Verwaltungsrechtspflege durch den Bundesrat und die Bundesversammlung

1. Beschwerde an den Bundesrat

1.1 Zulässige Sachgebiete

Der Anwendungsbereich für die Beschwerde an den Bundesrat ist wegen der Beschränktheit der zulässigen Sachgebiete klein.

Sie ist nach VwVG 72 lit. a zulässig gegen Verfügungen auf dem Gebiet

- der inneren und äusseren Sicherheit des Landes,
- der Neutralität,
- des diplomatischen Schutzes,
- der übrigen auswärtigen Angelegenheiten,

soweit das Völkerrecht nicht einen Anspruch auf gerichtliche Beurteilung einräumt.

In diesen Fällen ist sowohl die Beschwerde ans Bundesverwaltungsgericht (VGG 32 Abs. 1 lit. a) als auch die Beschwerde in öffentlich-rechtlichen Angelegenheiten ans Bundesgericht (BGG 83 Abs. 1 lit. a) ausgeschlossen.

Die Beschwerde an den Bundesrat ist nach VwVG 72 lit. b ausserdem zulässig gegen erstinstanzliche Verfügungen über leistungsabhängige Lohnanteile des Bundespersonals.

Solche Verfügungen sind von der Beschwerde ans Bundesverwaltungsgericht ausgenommen, soweit sie nicht die Gleichstellung der Geschlechter betreffen (VGG 32 Abs. 1 lit. c).

1.2 Zulässige Vorinstanzen

VwVG 73 zählt abschliessend diejenigen Instanzen auf, deren Verfügungen allenfalls mit der Beschwerde an den Bundesrat weitergezogen werden können.

Es handelt sich hierbei um

- die Departemente und die Bundeskanzlei,
- die letzten Instanzen autonomer Anstalten und Betriebe des Bundes sowie
- letzte kantonale Instanzen.

1.3 Subsidiarität

Nach VwVG 74 ist die Beschwerde an den Bundesrat unzulässig gegen Verfügungen, die durch Beschwerde an eine andere Bundesbehörde oder durch Einsprache anfechtbar sind. Die Beschwerde an den Bundesrat gehört somit zu den subsidiären Rechtsmitteln.

1.4 Instruktion der Beschwerde und Ausstand

Die Instruktion der Beschwerde ist dem Eidgenössischen Justiz- und Polizeidepartement übertragen (VwVG 75 Abs. 1). Sofern sich jedoch die Beschwerde gegen dieses Departement richtet, betraut der Bundesrat ein anderes Departement mit der Instruktion (VwVG 75 Abs. 2). Das instruierende Departement stellt dem Bundesrat den Entscheidantrag und übt bis zum Entscheid die dem Bundesrat als Beschwerdeinstanz zustehenden Befugnisse aus (VwVG 75 Abs. 3).

Das Mitglied des Bundesrates, gegen dessen Departement sich die Beschwerde richtet, tritt für den Entscheid des Bundesrates in den Ausstand (VwVG 76 Abs. 1). Das entsprechende Departement kann sich am Verfahren des Bundesrates wie ein Beschwerdeführer und im Rahmen des Mitberichtsverfahrens nach RVOG 54 beteiligen (VwVG 76 Abs. 2). Sofern das Departement im Mitberichtsverfahren neue tatsächliche oder rechtliche Vorbringen anführt, sind dazu der Beschwerdeführer, allfällige Gegenparteien und andere Beteiligte anzuhören (VwVG 76 Abs. 3).

Im Übrigen werden auf das Verfahren der Beschwerde an den Bundesrat VwVG 45 bis 70 angewendet (VwVG 77).

1.5 Andere Beschwerden und Beurteilung von Kompetenzkonflikten

Die Beschwerde an den Bundesrat steht schliesslich offen, wenn ein Entscheid des Bundesgerichts, des Bundesverwaltungsgerichts oder des Bundesstrafgerichts mangelhaft vollstreckt wird.

Der Bundesrat hat dann die erforderlichen Massnahmen zu treffen (BGG 70 Abs. 4; VGG 43; BV 182 Abs. 2). Davon ausgenommen sind jedoch Entscheide, welche zu einer Geldleistung oder einer Sicherheitsleistung verpflichten. Diese sind auf dem Weg der Schuldbetreibung zu vollstrecken (VwVG 40; VGG 43; BGG 69).

Da der Bundesrat oberste Aufsichtsbehörde über die Bundesverwaltung ist, kann bei ihm auch eine Aufsichtsbeschwerde in Sachen eingereicht werden, welche im öffentlichen Interesse ein Einschreiten der Behörden von Amtes wegen erfordern (vgl. VwVG 71 Abs. 1). Bei der Aufsichtsbeschwerde handelt es sich jedoch nicht um ein Rechtsmittel, sondern um einen Rechtsbehelf. Durch das Einreichen der Aufsichtsbeschwerde wird noch keine Parteistellung begründet (VwVG 71 Abs. 2).

Schliesslich beurteilt der Bundesrat auch Kompetenzkonflikte zwischen Behörden, sofern jeweils keine gemeinsame Aufsichtsbehörde vorhanden ist. Davon ausgenommen sind allerdings

Kompetenzkonflikte mit dem Bundesgericht, dem Bundesverwaltungsgericht oder den kantonalen Behörden (VwVG 9 Abs. 3; siehe auch 2. Teil.B.2.3.1).

Beschwerde an den Bundesrat

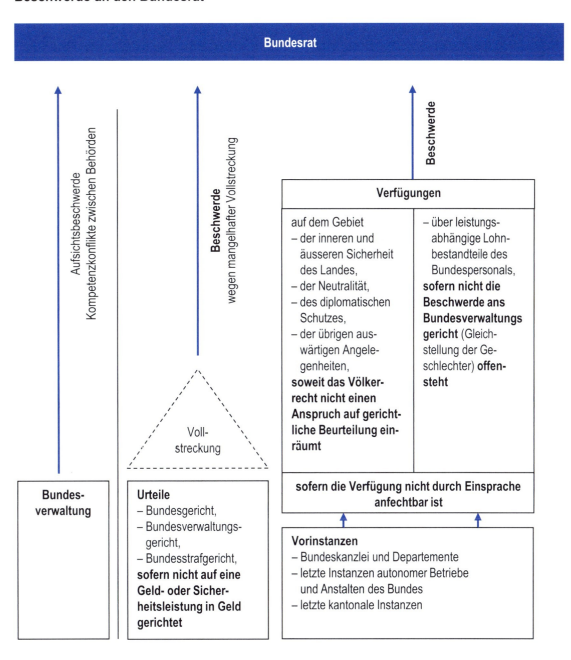

2. Beschwerde an die Bundesversammlung

Die Beschwerde an die Bundesversammlung ist gegen Beschwerdeentscheide und Verfügungen möglich, wenn ein Bundesgesetz dies vorsieht (VwVG 79 Abs. 1). Sie ist der Bundesversammlung innert 30 Tagen seit Eröffnung des Beschwerdeentscheids oder der Verfügung einzureichen (VwVG 79 Abs. 2).

Die Beschwerde hat keine aufschiebende Wirkung, ausser ihr wurde diese durch eine entsprechende vorsorgliche Verfügung des Bundesrates zugesprochen (VwVG 79 Abs. 3).

I. Beschwerde in öffentlich-rechtlichen Angelegenheiten an das Bundesgericht

1. Verwaltungs- und Verfassungsrechtspflege

Die Beschwerde in öffentlich-rechtlichen Angelegenheiten ist einerseits ein *Instrument der Verwaltungsrechtspflege*, wenn sie zu einem Entscheid über eine verwaltungsrechtliche Streitigkeit führt. Zulässige Anfechtungsobjekte sind unter anderem Entscheide in öffentlich-rechtlichen Angelegenheiten, wobei es keine Rolle spielt, ob sich der Entscheid auf kantonales Recht oder Bundesrecht stützt (BGG 82 lit. a).

Andererseits stellt die Beschwerde in öffentlich-rechtlichen Angelegenheiten ein *Instrument der Verfassungsrechtspflege* dar, wenn eine Verletzung von kantonalen verfassungsmässigen Rechten oder eine Verletzung der Bundesverfassung gerügt wird (vgl. zu den zulässigen Beschwerdegründen 3. Teil, I.5.). Das entscheidende Kriterium für die Zuteilung zur Verfassungsgerichtsbarkeit ist also nicht das Anfechtungsobjekt, sondern der Beschwerdegrund.

Wenn mittels Beschwerde in öffentlich-rechtlichen Angelegenheiten eine Verfügung wegen Verfassungsverletzung angefochten wird, liegt sowohl Verwaltungs- als auch Verfassungsgerichtsbarkeit vor.

Vgl. zur Unterscheidung zwischen Verwaltungs- und Verfassungsrechtspflege auch 1. Teil, A.2.

2. Überblick über die Zulässigkeitsvoraussetzungen

Das Bundesgericht prüft seine Zuständigkeit von Amtes wegen (BGG 29 Abs. 1) und führt bei Zweifeln einen Meinungsaustausch mit der anderen Behörde (BGG 29 Abs. 2). Erachtet es sich als unzuständig, tritt es nicht auf die Beschwerde ein (BGG 30 Abs. 1). Das Bundesgericht überweist die Sache der betreffenden Behörde, wenn sich in einem Meinungsaustausch die Zuständigkeit einer anderen Behörde ergeben hat oder wenn die Zuständigkeit einer anderen Behörde als wahrscheinlich erscheint (BGG 30 Abs. 2).

Das Bundesgericht tritt nur auf die Beschwerde in öffentlich-rechtlichen Angelegenheiten ein, wenn folgende Voraussetzungen kumulativ erfüllt sind:

- zulässiges *Anfechtungsobjekt* (BGG 82, vgl. 3. Teil, I.3.);
- zulässige *Vorinstanz* (BGG 86 ff., vgl. 3. Teil, I.4.);
- zulässiger *Beschwerdegrund* (BGG 95 ff., vgl. 3. Teil, I.5.);
- *Beschwerderecht* (BGG 89, vgl. 3. Teil, I.6.): Partei- und Prozessfähigkeit, Teilnahme am vorinstanzlichen Verfahren und Beschwerdelegitimation;
- Einhalten der *Beschwerdefrist* (BGG 100, vgl. 3. Teil, I.7.);
- Einhalten der formalen Anforderungen an die *Beschwerdeschrift* (BGG 42 und 106, vgl. 3. Teil, I.8.).

Sind nicht alle Zulässigkeitsvoraussetzungen erfüllt, trifft das Bundesgericht einen Nichteintretensentscheid. Sind hingegen gewisse formelle Anforderungen an die Beschwerdeschrift nicht erfüllt, setzt das Bundesgericht eine kurze Nachfrist zur Einreichung einer verbesserten Beschwerdefrist an (BGG 42 Abs. 5 und 6).

Während im Bundesgerichtsgesetz Anfechtungsobjekt, Vorinstanz und Beschwerderecht für die Beschwerde in öffentlich-rechtlichen Angelegenheiten gesondert geregelt sind (3. Kapitel, 3. Abschnitt), gelten die Bestimmungen über Beschwerderecht, Beschwerdefrist und Beschwerdeschrift auch für die Beschwerde in Zivil- sowie in Strafsachen.

Zulässigkeitsvoraussetzungen der Beschwerde in öffentlich-rechtlichen Angelegenheiten ans Bundesgericht

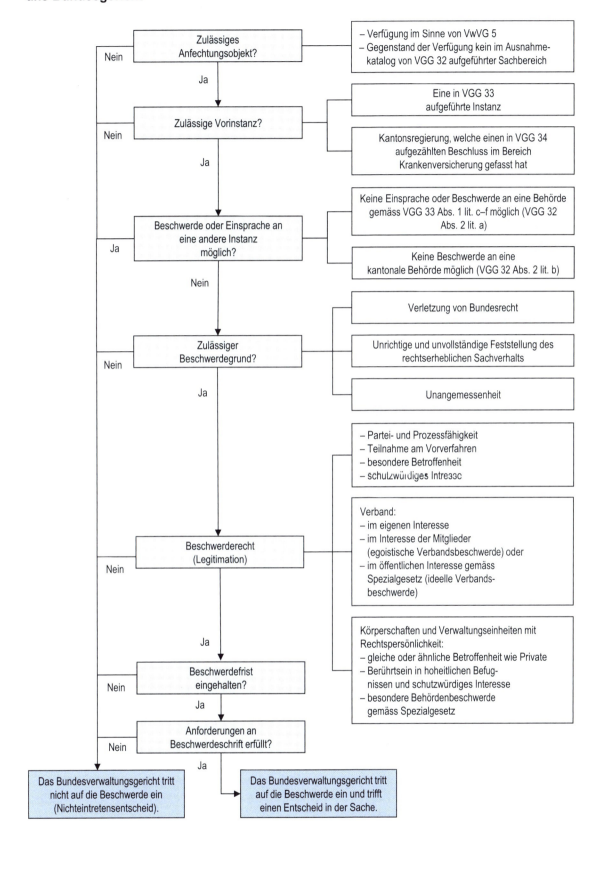

3. Anfechtungsobjekt

Mögliche Anfechtungsobjekte sind (BGG 82):

- Entscheide in Angelegenheiten des öffentlichen Rechts (lit. a),
- kantonale Erlasse (lit. b) oder
- Stimmrechtssachen (lit. c).

3.1 Entscheide in Angelegenheiten des öffentlichen Rechts (BGG 82 lit. a)

3.1.1 Begriff des Entscheids in Angelegenheiten des öffentlichen Rechts

Entscheide sind individuell-konkrete Rechtsanwendungsakte. Es spielt keine Rolle, ob der Entscheid in Anwendung von Bundesrecht oder kantonalem Recht ergangen ist.

Entscheidend ist, dass der Entscheid eine *öffentlich-rechtliche Angelegenheit* betrifft und keine des Privatrechts oder des Strafrechts.

Zu beachten ist BGG 72 Abs. 2, welcher Entscheide, die einen direkten Zusammenhang zum Zivilrecht haben, der Beschwerde in Zivilsachen zuordnet, auch wenn sie gestützt auf öffentliches Recht ergangen sind.

Betrifft ein Entscheid eine Zivil- bzw. eine Strafsache, ist die Beschwerde in Zivilsachen (BGG 72 ff.) bzw. die Beschwerde in Strafsachen (BGG 78 ff.) zu prüfen.

Im Rechtsmittelverfahren bildet nicht die erstinstanzliche Verfügung das Anfechtungsobjekt, sondern der Rechtsmittelentscheid der Vorinstanz. Dies hat zur Folge, dass sich das Bundesgericht nur mit Fragen auseinandersetzt, welche vor der Vorinstanz strittig waren. Die Beschwerdeentscheide der Vorinstanzen des Bundesgerichts stellen individuell-konkrete Rechtsanwendungsakte dar.

Für die Frage, ob es überhaupt zu einem anfechtbaren Entscheid kommt, ist jedoch auch die Qualifizierung des erstinstanzlichen Akts massgebend, beziehungsweise die Möglichkeit, denselben anzufechten. BV 29a garantiert grundsätzlich gegen sämtliche Rechtsstreitigkeiten einen gerichtlichen Rechtsschutz. Anfechtbar sind jedenfalls Verfügungen (auch Allgemeinverfügungen), welche definitionsgemäss Rechte und Pflichten begründen, ändern, aufheben oder feststellen (vgl. 2. Teil, A.1.1). Pläne sind anfechtbar, sofern sie als Verfügung zu qualifizieren sind (anfechtbar sind z.B. Zonen- und Nutzungspläne).

Bei Handlungen *von Bundesbehörden*, welche nicht in Verfügungsform ergehen, aber Rechte und Pflichten von Privaten betreffen, besteht aufgrund von VwVG 25a ein Anspruch auf Erlass einer (anfechtbaren) Feststellungsverfügung (vgl. 2. Teil, A.1.2). Unklar ist, ob aufgrund von BV 29a auch gegen *kantonale* Realakte eine Anfechtungsmöglichkeit bestehen muss, wenn Rechte und Pflichten von Privaten betroffen sind (vgl. zum Ganzen 1. Teil, D.5.1.2). Klar ist, dass die Beschwerde ans Bundesgericht gegen Rechtsmittelentscheide offensteht, wenn die Vorinstanz die Beschwerde zugelassen hat, obwohl der erstinstanzliche Akt nicht in Verfügungsform ergangen ist.

3.1.2 Beschwerde wegen Rechtsverweigerung und Rechtsverzögerung

Wenn ein Anspruch auf einen anfechtbaren Entscheid besteht, kann auch gegen die *Verweigerung oder Verzögerung* des Entscheids die Beschwerde in öffentlich-rechtlichen Angelegenheiten ergriffen werden (BGG 94).

Die Beschwerde wegen Rechtsverweigerung und Rechtsverzögerung kann dann ergriffen werden, wenn die Behörde untätig bleibt oder es ablehnt, innerhalb einer angemessenen Frist einen Entscheid zu fällen (vgl. 1. Teil, D.2.2). Ergibt sich Letzteres allerdings aus einem formellen Entscheid (z.B. Nichteintretensentscheid), stellt dieser ein zulässiges Anfechtungsobjekt gemäss BGG 82 lit. a dar und BGG 94 ist nicht anwendbar.

3.1.3 Vor- und Zwischenentscheide

Zulässiges Anfechtungsobjekt bilden grundsätzlich Entscheide, welche ein Verfahren abschliessen (*Endentscheide*, BGG 90).

Für die Frage, ob ein Endentscheid vorliegt, ist nicht nur das Verfahren vor der direkten Vorinstanz des Bundesgerichts, sondern auch das Verfahren vor der ersten Instanz massgebend. Ein Endentscheid einer Rechtsmittelbehörde liegt vor, wenn er das Verfahren vor der ersten Instanz abschliesst (z.B. Entscheid über Erteilung oder Verweigerung einer Polizeibewilligung). Ein Rechtsmittelentscheid über eine Zwischenverfügung stellt einen Zwischenentscheid dar, wenn das erstinstanzliche Hauptverfahren damit nicht abgeschlossen wird (z.B. ein Entscheid bezüglich aufschiebender Wirkung des Rechtsmittels oder bezüglich vorsorglicher Massnahmen). Auch ein Rechtsmittelentscheid über eine Zwischenverfügung kann jedoch einen Endentscheid darstellen, nämlich wenn damit das erstinstanzliche Verfahren abgeschlossen wird (z.B. wenn ein kantonales Verwaltungsgericht zum Schluss kommt, dass die Behörde, welche eine Verfügung erlassen hat, örtlich unzuständig war).

Gegen *selbstständig eröffnete Vor- und Zwischenentscheide* kann in folgenden Fällen Beschwerde geführt werden:

- Entscheid über die *Zuständigkeit* und den *Ausstand* (BGG 92 Abs. 1);
- Entscheid, welcher einen *nicht wiedergutzumachenden Nachteil* bewirken kann (BGG 93 Abs. 1 lit. a);
- wenn die Gutheissung der Beschwerde sofort einen Endentscheid herbeiführen und damit einen bedeutenden Aufwand an Zeit oder Kosten für ein weitläufiges Beweisverfahren ersparen würde (BGG 93 Abs. 1 lit. b).

Im ersten Fall kann ein selbstständig eröffneter Vor- oder Zwischenentscheid später nicht mehr angefochten werden (BGG 92 Abs. 2). In den beiden anderen Fällen sind Vor- und Zwischenentscheide auch noch durch Beschwerde gegen den Endentscheid anfechtbar, soweit sie sich auf dessen Inhalt auswirken (BGG 93 Abs. 2).

Sofern dies nicht offensichtlich ist, muss der Beschwerdeführer darlegen, weshalb ein Zwischenentscheid gemäss BGG 93 Abs. 2 anfechtbar sein soll (BGE 136 IV 92, 95 m.w.H.).

Anfechtbarkeit von Vor- und Zwischenentscheiden

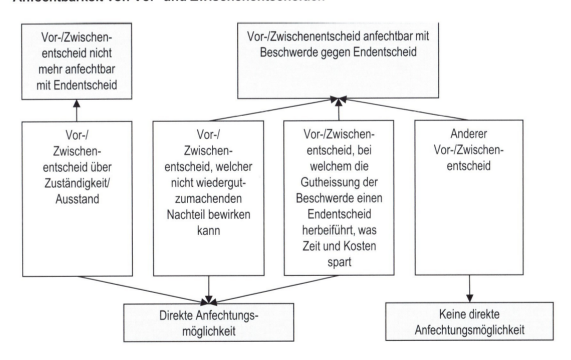

3.1.4 Bestätigungs- und Vollzugsakte

Bestätigungsakte, welche eine formell rechtskräftige Verfügung bestätigen (z.B. das Nichteintreten auf ein Wiedererwägungsgesuch), werden vom Bundesgericht grundsätzlich nicht mehr überprüft, weil die formell rechtskräftige Verfügung als rechtmässig gilt.

Dasselbe gilt grundsätzlich für *Vollzugsakte*, welche eine formell rechtskräftige Verfügung nur noch vollziehen sollen. Vollzugsakte, welche zur Durchsetzung einer Verfügung eine Verwaltungssanktion (Ersatzvornahme, unmittelbarer Zwang) anordnen, gelten dagegen als Verfügungen (vgl. VwVG 5 Abs. 2) und sind als solche anfechtbar. Zulässig sind in diesem Fall aber nur Einwände, welche sich gegen den Vollzug selber richten, unzulässig solche, welche sich gegen die ursprüngliche Verfügung richten.

Ausnahmsweise sind Vollzugs- und Bestätigungsakte jedoch anfechtbar und können bis ans Bundesgericht weitergezogen werden, wenn die Verfügung, welche vollzogen oder bestätigt werden soll, eine besonders schwerwiegende Grundrechtsverletzung bewirkt. Das Bundesgericht spricht von «unverzichtbaren und unverjährbaren Rechten», anerkennt jedoch, dass es sich dabei nicht um eine abschliessend bestimmte Grundrechtskategorie handelt (vgl. BGE 118 Ia 209, 212 ff.).

3.1.5   Ausschluss bestimmter Sachgebiete

BV 191 Abs. 3 ermächtigt den Gesetzgeber, den Zugang zum Bundesgericht für bestimmte Sachgebiete auszuschliessen.

BGG 83 enthält einen umfangreichen Katalog mit Sachgebieten, in welchen die Beschwerde in öffentlich-rechtlichen Angelegenheiten unzulässig ist.

Bei der Beschwerde gegen Verfügungen von Bundesbehörden entscheidet in diesen Fällen das Bundesverwaltungsgericht, ausnahmsweise der Bundesrat oder eine andere Bundesbehörde endgültig.

Ist die Beschwerde ans Bundesgericht gegen letztinstanzliche kantonale Entscheide ausgeschlossen, ist zunächst zu prüfen, ob ausnahmsweise die Beschwerde an den Bundesrat, ans Bundesverwaltungsgericht oder an eine andere Bundesbehörde zulässig ist. Ist dies nicht der Fall, bleibt gegen letztinstanzliche kantonale Entscheide noch die *subsidiäre Verfassungsbeschwerde* wegen Verletzung verfassungsmässiger Rechte (BGG 113 ff.) zu prüfen.

3.1.6   Streitwertgrenzen und Rechtsfragen von grundsätzlicher Bedeutung

Gemäss BV 191 Abs. 2 kann der Zugang ans Bundesgericht mittels *Streitwertgrenzen* eingeschränkt werden.

In vermögensrechtlichen Streitigkeiten ist die Beschwerde in öffentlich-rechtlichen Angelegenheiten grundsätzlich nur zulässig, wenn folgende Streitwertgrenzen erreicht werden (BGG 85 Abs. 1):

- in Fällen der Staatshaftung ab CHF 30'000.– (lit. a);
- auf dem Gebiet der öffentlich-rechtlichen Arbeitsverhältnisse ab CHF 15'000.– (lit. b).

Wenn die Streitwertgrenze nicht erreicht wird, ist die Beschwerde in öffentlich-rechtlichen Angelegenheiten trotzdem zulässig, falls es sich um eine Rechtsfrage von grundsätzlicher Bedeutung handelt (BGG 85 Abs. 2, vgl. auch BV 191 Abs. 2). Eine Rechtsfrage von grundsätzlicher Bedeutung kann in folgenden Fällen vorliegen (BGE 133 III 645, 649; BGE 134 III 354, 357; BGE 137 III 580, 583 vgl. Botschaft Bundesrechtspflege, S. 4309 f.):

- bei einer *vom Bundesgericht noch nie entschiedenen Rechtsfrage*, wenn die einheitliche Anwendung von Bundes- bzw. Völkerrecht deren Beantwortung gebietet, weil die Rechtsprechung der Vorinstanzen widersprüchlich ist und darum erhebliche Rechtsunsicherheit besteht oder für eine künftige Praxis wegleitend sein kann, weil viele gleichartige Fälle zu beurteilen sein werden;
- bei einer *vom Bundesgerichts bereits entschiedenen Rechtsfrage*, wenn sich eine neue Überprüfung aufdrängt. Das kann der Fall sein, wenn die Rechtsprechung nicht einheitlich ist oder in der massgebenden Lehre auf erhebliche Kritik gestossen ist.

Beachte   Nicht jede noch nicht entschiedene Rechtsfrage stellt eine Rechtsfrage von grundsätzlicher Bedeutung dar.

Wird die erforderliche Streitwertgrenze nicht erreicht, muss in der Beschwerdeschrift dargelegt werden, weshalb die sich stellende Rechtsfrage von grundsätzlicher Natur sein soll.

Bei der Beschwerde gegen Verfügungen von Bundesbehörden entscheidet das Bundesverwaltungsgericht endgültig, wenn die Streitwertgrenze nicht erreicht wird und keine Rechtsfrage von grundsätzlicher Bedeutung vorliegt. Gegen letztinstanzliche kantonale Entscheide bleibt noch die *subsidiäre Verfassungsbeschwerde* wegen Verletzung verfassungsmässiger Rechte (BGG 113 ff.) zu prüfen.

Streitwertgrenzen bei der Beschwerde gegen Entscheide in Angelegenheiten des öffentlichen Rechts

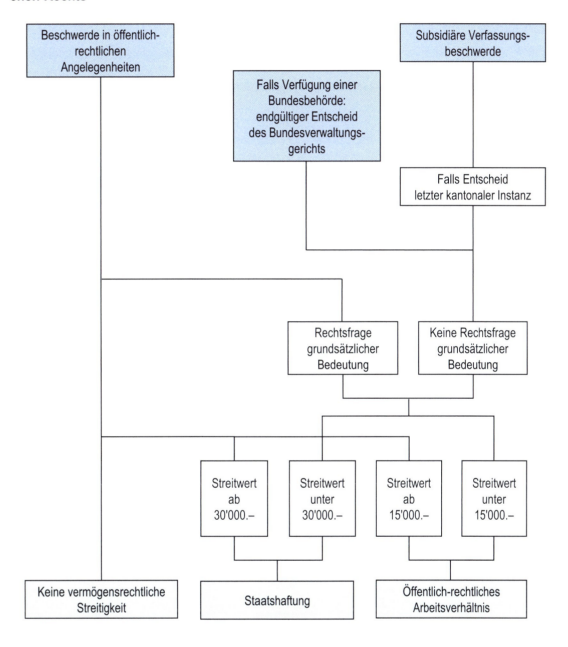

3.2 Kantonale Erlasse (BGG 82 lit. b)
3.2.1 Abstrakte Normenkontrolle

Gegen *kantonale Erlasse* ist für den Zugang ans Bundesgericht unabhängig vom betroffenen Rechtsgebiet immer die Beschwerde in öffentlich-rechtlichen Angelegenheiten zu ergreifen. *Kommunale Erlasse* fallen ebenfalls unter den Begriff der kantonalen Erlasse und bilden somit ein zulässiges Anfechtungsobjekt. *Erlasse des Bundes* sind nicht vor Bundesgericht anfechtbar (vgl. auch BV 190, wonach Bundesgesetze und Völkerrecht für das Bundesgericht massgebend sind).

... sind Rechtssetzungsakte (Gesetze und Verordnungen), also *generell-abstrakte Anordnungen*, welche

- sich an eine *unbestimmte Zahl von Personen* richten (generell) und

- eine *unbestimmte Zahl von Fällen* regeln (abstrakt).

Indem das Bundesgericht kantonale Erlasse unabhängig von einem konkreten Anwendungsfall überprüft, übt es *abstrakte Normenkontrolle* aus.

Beachte   Der Ausnahmekatalog von BGG 83, mit welchem die Beschwerde in öffentlich-rechtlichen Angelegenheiten *gegen Entscheide* für bestimmte Sachgebiete ausgeschlossen wird, kommt bei kantonalen *Erlassen* als Anfechtungsobjekte nicht zur Anwendung.

3.2.2 Kantonale Verfassungsbestimmungen

Kantonale Verfassungsbestimmungen überprüft das Bundesgericht grundsätzlich nicht im abstrakten Normenkontrollverfahren, weil die Bundesversammlung im Rahmen der Gewährleistung für die Einhaltung des übergeordneten Rechts zuständig ist (BV 172 Abs. 2).

3.2.3 Genehmigungsbedürftige kantonale Erlasse

Das Bundesgericht überprüft auch kantonale Erlasse, welche vom Bund genehmigt werden müssen. Erlasse, deren Genehmigung der Bund verweigert hat, können jedoch nicht überprüft werden.

3.2.4 Verwaltungsverordnungen

Verwaltungsverordnungen sind als verwaltungsinterne generelle Dienstanweisungen grundsätzlich nicht anfechtbar. Ausnahmsweise sind Verwaltungsverordnungen jedoch anfechtbar, soweit die internen Anweisungen gleichzeitig geschützte Rechte von Privaten berühren und damit *«Aussenwirkungen»* entfalten. Eine Anfechtung ist allerdings auch dann nur möglich, wenn gestützt auf die Verwaltungsverordnung kein anfechtbarer Verwaltungsakt (insbesondere Verfügung) getroffen wird, dessen Anfechtung möglich und zumutbar ist (vgl. BGE 128 I 167, 171 ff.).

3.3 Stimmrechtssachen (BGG 82 lit. c)

Das Bundesgericht beurteilt Beschwerden betreffend die *politische Stimmberechtigung* der Bürger und Bürgerinnen sowie betreffend *Volkswahlen und -abstimmungen*.

Gegenstand der Stimmrechtsbeschwerde sind Volkswahlen und Abstimmungen im Bund, in Kantonen, Gemeinden und anderen Körperschaften, welche dem öffentlichen Recht unterstehen (z.B. Kirchgemeinden). Zulässige Anfechtungsobjekte sind (BGG 88 Abs. 1):

- *Akte letzter kantonaler Instanzen* in kantonalen Stimmrechtsangelegenheiten (lit. a): Anfechtbar sind einerseits Rechtsmittelentscheide gegen Akte kantonaler Behörden, welche nicht zwingend in Verfügungsform ergangen sein müssen. Andererseits sind Akte kantonaler Parlamente oder Regierungen zulässiges Anfechtungsobjekt, wenn der Kanton dagegen kein Rechtsmittel vorsieht (vgl. 3. Teil, I.4.3.1). Hierzu sind nicht nur Verfügungen, sondern auch andere Handlungen (Realakte) sowie Erlasse, welche Fragen des Stimm- und Wahlrechts regeln, zu zählen;

- *Verfügungen der Bundeskanzlei* und *Entscheide der Kantonsregierungen* in eidgenössischen Stimmrechtsangelegenheiten (lit. b): Nicht anfechtbar sind Akte der Bundesversammlung (z.B. Ungültigkeitserklärung einer Volksinitiative nach BV 173 Abs. 1 lit. f) und des Bundesrats.

4. Vorinstanzen

BV 191a Abs. 2 (für das Bundesverwaltungsgericht) und BV 191b Abs. 1 (für die kantonalen Gerichte) bilden die verfassungsrechtliche Grundlage für die Vorinstanzen bei der Beschwerde in öffentlich-rechtlichen Angelegenheiten ans Bundesgericht.

Akte der Bundesversammlung und des Bundesrats können beim Bundesgericht nicht angefochten werden, wobei ein Bundesgesetz Ausnahmen vorsehen könnte (BV 189 Abs. 4).

Anfechtungsobjekte und Vorinstanzen bei der Beschwerde in öffentlich-rechtlichen Angelegenheiten ans Bundesgericht

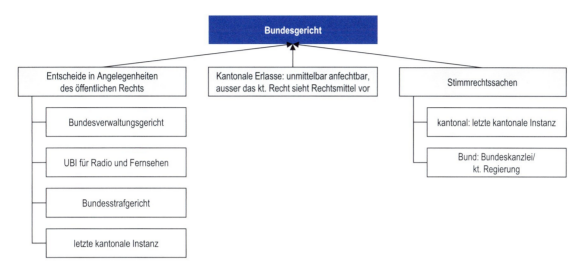

4.1 Beschwerde gegen Entscheide
4.1.1 Zulässige Vorinstanzen

Anfechtbar sind (BGG 86 Abs. 1):

- Entscheide des *Bundesverwaltungsgerichts* (lit. a);
- Entscheide des *Bundesstrafgerichts* (lit. b);
- Entscheide der *unabhängigen Beschwerdeinstanz für Radio und Fernsehen (UBI)* (lit. c);
- Entscheide *letzter kantonaler Instanzen*, falls gegen diese nicht ausnahmsweise die Beschwerde an das Bundesverwaltungsgericht zulässig ist (BGG 86 Abs. 1 lit. d i.V.m. VGG 33 lit. i).

4.1.2 Anforderungen an letzte kantonale Instanz

Die Kantone sind bei Entscheiden in öffentlich-rechtlichen Angelegenheiten nach BGG 86 Abs. 2 verpflichtet, als unmittelbare Vorinstanzen des Bundesgerichts *obere Gerichte* einzusetzen (z.B. ein kantonales Verwaltungsgericht).

In einem Spezialgesetz des Bundes kann jedoch eine andere richterliche Behörde als Vorinstanz vorgesehen werden.

Beispiel Kantonale Steuerrekurskommission gemäss DBG 146 (Bundesgesetz über die direkte Bundessteuer).

Für Entscheide mit vorwiegend politischem Charakter (z.B. Richtpläne) können die Kantone anstelle eines Gerichts auch eine andere Behörde als unmittelbare Vorinstanz einsetzen (BGG 86 Abs. 3; vgl. auch BV 29a Satz 2, 1. Teil, D.5.1.3). Als Entscheide mit vorwiegend politischem Charakter gelten politisch bedeutsame Verwaltungsakte, die zugleich nicht justiziabel sind (BGE 136 II 436, 439).

Soweit die Kantone verpflichtet sind, als letzte kantonale Instanz ein Gericht einzusetzen, muss gewährleistet sein, dass dieses oder eine vorgängig zuständige andere richterliche Behörde *den Sachverhalt frei prüft* und *das massgebende Recht von Amtes wegen anwendet* (BGG 110; BGE 135 V 353).

Diese Bestimmung ist notwendig, da das Bundesgericht im Rahmen der Beschwerde in öffentlich-rechtlichen Angelegenheiten grundsätzlich keine Sachverhaltskontrolle vornimmt (vgl. 3. Teil, I.5.2), die Rechtsweggarantie nach BV 29a jedoch verlangt, dass Rechtsstreitigkeiten mindestens einmal sowohl auf Rechts- als auch Sachverhaltsfragen hin überprüft werden können (vgl. 1. Teil, D.5.1.2).

BGG 86 Abs. 2 verlangt indes keinen doppelten Instanzenzug. Das obere Gericht muss daher nicht als Rechtsmittelinstanz entschieden haben (BGE 135 II 94, 98 f.).

Entscheide letzter kantonaler Instanzen, gegen welche die Beschwerde in öffentlich-rechtlichen Angelegenheiten ans Bundesgericht zulässig ist, müssen den Parteien schriftlich eröffnet werden und haben gewisse formelle Voraussetzungen zu erfüllen (vgl. BGG 112).

4.2 Beschwerde gegen kantonale Erlasse

Gegen kantonale Erlasse ist die Beschwerde unmittelbar zulässig, ausser das kantonale Recht sieht ein Rechtsmittel vor (BGG 87 Abs. 1). Falls ein kantonales Rechtsmittel vorgesehen ist, muss zuerst dieses ergriffen werden (BGG 87 Abs. 2).

4.3 Beschwerde in Stimmrechtssachen

4.3.1 In kantonalen Angelegenheiten

Bei kantonalen Stimmrechtssachen richtet sich die Beschwerde gegen *Akte letzter kantonaler Instanzen* (BGG 88 Abs. 1 lit. a). Die Kantone sind verpflichtet, gegen behördliche Akte, welche die politischen Rechte der Stimmberechtigten in kantonalen Angelegenheiten verletzen können, ein Rechtsmittel vorzusehen (BGG 88 Abs. 2 Satz 1). Nach dem Wortlaut des BGG muss es sich dabei nicht zwingend um ein Gericht handeln. Jedoch hat das Bundesgericht entschieden, dass die politischen Rechte justiziabel sind und der Rechtsweggarantie von BV 29a unterstehen. Als Rechtsmittel gemäss BGG 88 Abs. 2 müssen die Kantone daher ein gerichtliches Beschwerdeverfahren vorsehen (BGE 134 I 199) Die Pflicht, ein Rechtsmittel vorzusehen, erstreckt sich nicht auf Akte der kantonalen Parlamente und Regierungen (BGG 88 Abs. 2 Satz 2).

4.3.2 In eidgenössischen Angelegenheiten

Bei Stimmrechtssachen in eidgenössischen Angelegenheiten richtet sich die Beschwerde gegen *Verfügungen der Bundeskanzlei* und *Entscheide der Kantonsregierungen* (BGG 88 Abs. 1 lit. b). Die Kantone sind verpflichtet, gegen kantonale Akte in eidgenössischen Stimmrechtsangelegenheiten eine Beschwerde vorzusehen. Diese Beschwerden gehen nach BPR 77 zwingend an die Kantonsregierung.

Bundesrechtliche Vorgaben bezüglich kantonaler Vorinstanzen bei der Beschwerde in öffentlich-rechtlichen Angelegenheiten ans Bundesgericht

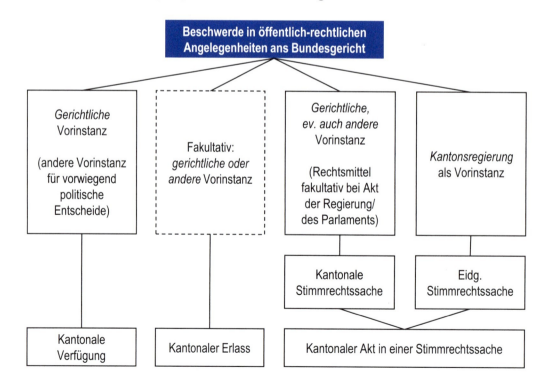

5. Beschwerdegrund

5.1 Rechtswidrigkeit

Gerügt werden kann insbesondere die Verletzung von Bundes- und Völkerrecht (vgl. zum Begriff der Rechtsverletzung 3. Teil, D.4.2). Die Verletzung von kantonalem Recht bildet grundsätzlich *keinen zulässigen Beschwerdegrund*. Davon ausgenommen sind kantonale verfassungsmässige Rechte mit selbstständiger Bedeutung, Verträge zwischen Kantonen sowie bei der Beschwerde in Stimmrechtssachen kantonale Bestimmungen über die Stimmberechtigung, Volkswahlen und -abstimmungen.

5.1.1 Verletzung von Bundesrecht
(BGG 95 lit. a, vgl. auch BV 189 Abs. 1 lit. a)

Darunter fallen die Bundesverfassung, Bundesgesetze sowie Verordnungen der Bundesversammlung, des Bundesrats, der Bundesverwaltung und des Bundesgerichts. Als Rechtsverletzung gilt auch die Verletzung von Gewohnheitsrecht.

5.1.2 Verletzung von Völkerrecht
(BGG 95 lit. b, vgl. auch BV 189 Abs. 1 lit. b)

Die Verletzung von Völkerrecht kann nur dann geltend gemacht werden, wenn dieses *direkt anwendbar (self-executing)* ist. Dies ist der Fall, wenn eine Bestimmung hinreichend bestimmt und klar ist, um als Grundlage eines Anwendungsaktes zu dienen. Praktisch bedeutsam sind insbesondere die Grundrechte, welche in der EMRK und im UNO-Pakt II garantiert werden.

5.1.3 Verletzung von kantonalen verfassungsmässigen Rechten
(BGG 95 lit. c, vgl. auch BV 189 Abs. 1 lit. d und e)

Kantonale verfassungsmässige Rechte haben nur dann selbstständige Bedeutung, wenn ihr Schutzbereich weiter geht als die bundesrechtlichen Garantien (zum Begriff der verfassungsmässigen Rechte vgl. 3. Teil, J.4.). Die *Verletzung der Gemeindeautonomie* (vgl. BV 189 Abs. 1 lit. e und 50 Abs. 1) und die Verletzung des Prinzips der Gewaltenteilung fallen unter diesen Beschwerdegrund. Im Rahmen einer Autonomiebeschwerde kann eine Gemeinde auch die Verletzung anderer ihr zustehender Rechte rügen, wenn deren Verletzung in einem engen Zusammenhang zur streitigen Autonomieverletzung steht.

5.1.4 Verletzung von interkantonalem Recht
(BGG 95 lit. e, vgl. auch BV 189 Abs. 1 lit. c)

Zulässiger Beschwerdegrund bildet die Verletzung von Verträgen zwischen Kantonen (*Konkordate* und andere Verträge), wenn ein Vertrag dem Einzelnen unmittelbar Rechte einräumt und nicht nur die Regelung der rechtlichen Beziehungen zwischen Kantonen zum Gegenstand hat.

5.1.5 Verletzung von kantonalen Bestimmungen über die Stimmberechtigung sowie Volkswahlen und -abstimmungen
(BGG 95 lit. d, vgl. auch BV 189 Abs. 1 lit. f)

Bei der Beschwerde in Stimmrechtssachen kann die Verletzung von Bundesrecht (aufgrund von BGG 95 lit. a) sowie kantonalem (inklusive kommunalem) Recht gerügt werden. Anfechtbar ist in diesem Bereich die Verletzung irgendeiner Verfassungs-, Gesetzes- oder Verordnungsbestimmung, sofern ein Bezug zum Stimmrecht oder zur Ausübung der politischen Rechte besteht (BGE 131 I 126, 131 m.w.H.).

Dass eine Verordnung der Exekutive dem Gesetz widerspreche, ist nicht mit «Stimmrechtsbeschwerde» (BGG 95 lit. d) zu rügen, sondern mit der Verletzung von Bundesrecht bzw. von kantonalen verfassungsmässigen Rechten (sogenannte «Gewaltenteilungsbeschwerde» nach BGG 95 lit. a oder c; vgl. dazu BGE 131 I 291, 295 m.w.H.).

Beschwerdegründe bei der Beschwerde in öffentlich-rechtlichen Angelegenheiten ans Bundesgericht

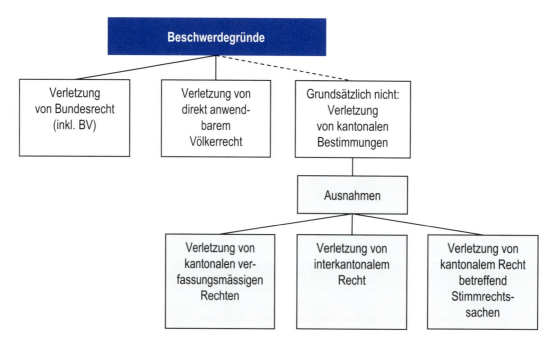

5.1.6 Konkrete Normenkontrolle

Als Rechtsverletzung gilt auch die Anwendung eines ungültigen Rechtssatzes in einem konkreten Anwendungsfall. Das Bundesgericht prüft in einem solchen Fall vorfrageweise die Rechtmässigkeit der zugrunde liegenden Rechtsnorm und versagt dieser die Anwendung, wenn sie übergeordnetem Recht widerspricht.

Man spricht in diesen Fällen vom *akzessorischem Prüfungsrecht* beziehungsweise von der *konkreten Normenkontrolle*.

Nach BV 190 sind allerdings Bundesgesetze und Völkerrecht für das Bundesgericht massgebend. Das bedeutet, dass das Bundesgericht einen Entscheid nicht aufheben kann, weil sich dieser auf ein verfassungswidriges Bundesgesetz oder verfassungswidriges Völkerrecht stützt.

BV 190 stellt ein *Anwendungsgebot*, kein Prüfungsverbot dar. Das Bundesgericht kann die Verfassungsmässigkeit von Bundesgesetzen und Völkerrecht prüfen und auf problematische Bestimmungen hinweisen, es muss diese jedoch anwenden. Das Bundesgericht ist bemüht, Bundesgesetze und Völkerrecht verfassungskonform auszulegen, soweit dafür Spielraum besteht.

Wenn ein Bundesgesetz einem genehmigten Staatsvertrag (z.B. der EMRK) widerspricht, anerkennt das Bundesgericht grundsätzlich einen Vorrang des internationalen Rechts. Ausnahmsweise soll jedoch ein später erlassenes Bundesgesetz vorgehen, wenn der Gesetzgeber die Verletzung des internationalen Rechts bewusst in Kauf genommen hat (sog. «*Schubert-Praxis*»). Ausführlicher zu BV 190: HANGARTNER, St. Galler Kommentar BV, S. 2795 ff.

Massgebend sind für das Bundesgericht grundsätzlich auch Bestimmungen von Kantonsverfassungen, da die Bundesversammlung für deren Gewährleistung zuständig ist (BV 172 Abs. 2). Immerhin überprüft das Bundesgericht *in einem konkreten Anwendungsfall* die Übereinstimmung von Bestimmungen der Kantonsverfassung mit Bundes- oder Völkerrecht, falls das übergeordnete Recht zum Zeitpunkt der Gewährleistung noch nicht in Kraft oder als ungeschriebenes Recht anerkannt war.

5.2 Unrichtige Feststellung des Sachverhalts

Eine unrichtige Feststellung des Sachverhalts kann nur gerügt werden, wenn (BGG 97 Abs. 1)

■ sie offensichtlich unrichtig ist oder auf einer Rechtsverletzung im Sinne von BGG 95 beruht (z.B. Nichtbeachtung des Anspruchs auf rechtliches Gehör) und

■ die Behebung des Mangels für den Ausgang des Verfahrens entscheidend sein kann.

Richtet sich die Beschwerde gegen einen Entscheid über die Zusprechung oder Verweigerung von Geldleistungen der Militär- oder Unfallversicherung, so kann jede unrichtige oder unvollständige Feststellung des rechtserheblichen Sachverhalts gerügt werden (BGG 97 Abs. 2).

5.3 Keine Ermessenskontrolle

Das Bundesgericht prüft nur Rechtsfragen und nimmt *keine Ermessenskontrolle* vor (BGG 95 ff.).

Im Gegensatz zur Unangemessenheit stellen Ermessensfehler Rechtsverletzungen dar, welche nach BGG 95 zulässige Beschwerdegründe bilden. Als Ermessensfehler gelten:

■ *Ermessensüberschreitung*: Eine Behörde übt Ermessen aus, obwohl nach dem Gesetz gar kein Ermessen besteht;

■ *Ermessensunterschreitung*: Eine Behörde schöpft einen Ermessensspielraum nicht aus, indem sie von vornherein auf die Ermessensausübung verzichtet oder weil sie sich als gebunden erachtet, obwohl nach dem Gesetz Ermessen besteht;

■ *Ermessensmissbrauch*: Es besteht zwar Ermessensspielraum, aber die Behörde übt das Ermessen auf sachfremde, unverhältnismässige oder willkürliche Art und Weise aus.

Von der Überprüfung der Angemessenheit zu unterscheiden ist die Auslegung von unbestimmten Rechtsbegriffen, welche das Bundesgericht im Rahmen der Rechtskontrolle vornimmt.

Vgl. ausführlicher zum Ganzen: TSCHANNEN/ZIMMERLI/MÜLLER, S. 190 ff; HÄFELIN/MÜLLER/UHLMANN, Rz. 445 ff.

5.4 Beschwerdegrund bei Entscheiden über vorsorgliche Massnahmen

Mit der Beschwerde gegen Entscheide über vorsorgliche Massnahmen kann nur die Verletzung verfassungsmässiger Rechte (z.B. die Verletzung des Willkürverbots) geltend gemacht werden (zum Begriff der verfassungsmässigen Rechte 3. Teil, J.4.).

5.5 Beschwerdegründe vor kantonalen Vorinstanzen

Wenn Urteile letzter kantonaler Instanzen mit Beschwerde in öffentlich-rechtlichen Angelegenheiten ans Bundesgericht weitergezogen werden können, muss die kantonale Vorinstanz mindestens die Rügen nach BGG 95–98 prüfen können (BGG 111 Abs. 3).

6. Beschwerderecht

Die beschwerdeführende Person muss folgende Voraussetzungen erfüllen, damit sie zur Anfechtung eines Akts berechtigt ist:

■ Beschwerdefähigkeit und

■ Beschwerdelegitimation.

6.1 Beschwerdefähigkeit

Die Beschwerdefähigkeit umfasst die *Partei-* und die *Prozessfähigkeit* (vgl. 2. Teil, B.4.1).

Behörden sind als solche zwar nicht parteifähig, unter gewissen Voraussetzungen jedoch dennoch zur Beschwerde berechtigt.

6.2 Beschwerdelegitimation von Privaten

Die Legitimation im engeren Sinne von natürlichen und juristischen Personen umfasst folgende Voraussetzungen (BGG 89 Abs. 1):

- *Teilnahme* oder fehlende Möglichkeit der Teilnahme am *Verfahren vor der Vorinstanz* (lit. a);
- der Beschwerdeführer ist durch den Entscheid oder Erlass *besonders berührt* (lit. b, Erfordernis der *persönlichen Betroffenheit*) und
- hat ein *schutzwürdiges Interesse* an der Aufhebung oder Änderung des angefochtenen Entscheids oder Erlasses (lit. c, Erfordernis des *schutzwürdigen Interesses*).

6.2.1 Beschwerde gegen Entscheide

Soweit es um die Anfechtung von Entscheiden geht, decken sich diese Voraussetzungen mit den Legitimationsvoraussetzungen bei der Beschwerde an das Bundesverwaltungsgericht gemäss VwVG 48 (vgl. 3. Teil, D.5.2). Neben den Adressaten eines angefochtenen Entscheides sind unter Umständen auch Dritte legitimiert. Voraussetzung dafür ist jedoch ein persönliches und aktuelles Interesse (vgl. 3. Teil, D.5.2.2).

6.2.2 Beschwerde gegen kantonale Erlasse

Bei der Beschwerde gegen kantonale Erlasse genügt ein virtuelles Interesse, das heisst eine minimale Wahrscheinlichkeit, dass der Beschwerdeführer einmal vom fraglichen Erlass betroffen sein könnte (BGE 130 I 26, 29 f. m.w.H.: BGE 136 I 49, 54). Virtuell betroffen ist beispielsweise jeder Einwohner eines Kantons von den Bestimmungen einer kantonalen Strafprozessordnung oder Gefängnisordnung.

Bei einer Beschwerde wegen rechtsungleicher Behandlung in der Rechtssetzung sind auch Personen legitimiert, welche nicht Adressaten der beanstandeten Bestimmung sind, aber sich in einer vergleichbaren Lage befinden, wenn sich ein Vorteil für andere für sie als Nachteil auswirkt (z.B. Mieter gegen steuerliche Begünstigung von Hauseigentümern oder Apotheker gegen die Erlaubnis für Ärzte zum Führen von Privatapotheken; vgl. BGE 124 I 145, 149 m.w.H.; BGE 131 I 205).

Insoweit gegen kantonale Erlasse direkt die Beschwerde ans Bundesgericht möglich ist, entfällt die Voraussetzung der Teilnahme am Verfahren vor der Vorinstanz.

6.2.3 Beschwerde in Stimmrechtssachen

Bei der Beschwerde in Stimmrechtssachen steht das Beschwerderecht jeder in der betreffenden Angelegenheit stimmberechtigten Person zu (BGG 89 Abs. 3).

Beschwerdelegitimation bei Privaten

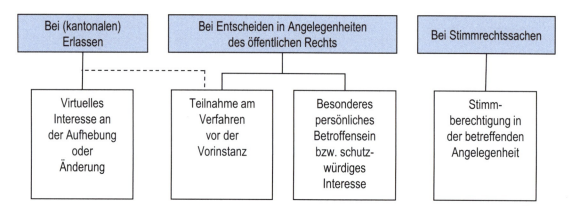

6.3 Legitimation von Behörden (Behördenbeschwerde)

Zur Wahrung öffentlicher Interessen sind die Bundeskanzlei und die Departemente des Bundes beschwerdelegitimiert, wenn der angefochtene Entscheid oder Erlass die Bundesgesetzgebung im Aufgabenbereich der betreffenden Behörde verletzen kann. Dieses Beschwerderecht kann auf eine untergeordnete Dienststelle (z.B. ein Bundesamt) übertragen werden (BGG 89 Abs. 2 lit. a).

Die Bundeskanzlei kann nach dieser Bestimmung beispielsweise Entscheide des Bundesverwaltungsgerichts in Angelegenheiten ihres Personals anfechten.

Das zuständige Organ der Bundesversammlung ist auf dem Gebiet des Arbeitsverhältnisses des Personals der Parlamentsdienste zur Beschwerde berechtigt (BGG 89 Abs. 2 lit. b).

Schliesslich kann in Spezialgesetzen des Bundes weiteren Behörden ein Beschwerderecht eingeräumt werden (BGG 89 Abs. 2 lit. d).

6.4 Legitimation von Gemeinden und anderen öffentlich-rechtlichen Körperschaften

Gemeinden und andere öffentlich-rechtliche Körperschaften (z.B. öffentlich-rechtlich organisierte Religionsgemeinschaften) sind in folgenden drei Fällen beschwerdeberechtigt:

- wenn sie *gleich oder ähnlich wie Private betroffen* sind oder wenn sie *in ihren hoheitlichen Befugnissen berührt* sind und ein schutzwürdiges Interesse haben unter den allgemeinen Voraussetzungen von BGG 89 Abs. 1 (vgl. dazu, 3. Teil, D.5.3.2);

- wenn sie die Verletzung von Garantien rügen, welche ihnen die Kantons- oder Bundesverfassung gewährt (BGG 89 Abs. 2 lit. c): Wichtigstes Beispiel ist die Beschwerde von Gemeinden wegen *Verletzung der Gemeindeautonomie*;

- wenn ein Spezialgesetz des Bundes ihnen ein weitergehendes Beschwerderecht einräumt (BGG 89 Abs. 2 lit. d).

6.5 Legitimation von Verbänden (Verbandsbeschwerde)

Verbände sind in folgenden drei Fällen beschwerdeberechtigt:

- Beschwerde in eigenem Namen und zur *Wahrung eigener Interessen* unter den allgemeinen Voraussetzungen von BGG 89 Abs. 1;

- Beschwerde in eigenem Namen zur *Wahrung der Interessen ihrer Mitglieder* (*egoistische Verbandsbeschwerde*) gestützt auf BGG 89 Abs. 1 (vgl. zu den Voraussetzungen 3. Teil, D.5.3.1);

- Beschwerde in eigenem Namen zur *Wahrung ideeller (öffentlicher) Interessen (ideelle Verbandsbeschwerde):* Vorausgesetzt ist eine Ermächtigung in einem Spezialgesetz des Bundes (vgl. BGG 89 Abs. 2 lit. d und 3. Teil, D.5.3.3).

Zur Beschwerde in Stimmrechtssachen sind politische Parteien und sonstige politische Vereinigungen (z.B. Initiativ- und Abstimmungskomitees) legitimiert, welche im betreffenden Gemeinwesen tätig sind, nicht jedoch andere Verbände und Gruppierungen.

6.6 Beschwerderecht vor kantonalen Vorinstanzen

Wer zur Beschwerde an das Bundesgericht berechtigt ist, muss sich zuvor am Verfahren vor allen kantonalen Instanzen als Partei beteiligen können (BGG 111 Abs. 1). Die Beschwerdelegitimation muss demnach im kantonalen Verfahren mindestens im gleichen Umfang gewährleistet sein wie für die Beschwerde in öffentlich-rechtlichen Angelegenheiten ans Bundesgericht, wenn diese gegen Entscheide letzter kantonaler Instanzen zulässig ist.

Wenn Bundesbehörden gegen Entscheide letzter kantonaler Instanzen zur Beschwerde ans Bundesgericht berechtigt sind, können sie sich zuvor auch im kantonalen Verfahren beteiligen und die Rechtsmittel des kantonalen Rechts ergreifen (BGG 111 Abs. 2). Die Teilnahme am kantonalen Verfahren ist für Bundesbehörden jedoch nicht Voraussetzung für die Legitimation zur Beschwerde in öffentlich-rechtlichen Angelegenheiten ans Bundesgericht.

7. Beschwerdefrist

Für die Berechnung, Erstreckung, Einhaltung und Wiederherstellung der Beschwerdefrist stellt das Bundesgerichtsgesetz dem VwVG analoge Bestimmungen auf (vgl. VwVG 20 ff. und 2. Teil, B.8.). Die Beschwerdefrist beginnt am Tag nach der Mitteilung (Eröffnung bzw. Veröffentlichung) zu laufen (BGG 44), endet immer an einem Werktag (BGG 45) und steht während den Gerichtsferien still (BGG 46). Eine Beschwerdefrist kann nicht erstreckt werden (BGG 47) und gilt als eingehalten, wenn die Beschwerdeschrift gemäss BGG 48 rechtzeitig eingereicht worden ist. Eine Wiederherstellung der unverschuldet versäumten Beschwerdefrist ist nur unter den Voraussetzungen von BGG 50 möglich.

7.1 Beschwerde gegen Entscheide

Die Beschwerde gegen einen Entscheid ist *innert 30 Tagen nach der Eröffnung* des Entscheids beim Bundesgericht einzureichen (BGG 100 Abs.1).

Gegen das unrechtmässige Verweigern oder Verzögern eines Entscheids kann jederzeit Beschwerde geführt werden (BGG 100 Abs. 7). Eine Frist muss in diesem Fall nicht eingehalten werden.

7.2 Beschwerde gegen Erlasse

Die Beschwerde gegen Erlasse ist *innert 30 Tagen nach der* nach dem kantonalen Recht massgebenden *Veröffentlichung* des Erlasses einzureichen (BGG 101).

7.3 Beschwerde in Stimmrechtssachen

Wenn bei der Beschwerde in Stimmrechtssachen ein Rechtsmittelentscheid angefochten wird, gilt grundsätzlich die 30-tägige Frist gemäss BGG 100 Abs. 1. Die 30-tägige Beschwerdefrist gilt auch für Beschwerden gegen Verfügungen der Bundeskanzlei und gegen Akte kantonaler Regierungen oder Parlamente.

Für Beschwerden in Stimmrechtssachen gegen Entscheide der Kantonsregierungen gelten kürzere Fristen:

- eine *fünftägige Frist* bei Entscheiden der Kantonsregierungen über Beschwerden gegen eidgenössische Abstimmungen (BGG 100 Abs. 3 lit. b) bzw.

- eine *dreitägige Frist* bei Entscheiden der Kantonsregierungen über Beschwerden gegen die Nationalratswahlen (BGG 100 Abs. 4).

Richtet sich eine Beschwerde gegen Vorbereitungshandlungen von Wahlen oder Abstimmungen (z.B. gegen die Formulierung einer Abstimmungsfrage oder gegen amtliche Erläuterungen zu Volksabstimmungen), so ist die Beschwerde grundsätzlich innerhalb der Rechtsmittelfrist im Anschluss an die Anordnung der Vorbereitungshandlung zu erheben. Wenn jedoch die Rechtsmittelfrist nach dem Abstimmungstermin abläuft oder wenn spezielle Gründe sofortiges Handeln als unzumutbar erscheinen lassen, kann die Vorbereitungshandlung mit einer Beschwerde gegen die Abstimmung als solche angefochten werden.

Beschwerdefrist

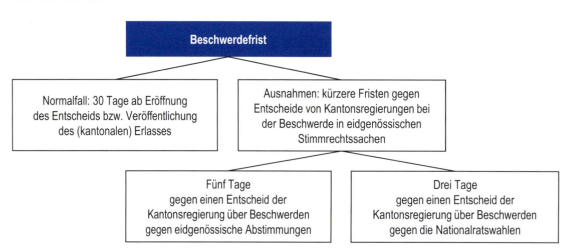

8. Beschwerdeschrift

Das Bundesgerichtsgesetz regelt die Anforderungen an die Beschwerdeschrift analog zum VwVG für das Verfahren vor dem Bundesverwaltungsgericht (vgl. VwVG 52 bzw. 3. Teil, D.6.2). Die Beschwerdeschrift muss ein *Begehren*, deren *Begründung*, die Angabe der *Beweismittel* und die *Unterschrift* enthalten (BGG 42 Abs. 1 und 2). Allfällige Urkunden als Beweismittel bzw. der angefochtene Entscheid sind beizulegen (BGG 42 Abs. 3). Elektronische Beschwerdeschriften müssen mit einer anerkannten elektronischen Signatur versehen sein (BGG 42 Abs. 4). Ungenügende Beschwerdeschriften können unter Ansetzung einer kurzen Nachfrist zur Verbesserung zurückgewiesen werden (BGG 42 Abs. 5 und 6).

Für gewisse Bereiche gilt im Verfahren der Beschwerde ans Bundesgericht das *Rügeprinzip*: Das Bundesgericht prüft die Verletzung von Grundrechten sowie von kantonalem und interkantonalem Recht nur insofern, als eine solche Rüge in der Beschwerde vorgebracht und begründet worden ist (BGG 106 Abs. 2).

9. Beschwerdeverfahren

9.1 Verfahrensleitung

Die Verfahrensleitung obliegt der Instruktionsrichterin oder dem Instruktionsrichter. Die Präsidentin oder der Präsident der Abteilung übernimmt diese Aufgabe selber oder betraut damit eine andere Richterin oder einen anderen Richter (BGG 32 Abs. 1).

9.2 Verfahrensdisziplin

Nach BGG 33 kann den Parteien oder deren Vertretung ein Verweis erteilt oder eine Ordnungsbusse auferlegt werden, wenn diese den Anstand verletzen oder das Verfahren stören. Personen, die während einer Verhandlung die Anweisungen des Vorsitzenden nicht befolgen, können aus dem Sitzungssaal weggewiesen werden.

9.3 Ausstand

Für die Gerichtspersonen des Bundesgerichts (Richterinnen und Richter, Gerichtsschreiberinnen und Gerichtsschreiber) gelten ähnliche Ausstandsgründe wie im nichtstreitigen Verwaltungsverfahren (vgl. 2. Teil, B.3.). Vereinzelt geht das BGG allerdings noch weiter.

In folgenden Fällen müssen Gerichtspersonen von Amtes wegen in Ausstand treten (BGG 34 Abs. 1):

- wenn sie in der Sache ein *persönliches Interesse* haben (lit. a);
- wenn sie in einer anderen Stellung (Behörde, Rechtsberaterin/Rechtsberater, sachverständige Person, Zeugin/Zeuge) *in der gleichen Sache tätig* waren (lit. b);
- wenn sie in einer besonderen Beziehung stehen zu einer Partei bzw. deren Vertreterin/Vertreter oder zu einer Person, welche als Mitglied der Vorinstanz in der gleichen Sache tätig war, nämlich wenn sie mit dieser Person *verheiratet* sind, in einer *eingetragenen Partnerschaft* oder *dauernden Lebensgemeinschaft* leben (lit. c) oder mit ihr *verwandt oder verschwägert* sind (lit. d);
- wenn sie aus anderen Gründen, insbesondere wegen besonderer Freundschaft oder persönlicher Feindschaft mit einer Partei bzw. deren Vertreterin/Vertreter, befangen sein könnten (lit. e).

Die Mitwirkung in einem früheren Verfahren des Bundesgerichts bildet für sich allein keinen Ausstandsgrund (BGG 34 Abs. 2).

Die Gerichtspersonen sind verpflichtet, allfällige Ausstandsgründe rechtzeitig mitzuteilen (BGG 35). Die Parteien haben die Möglichkeit, ein begründetes schriftliches Ausstandsbegehren einzureichen. Die betroffene Gerichtsperson hat sich dazu zu äussern (BGG 36). Wenn die betroffene Gerichtsperson oder irgendeine Richterin bzw. ein Richter der Abteilung den Ausstandsgrund bestreitet, entscheidet die Abteilung unter Ausschluss der betroffenen Gerichtsperson (BGG 37 Abs. 1).

Amtshandlungen, an welchen eine zum Ausstand verpflichtete Person mitgewirkt hat, sind aufzuheben, wenn eine Partei dies innert fünf Tagen verlangt, nachdem sie vom Ausstandsgrund Kenntnis erhalten hat, ausser es handelt sich um Beweismassnahmen, welche nicht wiederholt werden können (BGG 38).

9.4 Verfahrenssprache

Das Verfahren wird in einer der Amtssprachen (Deutsch, Französisch, Italienisch, Rumantsch Grischun) geführt, in der Regel in der Sprache des angefochtenen Entscheids (BGG 54 Abs. 1).

9.5 Schriftenwechsel

Die Beschwerde wird, soweit erforderlich, der Vorinstanz sowie allfälligen anderen Parteien, weiteren Beteiligten oder zur Beschwerde berechtigten Behörden zugestellt. Es wird eine Frist zur Einreichung einer Stellungnahme *(Vernehmlassung)* gesetzt, innert welcher die Vorinstanz auch die Akten einzusenden hat (BGG 102).

9.6 Aufschiebende Wirkung und andere vorsorgliche Massnahmen
9.6.1 Aufschiebende Wirkung

Die Beschwerde ans Bundesgericht hat im Gegensatz zur Beschwerde ans Bundesverwaltungsgericht in der Regel keine aufschiebende Wirkung (BGG 103 Abs. 1).

Bei der Beschwerde in öffentlich-rechtlichen Angelegenheiten gibt es davon zwei Ausnahmen:

- bei bestimmten Begehren auf dem Gebiet der internationalen Rechtshilfe (BGG 103 Abs. 2 lit. c).
- Die Instruktionsrichterin bzw. der Instruktionsrichter kann die aufschiebende Wirkung von sich aus oder auf Antrag einer Partei hin anordnen (BGG 103 Abs. 3).

9.6.2 Andere vorsorgliche Massnahmen

Die Instruktionsrichterin bzw. der Instruktionsrichter kann von sich aus oder auf Antrag einer Partei hin vorsorgliche Massnahmen treffen, um den bestehenden Zustand zu erhalten oder bedrohte Interessen vorläufig sicherzustellen (BGG 104).

9.7 Feststellung des Sachverhalts
9.7.1 Bindung an Vorinstanz als Grundsatz

Das Bundesgericht ist grundsätzlich an den Sachverhalt gebunden, wie ihn die Vorinstanz festgestellt hat (BGG 105 Abs. 1).

9.7.2 Ausnahmen

Ausnahmsweise ist das Bundesgericht nicht an den Sachverhalt gebunden, wenn dieser von der Vorinstanz offensichtlich unrichtig festgestellt worden ist oder auf einer Rechtsverletzung im Sinne von BGG 95 beruht. In diesen Fällen weist das Bundesgericht die Sache normalerweise an die Vorinstanz zurück. Es kann jedoch die Sachverhaltsfeststellung auch berichtigen oder ergänzen (BGG 105 Abs. 2).

Richtet sich die Beschwerde gegen einen Entscheid über die Zusprechung oder Verweigerung von Geldleistungen der Militär- oder Unfallversicherung, ist das Bundesgericht nicht an die Sachverhaltsfeststellung der Vorinstanz gebunden (BGG 105 Abs. 3).

9.7.3 Neue Tatsachen und Beweismittel

Die Parteien sind grundsätzlich verpflichtet, alle relevanten Tatsachen und Beweismittel schon bei den Vorinstanzen zu nennen. *Neue Tatsachen und Beweismittel* dürfen vor Bundesgericht nur vorgebracht werden, wenn erst der Entscheid der Vorinstanz dazu Anlass gibt (BGG 99 Abs. 1). *Neue Begehren* sind vor Bundesgericht *unzulässig* (BGG 99 Abs. 2).

9.7.4 Parteiverhandlungen

Da das Bundesgericht üblicherweise keine Sachverhaltskontrolle vornimmt, finden in der Regel keine Parteiverhandlungen statt. Die Präsidentin beziehungsweise der Präsident der urteilenden Abteilung kann jedoch die Durchführung einer solchen anordnen (BGG 57).

9.8 Ordentliches Urteilsverfahren
9.8.1 Besetzung

Das Bundesgericht entscheidet in der Regel in der Besetzung mit drei Richterinnen oder Richtern (BGG 20 Abs. 1). In folgenden Fällen entscheidet es ausnahmsweise in Fünferbesetzung:

- über Rechtsfragen von grundsätzlicher Bedeutung (BGG 20 Abs. 2);
- auf Antrag einer Richterin oder eines Richters (BGG 20 Abs. 2);
- über Beschwerden gegen referendumspflichtige kantonale Erlasse und gegen kantonale Entscheide über die Zulässigkeit einer Initiative oder das Erfordernis eines Referendums (gilt nicht für Gemeindeangelegenheiten; BGG 20 Abs. 3).

Zum Begriff der «Rechtsfragen von grundsätzlicher Bedeutung» vgl. 3. Teil, I.3.1.6.

9.8.2 Aktenzirkulation oder Entscheidberatung

In den meisten Fällen führt das Bundesgericht keine mündliche Entscheidberatung durch, sondern entscheidet auf dem Weg der Aktenzirkulation (BGG 58 Abs. 2). Das Gericht berät den Entscheid jedoch mündlich (BGG 58 Abs. 1):

- wenn die Abteilungspräsidentin beziehungsweise der Abteilungspräsident dies anordnet oder eine Richterin beziehungsweise ein Richter es verlangt (lit. a) oder
- wenn sich keine Einstimmigkeit ergibt (lit. b).

9.8.3 Öffentlichkeit des Verfahrens

Wenn ausnahmsweise Parteiverhandlungen oder mündliche Beratungen durchgeführt werden, sind diese und die darauf folgenden Abstimmungen öffentlich (BGG 59 Abs. 1), sofern keine öffentlichen oder privaten Interessen überwiegen (BGG 59 Abs. 2).

9.9 Vereinfachtes Verfahren

BV 191 Abs. 4 ermächtigt den Gesetzgeber, für offensichtlich unbegründete Beschwerden ein vereinfachtes Verfahren vorzusehen.

9.9.1 Entscheid der Einzelrichterin beziehungsweise des Einzelrichters

Eine Einzelrichterin beziehungsweise ein Einzelrichter entscheidet über (BGG 108 Abs. 1):

- *Nichteintreten* auf offensichtlich unzulässige Beschwerden (lit. a);
- *Nichteintreten* auf Beschwerden, die offensichtlich keine hinreichende Begründung enthalten (lit. b);
- *Nichteintreten* auf querulatorische oder rechtsmissbräuchliche Beschwerden (lit. c).

Die Abteilungspräsidentin oder der Abteilungspräsident entscheidet selber als Einzelrichterin beziehungsweise Einzelrichter (BGG 108 Abs. 1) oder betraut damit eine andere Richterin oder einen anderen Richter (BGG 108 Abs. 2). Die Begründung des Entscheids der Einzelrichterin beziehungsweise des Einzelrichters beschränkt sich auf eine kurze Angabe des Unzulässigkeitsgrundes (BGG 108 Abs. 3).

9.9.2 Entscheid mit summarischer Begründung in Dreierbesetzung

In folgenden Fällen entscheidet das Gericht zwar in Dreierbesetzung, der Entscheid wird jedoch nur summarisch begründet:

- *Nichteintreten* auf Beschwerden, bei denen sich keine Rechtsfrage grundsätzlicher Bedeutung stellt, wenn die Beschwerde nur unter dieser Bedingung zulässig ist (vgl. BGG 85 Abs. 2, 3. Teil, I.3.1.6). Einstimmigkeit ist in diesem Fall nicht vorausgesetzt (BGG 109 Abs. 1).
- *Abweisung* offensichtlich unbegründeter Beschwerden bei Einstimmigkeit (BGG 109 Abs. 2 lit. a);
- *Gutheissung* offensichtlich begründeter Beschwerden bei Einstimmigkeit (BGG 109 Abs. 2 lit. b).

Die Begründung darf in diesen Fällen kurz und bündig sein und ganz oder teilweise auf die Ausführungen im angefochtenen Entscheid verweisen (vgl. BGG 109 Abs. 3).

Besetzung des Gerichts im ordentlichen und im vereinfachten Verfahren

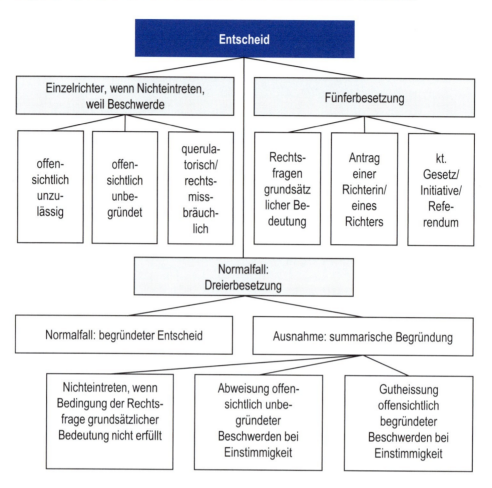

9.10 Rechtsanwendung von Amtes wegen

Das Bundesgericht wendet das Recht grundsätzlich von Amtes wegen an und ist dabei nicht an die Begründung der Parteien gebunden (BGG 106 Abs. 1, vgl. zum Grundsatz 1. Teil, C.4.). Dieser Grundsatz wird durch das *Rügeprinzip* eingeschränkt: Die Verletzung von Grundrechten sowie von kantonalem und interkantonalem Recht prüft das Bundesgericht nur, wenn eine solche Rüge vorgebracht und begründet worden ist (BGG 106 Abs. 2, vgl. auch 3. Teil, I.8.).

9.11 Beschwerdeentscheid

Es wird unterschieden zwischen *Prozessentscheiden* (*formellen* Entscheiden) und *materiellen* Entscheiden (vgl. auch 3. Teil, D.7.8).

Wenn das Bundesgericht einen Entscheid in der Sache trifft (materieller Entscheid), weist es die Beschwerde ab oder heisst sie gut. Das Bundesgericht entscheidet von Amtes wegen immer auch über die Verteilung der Gerichtskosten und über die Parteientschädigung.

Wenn es die Beschwerde gutheisst, entscheidet es nach BGG 107 Abs. 2 in der Sache selbst (*reformatorischer* Entscheid) oder weist die Angelegenheit an die Vorinstanz zurück (*kassatorischer* Entscheid). Das Bundesgericht ist zurückhaltend mit reformatorischen Entscheiden und entscheidet nur selbst, wenn eine gewisse Entscheidungsreife gegeben ist. Zurückhaltend ist es insbesondere dann, wenn Sachkunde verlangt ist oder wenn die Vorinstanz einen gewissen Ermessensspielraum hat (vgl. BGE 126 II 43, 47; BGE 123 II 456, 462).

9.11.1 Bindung an die Parteibegehren

Im Beschwerdeverfahren vor Bundesgericht gilt die Dispositionsmaxime (vgl. 1. Teil, C.2.). Das Bundesgericht darf nicht über die Begehren der Beschwerdeführer hinausgehen (BGG 107 Abs. 1; vgl. BGE 131 II 137, 141; BGE 124 II 409, 421). Es darf einem Beschwerdeführer demnach nicht mehr zusprechen, als er verlangt hat (Verbot der *reformatio in melius*), und nicht weniger, als er nach dem Entscheid der Vorinstanz erhalten würde (Verbot der *reformatio in peius*). Eine Behördenbeschwerde kann jedoch durchaus darauf abzielen, im öffentlichen Interesse einen Entscheid zuungunsten eines Privaten herbeizuführen.

9.11.2 Eröffnung und Rechtskraft von Entscheiden

Der Entscheid wird den Parteien, der Vorinstanz und allfälligen anderen Beteiligten vollständig ausgefertigt und unter Angabe der mitwirkenden Gerichtspersonen eröffnet (BGG 60 Abs. 1). Mit Einverständnis der Partei kann dies auf elektronischem Weg erfolgen (BGG 60 Abs. 3). Falls der Entscheid in einer mündlichen Beratung getroffen worden ist, wird das Dispositiv den Beteiligten sofort mitgeteilt (BGG 60 Abs. 2). Der Entscheid erwächst in (formelle) Rechtskraft mit der Mitteilung des Dispositivs oder wenn im Zirkulationsverfahren sämtliche Richterinnen beziehungsweise Richter dem Dispositiv zugestimmt haben (vgl. BGG 61).

9.12 Kosten
9.12.1 Gerichtskosten

Die Gerichtskosten (BGG 65 Abs. 1) bestehen aus:

- der Gerichtsgebühr und
- Auslagen für das Kopieren von Rechtsschriften, für allfällige Übersetzungen (ausgenommen solchen zwischen Amtssprachen) sowie für Entschädigungen für allfällige Sachverständige sowie für Zeuginnen und Zeugen.

Die Gerichtsgebühr richtet sich nach Streitwert, Umfang und Schwierigkeit der Sache, Art der Prozessführung und finanzieller Lage der Parteien (BGG 65 Abs. 2). Sie beträgt in der Regel (BGG 65 Abs. 3):

- CHF 200.– bis CHF 5'000.– in Streitigkeiten ohne Vermögensinteresse (lit. a);
- CHF 200.– bis CHF 100'000.– in Streitigkeiten mit Vermögensinteresse (lit. b).

Der Tarif für die Gerichtsgebühren im Verfahren vor dem Bundesgericht vom 31. März 2006 (SR 173.110.210.1) enthält eine Richtlinie zur streitwertabhängigen Abstufung der Gerichtsgebühren für Streitigkeiten mit Vermögensinteresse innerhalb des von BGG 65 Abs. 3 lit. b vorgegebenen Gebührenrahmens.

Wenn besondere Gründe es rechtfertigen, kann das Bundesgericht bis maximal zum doppelten Betrag über die Höchstbeträge hinausgehen (BGG 65 Abs. 5). Für gewisse Streitigkeiten (z.B. über Sozialversicherungsleistungen) wird die Gerichtsgebühr nicht nach dem Streitwert bemessen und beträgt nur CHF 200.– bis CHF 1'000.– beziehungsweise – wenn besondere Gründe es rechtfertigen – maximal CHF 10'000.– (vgl. BGG 65 Abs. 4 und 5).

Zusammensetzung und Höhe der Gerichtskosten

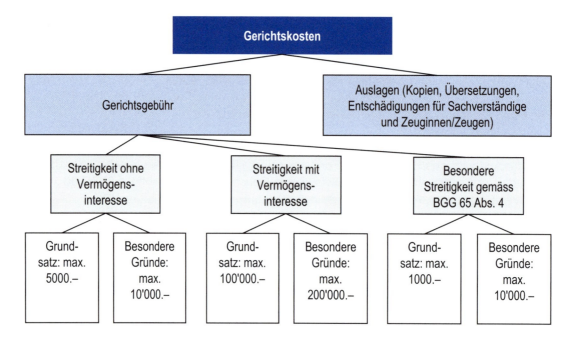

Als Grundsatz gilt: Wer unterliegt, bezahlt die Gerichtskosten. Das Bundesgericht hat jedoch die Möglichkeit, die Kosten anders zu verteilen oder darauf zu verzichten, Kosten zu erheben, wenn die Umstände es rechtfertigen (BGG 66 Abs. 1).

Insbesondere kann auf das Erheben von Gerichtskosten ganz oder teilweise verzichtet werden, wenn die Beschwerde zurückgezogen wird (BGG 66 Abs. 2). Unnötige Kosten bezahlt der Verursacher (BGG 66 Abs. 3). Keine Kosten dürfen in der Regel Bund, Kantonen, Gemeinden sowie mit öffentlich-rechtlichen Aufgaben betrauten Organisationen auferlegt werden, wenn diese das Bundesgericht in ihrem amtlichen Wirkungskreis in Anspruch nehmen und es nicht um ihre eigenen Vermögensinteressen geht (BGG 66 Abs. 4).

Das Bundesgericht kann die Kosten des Verfahrens vor der Vorinstanz anders verteilen (BGG 67).

Wer ans Bundesgericht gelangen will, muss in der Regel für die mutmasslichen Gerichtskosten einen Vorschuss leisten (vgl. BGG 62 Abs. 1 und 3).

9.12.2   Parteientschädigung

Die unterliegende Partei wird in der Regel verpflichtet, der obsiegenden Partei die durch den Rechtsstreit verursachten notwendigen Kosten zu ersetzen (BGG 68 Abs. 1 und 2).

Keine Parteientschädigung erhalten allerdings in der Regel Bund, Kantone, Gemeinden sowie mit öffentlich-rechtlichen Aufgaben betraute Organisationen, wenn diese in ihrem amtlichen Wirkungskreis obsiegen (BGG 68 Abs. 3).

Das Bundesgericht bestätigt den Entscheid der Vorinstanz über die Parteientschädigung, hebt ihn auf oder ändert ihn ab (BGG 68 Abs. 5).

Wenn eine Partei in der Schweiz keinen festen Wohnsitz hat oder nachweislich zahlungsunfähig ist, kann sie auf Begehren der Gegenpartei zur Sicherstellung einer allfälligen Parteientschädigung verpflichtet werden (vgl. BGG 62 Abs. 2 und 3).

9.12.3 Unentgeltliche Rechtspflege

Eine Partei wird auf Antrag hin von der Bezahlung der Gerichtskosten und der Sicherstellung einer allfälligen Parteientschädigung befreit, wenn (BGG 64 Abs. 1):

- sie nicht über die erforderlichen Mittel verfügt (Bedürftigkeit) und
- das Rechtsbegehren nicht aussichtslos erscheint (vgl. zu diesen Voraussetzungen 1. Teil, D.4.1).

Wenn die Voraussetzungen für das unentgeltliche Verfahren gegeben sind, wird der bedürftigen Partei eine Anwältin bzw. ein Anwalt als unentgeltlicher Rechtsbeistand bestellt, wenn es zur Wahrung der Rechte der Partei notwendig ist (BGG 64 Abs. 2, vgl. dazu 1. Teil, D.4.2).

Die bedürftige Partei hat für die erlassenen Kosten Ersatz zu leisten, wenn sie später dazu in der Lage ist (BGG 64 Abs. 4).

10. Vollstreckung der Entscheide

Mit Eintritt der formellen Rechtskraft (vgl. 2. Teil, B.12.) sind Entscheide des Bundesgerichts vollstreckbar, wenn sie nicht freiwillig befolgt werden. Entscheide, welche zu einer Geldzahlung verpflichten, werden nach dem SchKG vollstreckt (BGG 69).

Bei anderen Entscheiden ist zu unterscheiden, welche Behörde den erstinstanzlichen Entscheid getroffen hat (BGG 70):

- Ging der erstinstanzliche Entscheid *von einer kantonalen Behörde aus*, sind die Kantone verpflichtet, den Entscheid des Bundesgerichts in gleicher Weise zu vollstrecken wie rechtskräftige Urteile ihrer Gerichte (Abs. 1).
- Ging der erstinstanzliche Entscheid *von einer Bundesverwaltungsbehörde aus*, wird der Entscheid des Bundesgerichts nach VwVG 41–43 (vgl. 2. Teil, B.13.2) vollstreckt (Abs. 2).

Im Falle mangelhafter Vollstreckung kann beim Bundesrat Beschwerde geführt werden (BGG 70 Abs. 4).

J. Subsidiäre Verfassungsbeschwerde ans Bundesgericht

1. Überblick über die Zulässigkeitsvoraussetzungen

Das Bundesgericht prüft seine Zuständigkeit von Amtes wegen. Erweisen sich die Zuständigkeitsvoraussetzungen als nicht erfüllt, trifft es einen Nichteintretensentscheid.

Folgende Voraussetzungen müssen für die subsidiäre Verfassungsbeschwerde kumulativ vorhanden sein:

- zulässiges *Anfechtungsobjekt* (BGG 113, vgl. 3. Teil, J.2.);
- zulässige *Vorinstanz* (BGG 113 und 114, vgl. 3. Teil, J.2.);
- *Subsidiarität* (BGG 113, vgl. 3. Teil, J.3.);
- zulässiger *Beschwerdegrund* (BGG 116, vgl. 3. Teil, J.4.);
- *Beschwerderecht* (BGG 115, vgl. 3. Teil, J.5.): Partei- und Prozessfähigkeit, Teilnahme am vorinstanzlichen Verfahren und Beschwerdelegitimation;
- Einhalten der *Beschwerdefrist* (BGG 100, vgl. 3. Teil, J.6.);
- Einhalten der formalen Anforderungen an die *Beschwerdeschrift* (BGG 42, vgl. 3. Teil, J.6.).

Zulässigkeitsvoraussetzungen der subsidiären Verfassungsbeschwerde

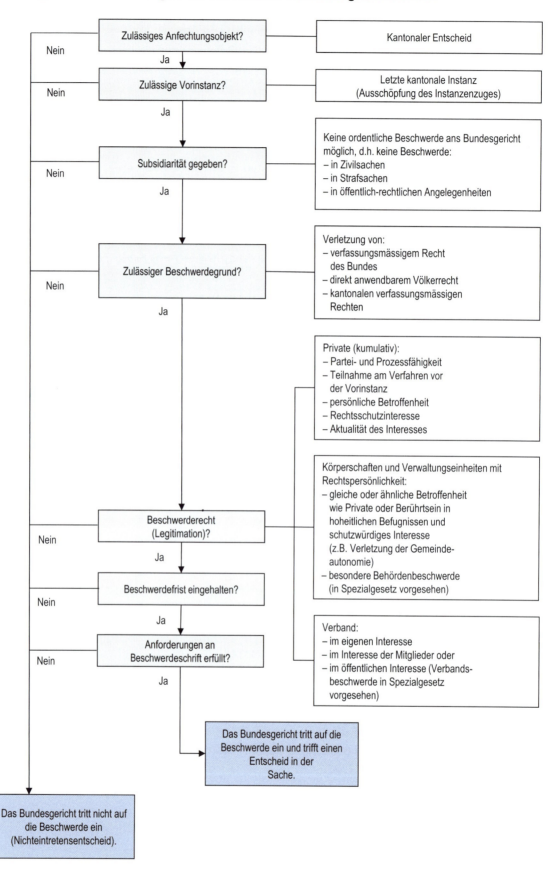

3. Teil: Verwaltungsrechtspflege (i.e.S.) im Bund

2. Anfechtungsobjekt und Vorinstanzen

2.1 Entscheide letzter kantonaler Instanzen

Die subsidiäre Verfassungsbeschwerde kann nur gegen *Entscheide letzter kantonaler Instanzen* erhoben werden (BGG 113). Als letztinstanzlich gilt ein Entscheid, wenn die behauptete Verletzung verfassungsmässiger Rechte nicht mehr mit einem kantonalen Rechtsmittel geltend gemacht werden kann. Das heisst, der kantonale Instanzenzug muss ausgeschöpft werden. Kein Anfechtungsobjekt der Verfassungsbeschwerde bilden demnach

- kantonale Erlasse,
- kantonale Entscheide, gegen die noch ein kantonales Rechtsmittel offensteht,
- sowie Entscheide von Gerichtsinstanzen des Bundes, des Bundesrates sowie von Bundesbehörden oder -anstalten.

Beachte   Für die Überprüfung der *Verfassungsmässigkeit kantonaler Erlasse* steht jedoch die Beschwerde in öffentlich-rechtlichen Angelegenheiten immer offen, denn der Ausnahmekatalog von BGG 83 ist auf Entscheide beschränkt und erfasst Erlasse als Anfechtungsobjekte nicht.

2.2 Anforderungen an die Vorinstanz

BGG 114 erklärt in Bezug auf die kantonalen Vorinstanzen BGG 75 und BGG 86 als sinngemäss anwendbar. Die Kantone sind demnach grundsätzlich verpflichtet, als unmittelbare Vorinstanzen des Bundesgerichts obere Gerichte einzusetzen (vgl. hierzu und zu den Ausnahmen 3. Teil, I.4.1.2).

2.3 Ausnahmsweise Zulässigkeit der Beschwerde bei fehlender Ausschöpfung des kantonalen Instanzenzuges

Die staatsrechtliche Beschwerde konnte in zwei Ausnahmefällen auch erhoben werden, wenn der kantonale Instanzenzug noch nicht ausgeschöpft gewesen war.

Dies war hauptsächlich der Fall, wenn

- ernsthafte Zweifel über die Zulässigkeit eines kantonalen Rechtsmittels bestehen (BGE 120 Ia 194) oder wenn
- das Durchlaufen der kantonalen Instanz eine leere, zwecklose Formalität darstellen würde (BGE 106 Ia 299).

Von ernsthaften Zweifeln am Bestehen eines kantonalen Rechtsmittels ist auszugehen, wenn weder dem kantonalen Prozessrecht noch der kantonalen Praxis entnommen werden kann, ob im konkreten Fall auf das Rechtsmittel eingetreten würde.

Das Durchlaufen des kantonalen Instanzenzugs stellt namentlich dann eine leere, zwecklose Formalität dar, wenn die untere Instanz auf Weisung der Rechtsmittelinstanz entschieden hat.

Aufgrund der bisher fehlenden höchstrichterlichen Rechtsprechung zu BGG 113 ist noch ungewiss, ob das Bundesgericht diese Ausnahmen weiterhin gelten lassen wird.

3. Subsidiarität

Die Verfassungsbeschwerde steht nur dann offen, wenn keine ordentliche Beschwerde ans Bundesgericht möglich ist (BGG 113), weshalb man von *subsidiärer* Verfassungsbeschwerde spricht. Vor Ergreifen der Verfassungsbeschwerde ist somit zu prüfen, ob nicht die *Beschwerde in Zivilsachen* (BGG 72 ff.), die *Beschwerde in Strafsachen* (BGG 78 ff.) oder die *Beschwerde in öffentlich-rechtlichen Angelegenheiten* (BGG 82 ff.) erhoben werden kann. Wenn eine andere Beschwerde ans Bundesgericht möglich ist, tritt das Bundesgericht auf eine Verfassungsbeschwerde nicht ein.

Die Verfassungsbeschwerde kann somit nur dann gegen Entscheide letzter kantonaler Instanzen ergriffen werden,

- wenn entweder der Streitgegenstand in einem der Ausnahmekataloge der Beschwerden ans Bundesgericht aufgeführt ist oder
- wenn die Streitwertgrenze für die infrage kommende Beschwerde ans Bundesgericht nicht erreicht wird und auch keine Rechtsfrage von grundsätzlicher Bedeutung vorliegt.

In gewissen Ausnahmefällen kann gleichzeitig eine der ordentlichen Beschwerden ans Bundesgericht als auch die subsidiäre Verfassungsbeschwerde erhoben werden. Zu denken ist dabei namentlich an Fälle, bei denen die Streitwertgrenze nicht erreicht wird, zugleich aber in einem Teilbereich eine Rechtsfrage von grundsätzlicher Bedeutung vorliegt und in einem anderen Teilbereichen eine Verletzung verfassungsmässiger Rechte geltend gemacht wird. Für einen solchen Fall sieht BGG 119 vor, dass beide Rechtsmittel in der gleichen Rechtsschrift eingereicht werden müssen. Das Bundesgericht prüft dann die beiden Beschwerden zwar im gleichen Verfahren, die vorgebrachten Rügen jedoch nach den Vorschriften der entsprechenden Beschwerdeart (BGG 119 Abs. 1 und 2).

Die Beurteilung, ob eine Rechtsfrage von grundsätzlicher Bedeutung vorliegt, ist für eine Partei schwierig. Wenn es nicht sicher ist, ob das Bundesgericht einer Rechtsfrage grundsätzliche Bedeutung zugestehen wird, ist es ratsam, beide Beschwerden einzureichen. Sofern die übrigen Beschwerdevoraussetzungen gegeben sind, wird das Bundesgericht dann nur, aber immerhin auf eine der Beschwerden eintreten.

4. Beschwerdegründe

Mit der subsidiären Verfassungsbeschwerde kann die *Verletzung* von *verfassungsmässigen Rechten* gerügt werden (BGG 116). Blosse Rechtsverletzungen können daher in diesem Verfahren nicht geltend gemacht werden. Aufgrund der eingeschränkten Beschwerdegründe zählt die subsidiäre Verfassungsbeschwerde zu den sogenannten unvollkommenen Rechtsmitteln.

Verfassungsmässige Rechte können der Bundesverfassung, den Kantonsverfassungen (z.B. Gemeindeautonomie) sowie dem Völkerrecht, namentlich der EMKR und dem UNO-Pakt II, entnommen werden. Kantonalen verfassungsmässigen Rechten kommt jedoch keine eigenständige Bedeutung zu, soweit die darin verankerten Garantien nicht über den Schutzbereich der in der Bundesverfassung oder im Völkerrecht verankerten verfassungsmässigen Rechte hinausgehen.

Verfassungsmässige Rechte zeichnen sich gemäss der Rechtsprechung des Bundesgerichts (BGE 137 I 77; BGE 131 I 366) durch folgende drei Merkmale aus:

- Justiziabilität.
- Mit der angerufenen Norm werden individuelle Interessen Privater geschützt. Sie richtet sich weder ausschliesslich an staatliche Behörden, noch dient sie ausschliesslich öffentlichen Interessen.
- Das Gewicht der Privatinteressen ist so gross, dass sie nach dem Willen des Verfassungsgebers verfassungsrechtlichen Schutz benötigen.

Als justiziabel, d.h. unmittelbar gerichtlich durchsetzbar, gilt eine Norm, wenn sie

- ausreichend bestimmt ist und
- den Privaten Ansprüche gewährt.

Aufgrund des Erfordernisses der Anspruchgewährung genügt es nicht bereits, dass die infrage stehende Norm (auch) die Interessen Privater schützt.

Mit dem Erfordernis der ausreichenden Bestimmtheit wird sichergestellt, dass der Richter oder die Richterin die Norm im Einzelfall auch anwenden kann. Eine Konkretisierung durch den Gesetzgeber ist nicht notwendig.

Zu den verfassungsmässigen Rechten zählen insbesondere die Grundrechte, die derogatorische Kraft des Bundesrechts und das Verbot der interkantonalen Doppelbesteuerung. Nicht zu den verfassungsmässigen Rechten zählen etwa die in BV 5 verankerten Grundsätze rechtsstaatlichen Handelns. Eine Ausnahme bildet hierzu das Legalitätsprinzip, welches – allerdings nur im Anwendungsbereich des Abgaberechts (BV 127 Abs. 1) – ebenfalls ein verfassungsmässiges Recht bildet.

Beschwerdegründe bei der subsidiären Verfassungsbeschwerde ans Bundesgericht

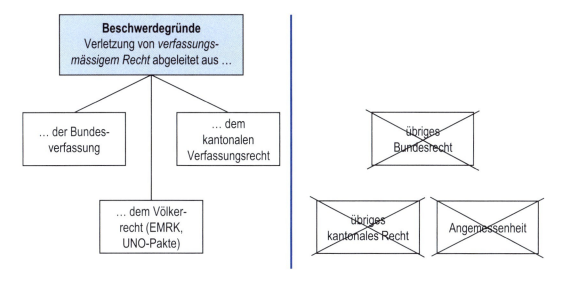

5. Beschwerderecht

5.1 Partei- und Prozessfähigkeit sowie Teilnahme am Verfahren vor Vorinstanz

Wer eine subsidiäre Verfassungsbeschwerde erhebt, muss – wie auch bei andern Rechtsmitteln – über Partei- und Prozessfähigkeit verfügen (vgl. 2. Teil, B.4.1). Ferner ist die Teilnahme am Verfahren vor der Vorinstanz und damit verbunden auch das vollständige und teilweise Unterliegen mit den eigenen Anträgen Voraussetzung für das Beschwerderecht. Ebenfalls zur Verfassungsbeschwerde zugelassen ist, wer *keine Möglichkeit* zur Teilnahme am vorinstanzlichen Verfahren hatte (BGG 115 lit. a).

5.2 Rechtlich geschütztes Interesse und besondere Betroffenheit

Anders als bei der Beschwerde ans Bundesverwaltungsgericht oder bei der Beschwerde in öffentlich-rechtlichen Angelegenheiten genügt es für die *Legitimation* zur subsidiären Verfassungsgerichtsbeschwerde nicht, dass ein *schutzwürdiges* Interesse geltend gemacht wird, sondern es wird – wie früher bei der staatsrechtlichen Beschwerde – das Vorhandensein eines *rechtlich geschützten Interesses* an der Aufhebung oder Änderung des Entscheides verlangt (BGG 115 lit. b). Wirtschaftliche oder ideelle Interessen alleine sind daher für die Legitimation zur subsidiären Verfassungsbeschwerde nicht ausreichend. Ausserdem muss die beschwerdeführende Person durch den angefochtenen Entscheid besonders betroffen sein (vgl. hierzu 3. Teil, D.5.2.3).

Über ein rechtlich geschütztes Interesse an der Aufhebung oder Änderung eines Entscheides verfügt nur, wer durch den fraglichen Entscheid auch *materiell beschwert* ist, d.h. einen Nachteil erlitten hat. Andernfalls besteht *kein* geschütztes Interesse an der Aufhebung oder Abänderung des Entscheides.

Nach der bisherigen Praxis des Bundesgerichts kann sich das rechtlich geschützte Interesse direkt aus dem *angerufenen verfassungsmässigen Recht* ergeben. Wird hingegen die Verletzung des Rechtsgleichheitsgebots oder des Willkürverbots gerügt, so muss sich das Rechtsschutzinteresse nach der zur staatsrechtlichen Beschwerde entwickelten Rechtsprechung des Bundesgerichts aus der *Gesetzesbestimmung* ergeben, deren verfassungswidrige Anwendung Gegenstand der Beschwerde ist.

Wird das Rechtsschutzinteresse aus dem angerufenen verfassungsmässigen Recht abgeleitet, müssen folgende zwei Elemente gegeben sein:

- Die beschwerdeführenden Personen müssen *Trägerinnen* des angerufenen verfassungsmässigen Rechts sein.
- Die geltend gemachte Rechtsverletzung muss im *Schutzbereich* des angerufenen verfassungsmässigen Rechts liegen.

Ob jemand Träger eines verfassungsmässigen Rechts ist, muss im Einzelfall für das jeweils angerufene verfassungsmässige Recht einzeln geprüft werden:

- Ausländerinnen und Ausländer etwa können sich nicht auf die Niederlassungsfreiheit berufen, solange sie nicht über eine entsprechende Aufenthaltsbewilligung verfügen.
- Juristische Personen sind nicht Träger von Grundrechten, welche an das Menschsein anknüpfen. Es ist ihnen daher verwehrt, sich auf die Religionsfreiheit oder auf die persönliche Freiheit zu berufen. Hingegen ist es ihnen möglich, die Verletzung der Wirtschaftsfreiheit, der Eigentumsgarantie oder des Gleichbehandlungsgebots zu rügen.
- Da die verfassungsmässigen Rechte den Schutz Privater vor Übergriffen des Staates bezwecken, sind juristische Personen des öffentlichen Rechts, die eben gerade Teil dieses Staates bilden, grundsätzlich nicht Träger verfassungsmässiger Rechte. Nur ausnahmsweise, wenn ihre Stellung mehr oder weniger derjenigen eines Privaten entspricht, können sie die gleichen Grundrechte geltend machen wie juristische Personen des Privatrechts. Die juristischen Personen des öffentlichen Rechts werden bezüglich der Trägerschaft von Grundrechten Privaten dann gleichgestellt, wenn sie sich sowohl *auf dem Boden des Privatrechts* bewegen oder sonst wie *als den Bürgerinnen und Bürgern gleichgeordnete Rechtssubjekte* auftreten als auch durch den staatlichen Akt *wie eine Privatperson betroffen* sind (siehe BGE 103 Ia 58).

Die geltend gemachte Rechtsverletzung liegt grundsätzlich im Schutzbereich eines angerufenen verfassungsmässigen Rechts, wenn der Beschwerdeführer Adressat des angefochtenen Entscheides ist und der Entscheid den Bestand und Umfang von dessen verfassungsmässigen Rechten zum Gegenstand hat.

Falls die Verletzung des Willkürverbots (BV 9) oder des Rechtsgleichheitsgebots (BV 8 Abs. 1) gerügt wird, muss die *Gesetzesbestimmung*, deren verfassungswidrige Anwendung geltend gemacht wird, gemäss der bisherigen vom Bundesgericht zur Legitimation zur staatsrechtlichen Beschwerde entwickelten Rechtsprechung eine der folgenden Voraussetzungen erfüllen:

- Sie muss der beschwerdeführenden Person einen *Rechtsanspruch* einräumen
- oder zumindest den *Schutz ihrer Interessen* bezwecken.

Diese bundesgerichtliche Rechtsprechung stösst in der Lehre seit Langem auf heftige Kritik. Namentlich wird dagegen vorgebracht, dass es sich beim Willkürverbot und beim Rechtsgleichheitsgebot um echte, selbstständige Grundrechte handle. Die Berechtigung, die Verletzung dieser Grundrechte mit Beschwerde geltend zu machen, ergebe sich aus ihnen selbst. Trotz dieser Kritik hat das Bundesgericht an seiner bisherigen, zur staatsrechtlichen Beschwerde entwickelten Rechtsprechung bei der subsidiären Verfassungsbeschwerde festgehalten (BGE 138 I 305; BGE 133 I 185).

Rechtlich geschütztes Interesse

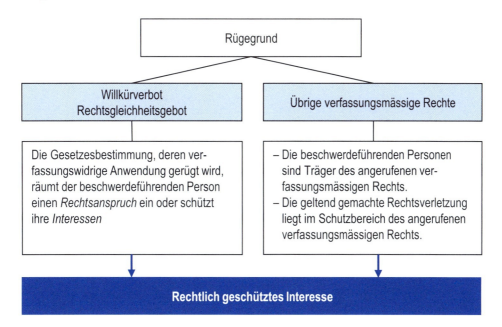

Egoistische Verbandsbeschwerden oder *Beschwerden öffentlich-rechtlicher Körperschaften* oder *Verwaltungseinheiten mit Rechtspersönlichkeit* sind bei der subsidiären Verfassungsbeschwerde unter den gleichen Voraussetzungen wie bei der Beschwerde ans Bundesverwaltungsgericht zulässig (vgl. 3. Teil, D.5.3). Anders als bei der Beschwerde in öffentlich-rechtlichen Angelegenheiten, bei welcher die Behördenbeschwerde gemäss BGG 89 Abs. 2 lit. a zugelassen ist, bildet das Bundesgerichtsgesetz keine eigenständige Grundlage für die subsidiäre Verfassungsbeschwerde einer Behörde. – Der Verweis in BGG 117 auf das sinngemäss anwendbare Verfahrensrecht bezieht sich nicht auf BGG 89, worin das Recht einer Behörde zur Beschwerde in öffentlich-rechtlichen Angelegenheiten geregelt ist. – Dem Bundesgerichtsgesetz kann in Bezug auf das Verfahren der subsidiären Verfassungsbeschwerde auch keine Grundlage für die ideelle Verbandsbeschwerde entnommen werden. Die Behördenbeschwerde kann jedoch in einem Spezialgesetz vorgesehen sein (z.B. das Beschwerderecht der Wettbewerbskommission gemäss BGBM 9 Abs. 2).

5.3   Aktuelles und praktisches Interesse

Die beschwerdeführende Person muss ein aktuelles und praktisches Interesse an der Änderung oder Aufhebung des angefochtenen Entscheides haben. Damit soll verhindert werden, dass sich das Bundesgericht mit Beschwerden befassen muss, welche nur von theoretischem Interesse sind.

Ein aktuelles und praktisches Interesse liegt vor, wenn zum Zeitpunkt, an dem das Bundesgericht die Eintretensvoraussetzungen der Beschwerde prüft, der geltend gemachte Nachteil, welcher mit der Aufhebung oder Abänderung des erstinstanzlichen Urteils beseitigt werden soll, noch besteht. Fällt dieser Nachteil indes später, aber bevor das Bundesgericht ein Urteil gefällt hat, weg, so ist die Beschwerde als gegenstandslos geworden abzuschreiben.

Ausnahmsweise behandelt das Bundesgericht eine Beschwerde trotz Fehlens eines aktuellen Rechtsschutzinteresses. Dies ist der Fall, wenn folgende drei Voraussetzungen kumulativ vorliegen (BGE 121 I 282):

■ Die rechtliche Frage könnte sich jederzeit unter gleichen oder ähnlichen Umständen wieder stellen.

■ Die Beantwortung der Frage ist von so grundsätzlicher Bedeutung, dass daran ein öffentliches Interesse besteht.

■ Aufgrund der besonderen Umstände ist es kaum möglich, dass das Bundesgericht die Frage im Einzelfall je einmal rechtzeitig überprüfen könnte.

Voraussetzungen der Beschwerdelegitimation

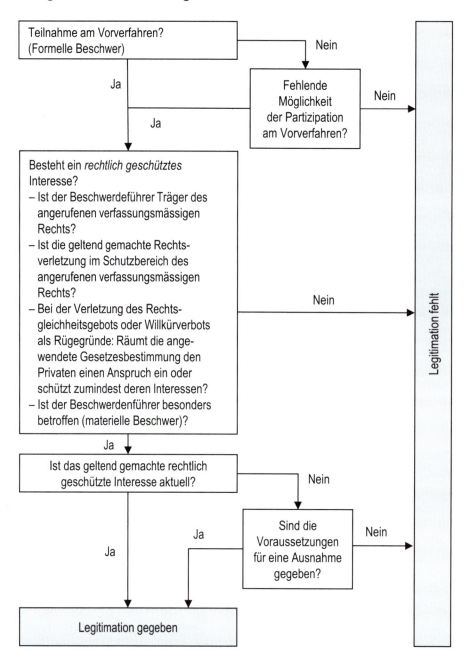

6. Beschwerdeschrift und Beschwerdefrist

Für die Beschwerdeschrift und die Beschwerdefrist gelten die gleichen Regelungen wie für die Beschwerde in öffentlich-rechtlichen Angelegenheiten (BGG 42 und 100; vgl. 3. Teil, I.7 und 3. Teil, I.8).

7. Massgeblicher Sachverhalt

Das Bundesgericht legt seinem Urteil den Sachverhalt zugrunde, den die Vorinstanz festgestellt hat (BGG 118 Abs. 1). Es kann die Sachverhaltsfeststellung der Vorinstanz von Amtes wegen berichtigen oder ergänzen, wenn sie auf einer Rechtsverletzung im Sinne von BGG 116, d.h. auf einer Verfassungsverletzung, beruht (BGG 118 Abs. 2). Zur Sachverhaltsberichtigung oder -ergänzung bei der Beschwerde in öffentlich-rechtlichen Angelegenheiten vgl. 3. Teil, I.9.7.2.

8. Verfahren

Soweit sich in BGG 113 ff. keine Regelung findet, sind für das Verfahren der subsidiären Verfassungsgerichtsbeschwerde die Artikel 90 bis 94, 99, 100, 102, 103 Abs. 1 und 3, 104, 106 Abs. 2 sowie 107 bis 112 BGG sinngemäss anwendbar (BGG 117). Namentlich gilt deshalb bei der subsidiären Verfassungsbeschwerde das Rügeprinzip von BGG 106 Abs. 2 (vgl. 3. Teil, I.9.10). Wenn daher neben verfassungsmässigen Rechten der Bundesverfassung z.B. auch die EMRK und die UNO-Pakte angerufen werden sollen, so braucht es hierfür jeweils eine separate Rüge. Ansonsten kann das Bundesgericht eine Verletzung der EMRK oder eines UNO-Paktes nicht prüfen, da es sich nicht um die gleichen Beschwerdegründe handelt. Dabei ist zu beachten, dass sich der Schutzbereich verfassungsmässiger Rechte, die sich aus dem Völkerrecht ableiten, nicht mit demjenigen der in der Bundesverfassung verankerten Garantien decken muss.

K. Klage an das Bundesgericht

1. Zuständigkeit

1.1 Bundesgericht als einzige Instanz

Das Bundesgericht beurteilt auf Klage hin (BGG 120 Abs. 1):

- Kompetenzkonflikte zwischen Bundesbehörden und kantonalen Behörden (lit. a);
- zivilrechtliche und öffentlich-rechtliche Streitigkeiten zwischen Bund und Kantonen oder zwischen Kantonen (lit. b);
- Ansprüche auf Schadenersatz und Genugtuung aus der Amtstätigkeit von Magistratspersonen (lit. c, vgl. dazu VG 10 Abs. 2).

Kompetenzkonflikte zwischen den obersten Bundesbehörden werden nicht vom Bundesgericht, sondern von der Bundesversammlung entschieden (BV 173 Abs. 1 lit. i).

1.2 Subsidiarität der Klage an das Bundesgericht

Die Klage ans Bundesgericht ist unzulässig, wenn ein anderes Bundesgesetz eine Behörde zum Erlass einer Verfügung über solche Streitigkeiten ermächtigt. In diesem Fall ist gegen die Verfügung letztinstanzlich die Beschwerde an das Bundesgericht zulässig (BGG 120 Abs. 2).

2. Parteien

Im Gegensatz zur Klage nach BGG 120 Abs. 1 lit. c steht die Klage nach lit. a und b Privaten nicht offen. Als Parteien können in diesen Fällen der Bund und die Kantone auftreten.

3. Prüfungsbefugnis

Da das Bundesgericht einzige Instanz ist, steht ihm eine umfassende Prüfungsbefugnis zu. Die Kognition umfasst Rechts-, Tat- und Ermessensfragen (BGE 131 I 266, 269 m.H.). Das Bundesgericht ist jedoch an die Parteianträge gebunden.

Nach BV 190 sind Bundesgesetze und Völkerrecht für das Bundesgericht massgebend (vgl. auch 3. Teil, I.5.1.6). Das bedeutet, dass die Kantone nicht gegen Bundesgesetze und vom Bund abgeschlossene Staatsverträge vorgehen können, auch falls diese kompetenzwidrig wären.

4. Frist

Die Erhebung der Klage ans Bundesgericht ist nach dem BGG an keine Frist gebunden. Für die Klage nach BGG 120 Abs. 1 lit. c ist jedoch die Verwirkungsfrist von VG 20 zu beachten (vgl. BGE 136 II 187, 192 f.; BGE 126 II 145, 150 ff.).

5. Klageverfahren und Vollstreckung der Entscheide

Das Klageverfahren und die Vollstreckung von Entscheiden auf Klage hin richtet sich nach dem BZP (BGG 120 Abs. 3 und 70 Abs. 3).

L. Revision, Erläuterung und Berichtigung von Entscheiden des Bundesgerichts

1. Revision

Wie gegen erstinstanzliche Verfügungen (vgl. 3. Teil, C.2.1) und gegen Entscheide des Bundesverwaltungsgerichts (vgl. 3. Teil, F.1.) steht auch gegen Entscheide des Bundesgerichts das ausserordentliche Rechtsmittel der Revision zur Verfügung.

1.1 Revisionsgründe

Als Revisionsgründe kommen in öffentlich-rechtlichen Angelegenheiten die Verletzung von Verfahrensvorschriften (BGG 121), eine Verletzung der EMRK (BGG 122) und weitere Gründe (BGG 123) infrage.

Die Revision eines Entscheids des Bundesgerichts, welcher den Entscheid der Vorinstanz bestätigt, kann nicht aus einem Grund verlangt werden, welcher schon vor dem Entscheid des Bundesgerichts entdeckt worden ist und mit einem Revisionsgesuch bei der Vorinstanz hätte geltend gemacht werden können (BGG 125).

1.1.1 Verletzung von Verfahrensvorschriften

Die Revision wegen Verletzung von Verfahrensvorschriften kann verlangt werden (BGG 121):

- wenn die Vorschriften über die Besetzung des Gerichts (vgl. 3. Teil, I.9.8) oder über den Ausstand (vgl. 3. Teil, I.9.3) verletzt worden sind (lit. a);
- wenn das Gericht einer Partei mehr oder ungerechtfertigterweise etwas anderes zugesprochen hat, als sie selbst verlangt hat, oder weniger, als die Gegenpartei anerkannt hat (lit. b);
- wenn einzelne Anträge nicht beurteilt worden sind (lit. c);
- wenn das Gericht in den Akten liegende erhebliche Tatsachen aus Versehen nicht berücksichtigt hat (lit. d).

1.1.2 Verletzung der EMRK

Die Revision wegen Verletzung der EMRK kann verlangt werden, wenn die folgenden Voraussetzungen erfüllt sind (BGG 122):

- Der Europäische Gerichtshof für Menschenrechte hat in einem endgültigen Urteil festgestellt, dass die EMRK verletzt worden ist (lit. a);
- eine Entschädigung ist nicht geeignet, die Folgen der Verletzung auszugleichen (lit. b), und
- die Revision ist notwendig, um die Verletzung zu beseitigen (lit. c).

1.1.3 Weitere Gründe

Die Revision kann in öffentlich-rechtlichen Angelegenheiten ausserdem verlangt werden,

- wenn nachweislich durch ein Verbrechen oder Vergehen zum Nachteil der Partei auf den Entscheid eingewirkt worden ist (BGG 123 Abs. 1) oder
- wenn der Gesuchsteller nachträglich erhebliche Tatsachen oder entscheidende Beweismittel entdeckt, welche schon vor dem Entscheid bestanden haben, aber im früheren Verfahren nicht geltend gemacht werden konnten (BGG 123 Abs. 2 lit. a).

1.2 Frist

Das Revisionsgesuch ist innert folgender Fristen einzureichen (BGG 124 Abs. 1):

- innert 30 Tagen nach Entdeckung des Ausstandsgrundes (lit. a);
- innert 30 Tagen nach der Eröffnung des Entscheids wegen Verletzung anderer Verfahrensvorschriften (lit. b);

- innert 90 Tagen, nachdem das Urteil des Europäischen Gerichtshofs für Menschenrechte endgültig geworden ist (lit. c);
- innert 90 Tagen nach der Entdeckung anderer Gründe, frühestens jedoch nach der Eröffnung des Entscheids oder nach Abschluss des Strafverfahrens (lit. d).

Nach Ablauf einer Frist von zehn Jahren seit der Ausfällung des Entscheids kann die Revision nicht mehr geltend gemacht werden (BGG 124 Abs. 2). Von dieser absoluten Frist ausgenommen ist in öffentlich-rechtlichen Angelegenheiten nur die Revision wegen Beeinflussung des Entscheids durch ein Verbrechen oder Vergehen nach BGG 123 Abs. 2 lit. a.

1.3 Revisionsverfahren

Die Instruktionsrichterin beziehungsweise der Instruktionsrichter kann nach Eingang des Revisionsgesuchs den Vollzug des angefochtenen Entscheids aufschieben oder andere vorsorgliche Massnahmen treffen (BGG 126). Soweit das Bundesgericht das Revisionsgesuch nicht für unzulässig oder unbegründet hält, führt es einen Schriftenwechsel durch (BGG 127).

Findet das Bundesgericht, dass der Revisionsgrund zutrifft, hebt es den früheren Entscheid auf und entscheidet neu (BGG 128 Abs. 1).

2. Erläuterung und Berichtigung

Das Bundesgericht nimmt in folgenden Fällen auf schriftliches Gesuch einer Partei hin oder von Amtes wegen eine Erläuterung oder Berichtigung des Entscheids vor (BGG 129 Abs. 1):
- wenn das Dispositiv eines Entscheids des Bundesgerichts unklar, unvollständig oder zweideutig ist;
- wenn die Bestimmungen des Dispositivs untereinander oder mit der Begründung im Widerspruch stehen;
- wenn das Dispositiv Redaktions- oder Rechnungsfehler enthält.

Die Erläuterung eines Rückweisungsentscheids ist nur zulässig, solange die Vorinstanz nicht den neuen Entscheid getroffen hat (BGG 129 Abs. 2). Für das Verfahren gelten BGG 126 und 127 sinngemäss.

M. Übungen zum 3. Teil

Lösungen S. 148

Übung 14

Die Einsprache gegen Verfügungen des Versicherungsträgers nach ATSG 52 ist ein «nicht devolutives» Rechtsmittel. Was ist damit gemeint?

Übung 15

Y.A., Bürger der Türkei mit kurdischer Herkunft, stellte an der Empfangsstelle in Genf ein Asylgesuch mit der Begründung, sein Leben sei in der Türkei bedroht. Er sei mehrmals, letztmals kurz vor seiner Flucht, auf die Terrorbekämpfungseinheit der Gendarmerie mitgenommen und unter Todesdrohung aufgefordert worden, als Spitzel für die Behörden tätig zu werden. Er gab ferner zu Protokoll, er sei Mitglied der mittlerweile verbotenen Kurdenpartei HADEP («Prokurdische Demokratiepartei des Volkes») und für diese im Jahr vor seiner Flucht als Wahlbeobachter tätig gewesen. Anlässlich der Teilnahme an einer 1.-Mai-Feier sei er festgenommen, geschlagen und gefoltert worden. Das Bundesamt für Flüchtlinge stellte mit Verfügung fest, dass Y.A. die Flüchtlingseigenschaft nicht erfülle, und lehnte das Asylgesuch ab. Als Y.A. die Verfügung liest, fällt ihm auf, dass in der Begründung mit keinem Wort der gegen ihn gerichtete und von ihm zu den Akten gegebene Haftbefehl erwähnt wird. Gemäss Haftbefehl wird Y.A.

wegen Unterstützung und Beihilfe bei Straftaten einer illegalen Organisation gesucht. Was kann Y.A. gegen die ablehnende Verfügung unternehmen (vgl. VPB 2004 [66] 148)?

Übung 16

Handelt es sich bei den folgenden Behörden um zulässige Vorinstanzen des Bundesverwaltungsgerichts (als Beschwerdeinstanz)?

- ETH-Beschwerdekommission;
- Verwaltungsgericht Graubünden;
- Bundesamt für Migration (BFM);
- Bundesstrafgericht;
- Eidgenössisches Departement für Umwelt, Verkehr, Energie und Kommunikation (UVEK);
- Unabhängige Beschwerdeinstanz für Radio und Fernsehen (UBI);
- Bundeskanzlei;
- Schiedskommission gemäss Art. 40a Eisenbahngesetz;
- Bundesrat.

Übung 17

Können in einer Beschwerde ans Bundesverwaltungsgericht die folgenden Rügen vorgebracht werden?

- Die angefochtene Verfügung verstosse gegen eine Verordnung des Bundesrats.
- Die angefochtene Verfügung widerspreche der EMRK.
- Die angefochtene Verfügung widerspreche einer Verwaltungsverordnung.
- Die verfügende Behörde habe ihren Entscheid auf falsche Tatsachen gestützt.
- Die angefochtene Verfügung stützte sich auf eine Verordnungsbestimmung, die bundesrechtswidrig sei.
- Die verfügende Behörde habe nicht berücksichtigt, dass das anwendbare Bundesgesetz demnächst geändert werden könnte.
- Die verfügende Behörde habe einen beantragten Augenschein nicht durchgeführt.
- Die angefochtene Verfügung widerspreche einer Richtlinie der Europäischen Union.
- Die verfügende Behörde habe den ihr zustehenden Entscheidungsspielraum nicht überschritten, die angefochtene Verfügung sei aber nicht zweckmässig.

Übung 18

Herr Führ hat in einem Einspracheverfahren vor einer Vorinstanz des Bundesgerichts obsiegt, d.h., seine Anträge wurden vollumfänglich gutgeheissen. Jedoch ärgert er sich über den – wie er findet – unhöflichen Tonfall dieses Entscheides sowie über die seiner Ansicht nach völlig verfehlten rechtlichen Überlegungen der Einspracheinstanz, die seiner eigenen, in seiner Einspracheschrift ausführlich dargelegten Rechtsauffassung weitgehend widersprechen. Er befürchtet, dass der Einspracheentscheid nur zufällig das richtige Resultat zeitigte und er oder auch andere Private in zukünftigen Verfahren wegen der fachlichen Inkompetenz der Einspracheinstanz entgegen der an sich günstigen Rechtslage unterliegen könnten. Er überlegt sich daher, Beschwerde beim Bundesverwaltungsgericht einzulegen, damit dieses einmal sieht, wie unfähig die Vorinstanz ist, und Gelegenheit hat, die Vorinstanz über die Rechtslage aufzuklären. Ausserdem erhofft er sich davon, bei zukünftigen Verfahren respektvoller behandelt zu werden. Was raten Sie dem aufgebrachten Herrn Führ?

Übung 19

Beschwerdeführer Späth, welcher gerade aus den Ferien zurückgekehrt ist, stellt bei der Durchsicht seiner Pendenzen fest, dass in ein paar Tagen in einer bestimmten Angelegenheit die Frist zur Beschwerde ans Bundesverwaltungsgericht abläuft. Aufgrund seiner Ferienabwesenheit hat er noch weitere dringende Angelegenheiten zu erledigen, weshalb er für die Abfassung der Beschwerdeschrift nur über das Wochenende Zeit hat. Jedoch ist für dann sonniges Wetter gemeldet, und er würde das Wandern in den Bergen dem Schreiben der Rechtsschrift vorziehen. Er erinnert sich, dass er vor gut einem halben Jahr bereits einmal Beschwerde beim Bundesverwaltungsgericht führte. Damals wurde ihm eine Nachfrist gewährt, um seine ohne Begründung eingereichte Beschwerdeschrift zu ergänzen. Er wurde damals zudem ausdrücklich darauf hingewiesen, dass die Begründung der Beschwerde ein unverzichtbarer Bestandteil der Beschwerdeschrift sei und dem Bundesverwaltungsgericht innert Frist eingereicht werden müsse. Herr Späth geht daher davon aus, dass ihm wieder eine Nachfrist gewährt werden würde, weshalb er vorerst in seiner Beschwerdeschrift auf eine Zeit raubende Begründung verzichtet und lediglich schreibt, er werde die Begründung noch nachreichen. Daraufhin geniesst er die schöne Bergwelt. Ein paar Tage nach Ablauf der Beschwerdefrist reicht er die Begründung seiner Beschwerde kommentarlos nach. Wie wird das Bundesverwaltungsgericht reagieren (vgl. VPB 2000 [64] 96)?

Übung 20

Frau Knapp wird durch eine Verfügung des Bundesamtes X zur Bezahlung von CHF 12'000.– verpflichtet. Sie ist im Bundesamt X bekannt dafür, ihre Schulden prinzipiell erst dann zu bezahlen, wenn ihr im Rahmen der Schuldbetreibung bereits die Pfändung angedroht wird. Ausserdem hat die Erfahrung gezeigt, dass Frau Knapp aus Prinzip immer den Rechtsweg beschreitet. Weil es aus diesen Gründen ziemlich lange dauert, bis ausstehende Beträge von Frau Knapp erhältlich sind, entzieht das Bundesamt X der Beschwerde ans Bundesverwaltungsgericht die aufschiebende Wirkung, um so die Verfügung schneller vollstrecken zu können. Wie beurteilen Sie dieses Vorgehen?

Übung 21

Herr Messmer erzählt Ihnen, dass er in einem laufenden Verfahren von der zuständigen Bundesbehörde unter Hinweis auf seine Auskunftspflicht aufgefordert worden sei, bestimmte Unterlagen einzureichen. Es sei ihm angedroht worden, dass bei Unterlassung aufgrund der Akten entschieden werde. Herr Messmer erklärt Ihnen, dass er wegen des grossen Durcheinanders in seinen Geschäftsunterlagen auf die Einreichung der Unterlagen verzichten werde. Er werde schauen, wie die Behörde entscheide. Wenn der Entscheid für ihn negativ sei, könne er immer noch ans Bundesverwaltungsgericht gelangen. Bis dahin habe er seine Geschäftsunterlagen geordnet und sei dann in der Lage, die erforderlichen Dokumente dem Bundesverwaltungsgericht einzureichen. Aufgrund seiner Beweismittel rechne er damit, dass das Bundesverwaltungsgericht ihm recht geben werde. Schliesslich führt Herr Messmer noch aus, dass das Verfahren vor Bundesverwaltungsgericht ja kostenlos sei. Wenn er damit rechnen müsste, dass ihm die Gerichtskosten auferlegt werden, würde er es auf das Rechtsmittelverfahren nicht ankommen lassen. Äussern Sie sich zur Tragung der Verfahrenskosten (vgl. VPB 2004 [68] 98)!

Übung 22

Die als privatrechtliche Aktiengesellschaft verfasste Krankenkasse «Happy Health» möchte gegen die Verfügung des zuständigen Bundesamtes über die Aufnahme des Schlankheitsmittels «Slim Dream» in die Spezialitätenliste Beschwerde führen. Die Aufnahme in die Spezialitätenliste bedeutet, dass die Krankenkassen die Kosten dieses Medikamentes vergüten müssen, wenn es im Rahmen einer anerkannten Behandlung durch einen Arzt verordnet wird. Was ist bei der Prüfung der Beschwerdeberechtigung der Krankenkasse «Happy Health» besonders zu beachten (vgl. BGE 127 V 80)?

Übung 23

Parallel zur Durchführung eines Weltwirtschaftsforums organisierten verschiedene Nicht-Regierungs-Organisationen eine unabhängige internationale öffentliche Konferenz. Anlässlich dieser Veranstaltung sollte auf die negativen Auswirkungen der wirtschaftlichen Globalisierung hingewiesen und sollten Forderungen für eine gerechtere, nachhaltigere Wirtschaftspolitik gestellt werden. Verschiedene Teilnehmer dieser Veranstaltung wurden durch die zum Schutz und zur Durchführung des Weltwirtschaftsforums eingesetzten Polizeikräfte kontrolliert, zurückgewiesen und daran gehindert, (rechtzeitig) zur genannten Veranstaltung zu gelangen.

Als betroffene Person erhob A. vor den zuständigen kantonalen Instanzen Beschwerde gegen den Polizeieinsatzbefehl. Die kantonalen Behörden traten nicht auf die Beschwerde ein mit der Begründung, dass der Polizeieinsatzbefehl nach kantonalem Recht kein zulässiges Anfechtungsobjekt darstelle. Was kann A. unternehmen, wenn auch die letzte kantonale Instanz nicht auf seine Beschwerde eintritt (vgl. BGE 128 I 167)?

Übung 24

Nach AHVG 11 Abs. 2 (Bundesgesetz über die Alters- und Hinterlassenenversicherung) kann der AHV-Mindestbeitrag erlassen werden, wenn dessen Bezahlung einem obligatorisch Versicherten nicht zumutbar ist. Für diese Versicherten bezahlt der Wohnsitzkanton den Mindestbeitrag. Die Kantone können die Wohnsitzgemeinden zur Mittragung heranziehen.

Im Kanton X. wurden aufgrund dieser Bestimmung mehrere Versicherte durch Verfügung von der Beitragspflicht befreit und die Wohnsitzgemeinde Y. (gemäss der kantonalen Rechtsordnung) zur Bezahlung des Mindestbeitrags verpflichtet. Gegen diese Verfügungen erhob die Gemeinde Y. erfolglos Einsprache gemäss ATSG 52. Gegen den Einspracheentscheid gelangte die Gemeinde mit einer Beschwerde ans kantonale Versicherungsgericht (Verwaltungsgericht). Das kantonale Verwaltungsgericht tritt nicht auf die Beschwerde der Gemeinde ein, weil die Gemeinde nach kantonalem Recht nicht beschwerdeberechtigt sei. Was kann die Gemeinde dagegen unternehmen (vgl. BGE 123 V 113)?

Übung 25

Eine kantonale Regierung erlässt eine Verordnung, welche eine prozentuale Erhöhung des Vermögenssteuerwerts von Grundstücken, deren Steuerwert schon länger nicht mehr amtlich eingeschätzt worden ist, zur Folge hat. Gegen diese Verordnung erhebt A., welcher als Grundeigentümer im betreffenden Kanton wohnt und stimmberechtigt ist, Stimmrechtsbeschwerde wegen Verletzung seiner politischen Rechte gemäss BGG 82 lit. c mit der Begründung, dass nicht die Regierung, sondern nur das Parlament unter Vorbehalt eines allfälligen Volksentscheids (fakultatives Referendum) zum Erlass einer solchen Bestimmung berechtigt gewesen wäre. B. erhebt gegen die Verordnung mit der gleichen Begründung Beschwerde in öffentlichrechtlichen Angelegenheiten gemäss BGG 82 lit. b (kantonale Erlasse), da er zwar als Grundeigentümer im betreffenden Kanton wohnt, aber als ausländischer Staatsangehöriger nicht stimmberechtigt ist. Wird das Bundesgericht auf die Beschwerden von A. und B. eintreten (vgl. BGE 131 I 291)?

Übung 26

Ein in einer Klinik angestellter Assistenzarzt und der Verband Schweizerischer Assistenz- und Oberärzte (VSAO) erheben Beschwerde in öffentlich-rechtlichen Angelegenheiten ans Bundesgericht gegen eine kantonale Verordnung, welche die Zulassung von neuen Arztpraxen einschränkt. Ist der Assistenzarzt bzw. der VSAO zur Beschwerde legitimiert (vgl. BGE 130 I 26)?

Übung 27

Ein kantonales Verwaltungsgericht heisst das Begehren einer Handarbeitslehrerin teilweise gut, welche die Einteilung von Handarbeitslehrkräften in die Lohnklasse 19 (wie Primarlehrkräfte) statt in die Lohnklasse 17 verlangt hat, und verpflichtet den Kanton, Handarbeitslehrkräfte in die Lohnklasse 18 einzustufen. Der Kanton erhebt gegen dieses Urteil Beschwerde ans Bundesgericht mit den Anträgen, das Urteil des Verwaltungsgerichts sei aufzuheben und es sei festzustellen, dass eine Einteilung in die Lohnklasse 17 nicht geschlechtsdiskriminierend sei. In einer Stellungnahme zur Beschwerde ans Bundesgericht verlangt das Eidgenössische Büro für Gleichstellung von Mann und Frau eine Überprüfung des kantonalen Lohnbewertungsverfahrens, da es der Meinung ist, dass die Handarbeitslehrkräfte in die Lohnklasse 19 eingestuft werden müssten. Wie wird das Bundesgericht auf die Forderung des Büros für Gleichstellung von Mann und Frau reagieren (vgl. BGE 124 II 409)?

Übung 28

Die Oberstaatsanwaltschaft des Kantons Zürich schliesst mit dem Verein X, einer Suizidhilfeorganisation, einen Vertrag, welcher bezweckt, dass die organisierte Suizidhilfe zur Qualitätssicherung gewissen Rahmenbedingungen unterstellt wird. Insbesondere wird in dieser Vereinbarung geregelt, unter welchen Voraussetzungen Suizidhilfe gewährt werden darf, wie der Ablauf der Suizidhilfe auszugestalten ist, die Art und Weise des Einsatzes des Sterbemittels Natrium-Pentobarbital sowie das Vorgehen der Strafuntersuchungsbehörden nach gewährter Suizidhilfe. Frau Fröhlich, welche im Kanton Zürich wohnt, beabsichtigt, gegen diesen Vertrag beim Bundesgericht Beschwerde in öffentlich-rechtlichen Angelegenheiten zu führen.

Stellt dieser Vertrag ein Anfechtungsobjekt nach BGG 82 dar (vgl. BGE 136 II 416)?

(Die Einhaltung des kantonalen Instanzenzugs muss nicht geprüft werden).

Übung 29

Der Kanton X hat im kantonalen Gerichtsorganisationsgesetz als gerichtliche Behörde zur Prüfung der ausländerrechtlichen Vorbereitungshaft gemäss AuG 75 für den ganzen Kanton das Haftgericht des Bezirks Z bestimmt. Dessen ausländerrechtlichen Haftentscheide können kantonsintern an keine Rechtsmittelinstanz weitergezogen werden. Hingegen können andere Haftentscheide des Haftgerichts beim Obergericht des Kantons X überprüft werden.

Die Tunesierin Amal hat erfolglos beim Haftgericht die Aufhebung der Vorbereitungshaft beantragt. Nun möchte sie gegen den negativen Entscheid des Haftgerichts Beschwerde in öffentlich-rechtliche Angelegenheiten beim Bundesgericht einreichen. Ist das Haftgericht eine zulässige Vorinstanz nach BGG 86 Abs. 2 (vgl. BGE 135 II 94)?

Übung 30

Ein kantonales Parlament erteilt einer Energieunternehmung eine Konzession zur Ausnützung der Wasserkraft an einem bestimmten Flussabschnitt. Das Parlament regelt zudem detailliert die Rechte und Pflichten der Konzessionärin. Insbesondere werden Restwassermengen vorgeschrieben. Die Erteilung der Konzession wird im kantonalen Amtsblatt publiziert. Es wird darauf hingewiesen, dass gegen diesen Entscheid Beschwerde in öffentlich-rechtlichen Angelegenheiten gemäss BGG 86 Abs. 3 beim Bundesgericht geführt werden kann. Ist diese Rechtsmittelbelehrung richtig (vgl. BGE 136 II 436)?

4. Teil   Die Individualbeschwerde an den Europäischen Gerichtshof für Menschenrechte (EGMR)

A.   Überblick

Der EGMR prüft eine Individualbeschwerde inhaltlich nur, sofern alle Zulässigkeitsvoraussetzungen gemäss EMRK 34 ff. erfüllt sind.

Die Beschwerde ist zulässig, wenn folgende Zulässigkeitsvoraussetzungen gegeben sind:

- *Zuständigkeit* des Gerichtshofs (EMRK 34);
- *Fehlen eines besonderen Ausschlussgrundes*: Unzulässig sind anonyme (EMRK 35 Ziff. 2 lit. a) oder missbräuchliche Beschwerden (EMRK 35 Ziff. 3 lit. a) sowie mit einer früheren Beschwerde übereinstimmende (EMRK 35 Ziff. 2 lit. b) oder bereits einer anderen internationalen Instanz unterbreitete Beschwerden (EMRK 35 Ziff. 2 lit. b);
- *Erschöpfung des innerstaatlichen Rechtswegs* (EMRK 35 Ziff. 1);
- *Einhaltung der Frist* von sechs Monaten (EMRK 35 Ziff. 1);
- *keine offensichtliche Unbegründetheit* (EMRK 35 Ziff. 3 lit. a);
- *Bestehen eines erheblichen Nachteils* (EMRK 35 Ziff. 3 lit. b).

Kommt der EGMR im Zulässigkeitsverfahren zum Schluss, dass nicht alle Zulässigkeitsvoraussetzungen erfüllt sind, weist er die Beschwerde endgültig als unzulässig ab (EMRK 35 Ziff. 4).

Ausführlicher zu den Zulässigkeitsvoraussetzungen:

GRABENWARTER, S. 48 ff.; VILLIGER, S. 63 ff. sowie Leitfaden des EGMR zu den Zulässigkeitsvoraussetzungen, 2010/2011, publiziert auf http://www.echr.coe.int/.

Überblick über die Zulässigkeitsvoraussetzungen

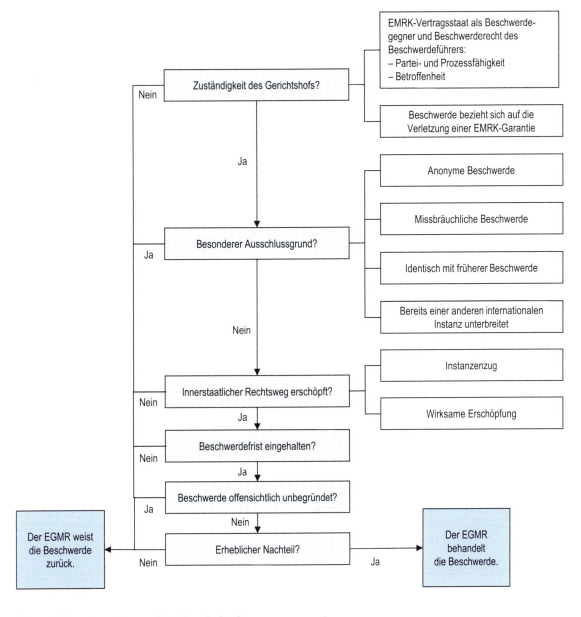

B. Die einzelnen Zulässigkeitsvoraussetzungen

1. Zuständigkeit des Gerichtshofs

1.1 Persönlicher Geltungsbereich

Der Beschwerdeführer muss folgende Voraussetzungen erfüllen (EMRK 34):

- Partei- und Prozessfähigkeit;
- Betroffenheit durch einen staatlichen Hoheitsakt.

Der EGMR überprüft im Rahmen der Beschwerde nach EMRK 34 ff. nur konkretes staatliches Verhalten in Bezug auf den Beschwerdeführer (*individuell-konkrete Normenkontrolle*). Gesetzesbestimmungen als solche werden nicht auf ihre EMRK-Konformität hin überprüft (keine *abstrakte Normenkontrolle*).

Beschwerdegegner ist ein Staat, welcher die EMRK bzw. die betreffenden Zusatzprotokolle ratifiziert hat. Der betreffende Vertragsstaat muss für den angefochtenen Akt verantwortlich gemacht werden können. In der Schweiz ist die Beschwerde möglich gegen Hoheitsakte des Bundes, der Kantone sowie der Gemeinden.

Nicht zulässig ist eine Beschwerde gegen Privatpersonen, für deren Verhalten der Staat nicht verantwortlich ist.

1.2 Sachlicher Geltungsbereich

Die Beschwerde kann sich nur auf die in EMRK 2–18 gewährleisteten Rechte beziehen sowie auf Rechte, welche durch ein ratifiziertes Zusatzprotokoll garantiert werden. Durch die EMRK nicht geschützt werden beispielsweise soziale Grundrechte oder die Wirtschaftsfreiheit.

2. Besondere Ausschlussgründe

2.1 Anonyme Beschwerde

Unzulässig ist eine *anonyme Beschwerde* (EMRK 35 Ziff. 2 lit. a). Der Beschwerdeführer hat sich mit Namen und Adresse zu identifizieren.

2.2 Missbräuchliche Beschwerde

Eine missbräuchliche Beschwerde ist unzulässig (EMRK 35 Ziff. 3 lit. a).

Missbräuchlich wäre beispielsweise eine Irreführung des Gerichtshofs mit einem falschen Sachverhalt oder die Verwendung einer grob verletzenden Sprache.

2.3 Übereinstimmung mit einer früheren Beschwerde

Eine Beschwerde ist unzulässig, wenn sie mit einer bereits früher vom Gerichtshof geprüften Beschwerde übereinstimmt (EMRK 35 Ziff. 2 lit. b).

Dies ist der Fall, wenn Beschwerdeführer, Beschwerdegegner, Sachverhalt und Beschwerdegegenstand übereinstimmen. Nicht identisch ist eine Beschwerde, wenn wesentliche neue Tatsachen vorgebracht werden können. Keine neuen Tatsachen sind jedoch neue Argumente zum gleichen Sachverhalt.

2.4 Befassung anderer internationaler Instanzen

Unzulässig ist eine Beschwerde, welche bereits einer anderen internationalen Instanz unterbreitet worden ist, wenn sich diese bereits mit der Sache befasst hat (EMRK 35 Ziff. 2 lit. b).

3. Erschöpfung des innerstaatlichen Rechtswegs

Die Beschwerde an den EGMR ist nur zulässig, sofern der Beschwerdeführer alle massgeblichen innerstaatlichen Rechtsmittel *rechtswirksam* ausgeschöpft hat (EMRK 35 Ziff. 1).

3.1 Erschöpfung des Instanzenzugs (horizontale Erschöpfung)

Der Beschwerdeführer muss bis zur letzten Instanz sämtliche Rechtsmittel ergriffen haben, welche effektiv geeignet sind, die behaupteten Konventionsverletzungen zu beseitigen bzw. festzustellen. Grundsätzlich nicht dazu gehören Wiedererwägungs- bzw. Revisionsgesuche und unter Umständen Aufsichtsbeschwerden.

3.2 Wirksame Erschöpfung des Rechtswegs (vertikale Erschöpfung)

Der Beschwerdeführer muss vor den innerstaatlichen Behörden die Rügen vorgebracht haben, welche er vor dem Gerichtshof erheben will, und die innerstaatlichen Vorschriften bezüglich Frist und Form von Rechtsmitteln eingehalten haben. Wenn beispielsweise das Bundesgericht wegen eines Form- oder Fristmangels nicht auf ein Rechtsmittel eingetreten ist, ist die Beschwerde an den EGMR nicht zulässig.

4. Einhaltung der Frist von sechs Monaten

Die Beschwerde ist innerhalb von sechs Monaten nach der letzten endgültigen innerstaatlichen Entscheidung beim Gerichtshof einzureichen (EMRK 35 Ziff. 1).

5. Keine offensichtliche Unbegründetheit

Die Beschwerde ist unzulässig, wenn sie offensichtlich unbegründet ist (EMRK 35 Ziff. 3 lit. a).

Offensichtlich unbegründet ist eine Beschwerde beispielsweise, wenn der Beschwerdeführer Fehler im innerstaatlichen Rechtsmittelverfahren geltend macht, aber in der Sache recht bekommen hat, oder wenn der Beschwerdeführer zu wenig substantiiert darlegt, inwiefern ein bestimmter Sachverhalt gegen eine EMRK-Garantie verstossen soll.

6. Bestehen eines erheblichen Nachteils

Eine Beschwerde ist unzulässig, wenn dem Beschwerdeführer kein erheblicher Nachteil entstanden ist (EMRK 35 Ziff. 3 lit. b).

Ist dem Beschwerdeführer kein erheblicher Nachteil entstanden, ist die Beschwerde dennoch zulässig, wenn die Achtung der in der EMRK verankerten Menschenrechte eine materielle Prüfung verlangt oder wenn der Sachverhalt von keinem nationalen Gericht geprüft worden ist.

Lösungen

Lösungen zum 1. Teil

Übung 1

Das Einreichen eines Baubewilligungsgesuchs und die Erteilung eines Gastwirtschaftspatents gehören zum nichtstreitigen Verwaltungsverfahren, weil es um die Vorbereitung und den Erlass von erstinstanzlichen Verfügungen durch eine Verwaltungsbehörde geht.

Die Beschwerde beziehungsweise der Rekurs an den Regierungsrat gegen einen Entscheid einer kantonalen Direktion ist Teil des streitigen Verwaltungsverfahrens, weil es um die Anfechtung eines Entscheids oder einer Verfügung vor einer Verwaltungsbehörde (dem Regierungsrat) geht. Der Regierungsrat entscheidet dabei über die Erledigung einer verwaltungsrechtlichen Streitigkeit, weshalb dieser Fall zur (verwaltungsinternen) Verwaltungsrechtspflege zu zählen ist. Dasselbe gilt für die Einsprache gegen den Einschätzungsentscheid eines kantonalen Steueramtes: Auf Einsprache hin entscheidet eine Verwaltungsbehörde (das Steueramt) über eine verwaltungsrechtliche Streitigkeit (den angefochtenen Einschätzungsentscheid, welche sie selber getroffen hat).

Die Beschwerde an das Bundesverwaltungsgericht gegen die Erteilung einer Betriebskonzession für einen Flugplatz gehört zur verwaltungsexternen Verwaltungsrechtspflege, da nicht eine Verwaltungsbehörde, sondern ein Verwaltungsgericht über die Erledigung einer verwaltungsrechtlichen Streitigkeit entscheidet.

Bei der Anfechtung einer Baubewilligung bei einer kantonalen Baurekurskommission kommt es darauf an, wie die Rekurskommission organisiert ist. Falls die Rekurskommission als verwaltungsunabhängiges Gericht organisiert ist, ist die Anfechtung der Bewilligung zur verwaltungsexternen Verwaltungsrechtspflege zu zählen. Ist die Rekurskommission dagegen nicht verwaltungsunabhängig organisiert, gehört dieser Fall zur verwaltungsinternen Verwaltungsrechtspflege.

Übung 2

X. kann keinen Anspruch auf ein unabhängiges Gericht nach BV 30 Abs. 1 geltend machen, da es sich bei der Anwaltsprüfungskommission um eine Verwaltungsbehörde und nicht um ein Gericht handelt. Allerdings gewährt auch BV 29 Abs. 1 einen Mindestanspruch auf Unbefangenheit von Verwaltungsbehörden. Nach dem Grundsatz von Treu und Glauben hätte X. jedoch eine Ablehnung unverzüglich geltend machen müssen, sobald ihr der Ausstandsgrund bekannt gewesen ist. Im Übrigen würde der Umstand, dass die gleiche Expertin die erste Prüfung bereits als ungenügend bewertet hatte, noch keine verfassungsrechtliche Ausstandspflicht begründen.

Übung 3

Soweit Grundrechtsverletzungen ihre Ursache nicht in förmlichen, sondern in bloss tatsächlichen bzw. informellen Staatsakten haben, ist der einzuschlagende Rechtsweg nicht immer offenkundig, da die Rechtsmittel regelmässig eine Verfügung oder allenfalls einen Erlass als Anfechtungsobjekt voraussetzen. Ob abweisende Aufsichtsentscheide oder allenfalls auch Realakte selber mit Beschwerde ans Bundesgericht anfechtbar sind, wenn sonst der nach EMRK 13 gebotene Rechtsschutz nicht sichergestellt wäre, liess das Bundesgericht in diesem Fall offen, da die Beschwerdeführer über ausreichende Instrumente des Rechtsschutzes verfügten, um sich wirksam gegen den weiteren Vertrieb des Buches zur Wehr zu setzen. Es bestand nämlich die Möglichkeit, eine anfechtbare Feststellungsverfügung über die Grundrechtskonformität der umstrittenen Realakte zu verlangen.

Übung 4

Es kann davon ausgegangen werden, dass die kantonale Rekurskommission den Anforderungen von BV 30 Abs. 1 (Gesetzmässigkeit, Zuständigkeit, Unabhängigkeit) gerecht wird und dass kein Verstoss gegen BV 30 Abs. 1 i.V.m. BV 29a vorliegt. Die Abweisung des Gesuchs um Durchführung einer öffentlichen Verhandlung verstösst jedoch gegen EMRK 6 Ziff. 1. X. hat einen Anspruch auf eine öffentliche Verhandlung und Urteilsverkündung. Obwohl es sich beim Warnentzug nach schweizerischem Recht um eine von der strafrechtlichen Sanktion unabhängige Verwaltungsmassnahme handelt, ist dessen Strafcharakter nach der Rechtsprechung des Europäischen Gerichtshofs für Menschenrechte und des Bundesgerichts im Sinne von EMRK 6 Ziff. 1 zu bejahen.

Übung 5

Es stellt sich die Frage, ob Claudia Gentis gestützt auf BV 29 Abs. 2 (rechtliches Gehör) Anspruch auf Einsicht in die Akten ihres Adoptionsverfahrens bzw. in den damals vorgenommenen Eintrag ins Zivilstandsregister geltend machen kann. Da das damalige Verfahren abgeschlossen ist, muss sie ein schutzwürdiges Interesse an der Akteneinsicht glaubhaft machen können. Dieses Interesse ist zweifellos gegeben, da Claudia Gentis schwer erkrankt ist und eine allfällige Knochenmarkspende ihr Leben retten könnte.

Wird das schutzwürdige Interesse bejaht, ist grundsätzlich eine Interessensabwägung zu entgegenstehenden Interessen Dritter vorzunehmen. Da Claudia Gentis ein sehr schwer zu gewichtendes Interesse geltend machen kann («Leben»), würde ihr Interesse gegenüber demjenigen der Mutter (persönliche Freiheit, Recht auf Privatsphäre, eventuell Vertrauensschutz) überwiegen. Im konkreten Fall ist aber keine Interessensabwägung mehr vorzunehmen, da dies bereits der Gesetzgeber vorweggenommen hat: ZGB 268 Abs. 1 bestimmt, dass Kinder, die das 18. Lebensjahr noch nicht vollendet haben, Auskunft über die Personalien ihrer Eltern verlangen können, wenn sie – wie Claudia Gentis – schutzwürdige Interessen haben.

Lösungen zum 2. Teil

Übung 6

- Beschluss über eine Tempo-30-Zone: Ja. Es handelt sich um eine Allgemeinverfügung, die sich an einen unbestimmten Personenkreis richtet.
- Verordnung über Sicherheitsmassnahmen im Luftverkehr: Nein. Hierbei handelt es sich nicht um einen individuell-konkreten Akt, sondern um einen generell-abstrakten Rechtssatz (SR 748.122).
- Vereinbarung über die Erschliessung von Bauland: Nein. Hierbei handelt es sich nicht um einen einseitig von der Behörde erlassenen Hoheitsakt, sondern um einen verwaltungsrechtlichen Vertrag.
- Betriebsbewilligung für eine Seilbahn: Ja. Vgl. SebG 17 (Seilbahngesetz).
- Entlassung eines Fussballtrainers: Nein. Hierbei handelt es sich nicht um einen hoheitlichen behördlichen Akt, sondern um die Handlung einer Privatperson bzw. einer juristischen Person des Privatrechts.
- Verkehrskontrolle durch die Polizei: Nein. Hierbei handelt es sich um einen Realakt, der nicht ein Rechtsverhältnis verbindlich regelt. Um eine Verfügung handelt es sich hingegen, wenn im Anschluss an die Verkehrskontrolle der Führerausweis entzogen wird.
- Zulassung eines neuen Medikaments: Ja. Vgl. HMG 9 ff. (Heilmittelgesetz).

Übung 7

Die sachliche Zuständigkeit im nichtstreitigen Verwaltungsverfahren ergibt sich in der Regel aus dem materiellen Recht:

- Entscheid über Finanzhilfen zur Filmförderung: Bundesamt für Kultur nach FiG 14 Abs. 1 (Filmgesetz);
- Betriebsbewilligung für eine Kernanlage: Departement für Umwelt, Verkehr, Energie und Kommunikation (UVEK) nach KEG 19 (Kernenergiegesetz);
- Betriebsbewilligung für ein Flugfeld: Bundesamt für Zivilluftfahrt (BAZL) nach LFG 36b (Luftfahrtgesetz). Für den Betrieb eines Flughafens (dient dem öffentlichen Verkehr) ist dagegen eine Konzession erforderlich, welche vom UVEK erteilt wird (LFG 36a).
- Bewilligung für die Stammzellengewinnung: Bundesamt für Gesundheit nach StFG 7 (Stammzellenforschungsgesetz).

Übung 8

- Kompetenzkonflikt zwischen dem Bundesamt für Verkehr und dem Bundesamt für Strassen: das UVEK als gemeinsame Aufsichtsbehörde (VwVG 9 Abs. 3);
- Kompetenzkonflikt zwischen dem Bundesamt für Umwelt und dem Bundesamt für Gesundheit: der Bundesrat, weil eine gemeinsame Aufsichtsbehörde fehlt (VwVG 9 Abs. 3);
- Kompetenzkonflikt zwischen dem Bundesrat und dem Bundesgericht: die Bundesversammlung (BV 173 Abs. 1 lit. i);
- Kompetenzkonflikt zwischen einer kantonalen Regierung und einem Departement des Bundes: das Bundesgericht auf Klage hin (BGG 120 Abs. 1 lit. a, vgl. 3. Teil, K.1.1).

Übung 9

Wenn eine Bundesbehörde…

- …der Ansicht ist, eine andere Behörde sei zuständig, ist sie verpflichtet, die Sache unverzüglich der zuständigen Behörde zu überweisen (VwVG 8 Abs. 1).
- …Zweifel hat, ob sie oder eine andere Behörde zuständig ist, hat sie unverzüglich einen Meinungsaustausch zu eröffnen (VwVG 8 Abs. 2).
- …sich als zuständig erachtet und eine betroffene Privatperson die Zuständigkeit bestreitet, hat die Behörde über die Zuständigkeit eine Verfügung zu erlassen (VwVG 9 Abs. 1).
- …sich als unzuständig erachtet und eine betroffene Privatperson die Zuständigkeit behauptet, muss die Behörde einen Nichteintretensentscheid fällen (VwVG 9 Abs. 2).

Übung 10

- Behördenmitglied wohnt in der gleichen Region wie der Gesuchsteller: Keine Ausstandspflicht, wenn keine weiteren Umstände vorliegen, die den Anschein einer Befangenheit begründen können.
- Behördenmitglied ist mit dem Gesuchsteller nicht verheiratet oder verlobt, hat mit ihm aber ein gemeinsames Kind: Ausstandsgrund nach VwVG 10 Abs. 1 lit. b.
- Behördenmitglied lebt mit dem Gesuchsteller seit zehn Jahren im Konkubinat: Ausstandsgrund nach VwVG 10 Abs. 1 lit. d.
- Behördenmitglied ist in der gleichen Partei wie der Gesuchsteller: Keine Ausstandspflicht, wenn keine weiteren Umstände vorliegen, die den Anschein einer Befangenheit begründen können.

- Behördenmitglied ist mit der Schwester des Gesuchstellers sehr gut befreundet: Ausstandsgrund nach VwVG 10 Abs. 1 lit. d dürfte wohl gegeben sein.
- Behördenmitglied hat den Gesuchsteller am Stammtisch als «üblen Halunken» beschimpft: Ausstandsgrund nach VwVG 10 Abs. 1 lit. d dürfte wohl gegeben sein.

Übung 11

Das Verfahren wurde auf Gesuch von A. hin eingeleitet. Grundsätzlich musste A. das Äusserungsrecht daher gleichzeitig mit dem Gesuch ausüben. Das BFM stützte sich bei seinem Entscheid nicht auf einen unvorhersehbaren Rechtsgrund. Folglich hat es den Anspruch auf rechtliches Gehör von A. nicht verletzt, indem es ihn vor seinem Entscheid nicht mehr angehört hat.

Übung 12

VwVG 20 Abs. 2bis bestimmt, dass eine Mitteilung, die nur gegen Unterschrift des Adressaten oder einer anderen berechtigten Person überbracht wird, spätestens am siebten Tag nach dem ersten Zustellversuch als erfolgt gilt, wenn sie nicht früher abgeholt wird. Am 14. Februar versuchte der Postbote, die eingeschriebene Sendung zuzustellen. Da Rechtsanwältin Meier den Brief erst am 24. Februar abgeholt hat, also erst nach den sieben Tagen, so gilt die Verfügung am siebten Tag nach dem ersten erfolglosen Zustellversuch als zugestellt. Der siebte Tag ist der 21. Februar. Da die Frist an dem auf die Mitteilung folgenden Tag zu laufen beginnt (VwVG 22 Abs. 1), ist somit der 22. Februar der erste und der 13. März der letzte Tag der laufenden Frist. Die Eingabe am 16. März ist daher verspätet.

Übung 13

Rechtsanwalt Nebel ist insofern recht zu geben, als die Verfügung tatsächlich fehlerhaft eröffnet worden ist. Die zuständige Behörde wäre aufgrund von VwVG 35 Abs. 1 verpflichtet gewesen, ihr Schreiben klar als Verfügung zu bezeichnen. Dies wurde unterlassen. Einen Anspruch auf Wiederherstellung der Rechtsmittelfrist kann Rechtsanwalt Nebel daraus aber erst ableiten, wenn die Voraussetzungen des Vertrauensschutzes gegeben sind. Zwar befand sich Rechtsanwalt Nebel aufgrund der fehlerhaft eröffneten Verfügung im Irrtum, es handle sich um ein unverbindliches Informationsschreiben, und unterliess es deshalb, innert Frist Beschwerde beim Bundesverwaltungsgericht einzureichen. Jedoch hätte er trotz des missverständlichen Titels und Vermerks aufgrund der Rechtsmittelbelehrung und des Inhaltes des Schreibens, wonach dem Gesuch nicht stattgegeben werde könne, merken müssen, dass es sich um eine Verfügung handeln könnte. Dass sich die Rechtsmittelbelehrung auf der Rückseite des Schreibens befand, ändert daran nichts. Es ist Rechtsanwalt Nebel wegen seiner Ausbildung zuzumuten, eine im Vergleich zu juristischen Laien erhöhte Sorgfalt walten zu lassen. Aus dem Grundsatz von Treu und Glauben lässt sich daher die Zulässigkeit der verspätet eingereichten Beschwerde nicht ableiten.

Die Wiederherstellung einer Frist nach VwVG 24 Abs. 1 setzt voraus, dass eine Partei sie unverschuldet nicht eingehalten hatte. Auf Rechtsanwalt Nebel trifft dies nicht zu. Zum einen hat er die Frist nicht eingehalten, weil er sie nicht bemerkte. Bei der gebotenen Aufmerksamkeit hätte er aber erkennen können, dass die Frist lief. Zum andern genügt Arbeitsüberlastung als Grund für eine Wiederherstellung der Frist nicht. Anders als etwa beim plötzlichen Auftreten einer schweren Erkrankung war es Rechtsanwalt Nebel nicht tatsächlich unmöglich, die Beschwerdeschrift rechtzeitig einzureichen. Wenn er aufgrund seiner Arbeitsorganisation dazu nicht in der Lage gewesen war, ist ihm das als Verschulden anzurechnen. Das Bundesverwaltungsgericht wird daher das Gesuch um Wiederherstellung der Frist abweisen und auf die Beschwerde nicht eintreten.

Lösungen zum 3. Teil

Übung 14

«Nicht devolutiv» bedeutet, dass nicht eine übergeordnete Instanz über die Einsprache entscheidet, sondern der Versicherungsträger, gegen dessen Verfügung sich die Einsprache richtet. Gegen Einspracheentscheide des Versicherungsträgers kann Beschwerde (an ein kantonales Versicherungsgericht und anschliessend ans Bundesgericht) erhoben werden (ATSG 56 ff.).

Übung 15

Nach AsylG 105 kann gegen Verfügungen des Bundesamtes für Flüchtlinge Beschwerde beim Bundesverwaltungsgericht geführt werden, wobei der Entscheid des Bundeverwaltungsgerichts endgültig ist. Demnach ist die an Y.A. adressierte Verfügung ein zulässiges Anfechtungsobjekt (VwVG 5) und das Bundesamt für Flüchtlinge eine zulässige Vorinstanz (vgl. auch VGG 33 lit. d.). Auch liegt kein im Ausnahmekatalog aufgeführter Sachbereich vor (VGG 32 Abs. 1). AsylG 106 Abs. 1 nennt die gleichen Beschwerdegründe, wie sie auch in VwVG 49 aufgeführt werden. A.Y. kann daher die unrichtige Feststellung des Sachverhaltes mit der Begründung rügen, dass der gegen ihn gerichtete und zu den Akten gegebene Haftbefehl nicht berücksichtigt worden ist. A.Y. ist ausserdem partei- und prozessfähig und hat am vorinstanzlichen Verfahren teilgenommen. Da sein Asylgesuch abgewiesen wurde, ist er auch formell beschwert. Er wird die Gutheissung seines Asylgesuchs beantragen, womit er eigene Interessen verfolgt. Die Gutheissung seines Asylantrages und das damit verbundene Bleiberecht in der Schweiz stellen für ihn namentlich im Hinblick auf den gegen ihn in der Türkei ausgestellten Haftbefehl einen praktischen Nutzen dar. Ausserdem ist sein geltend gemachtes Interesse noch aktuell. Somit hat er ein schützenswertes Interesse an der Aufhebung bzw. Abänderung der erstinstanzlichen Verfügung. Als Verfügungsadressat, dem aufgrund des negativen Bescheids die Ausschaffung aus der Schweiz droht, ist er auch mehr als die Allgemeinheit von der Verfügung berührt und hat eine enge Beziehung zur Streitsache. Er verfügt daher über das Beschwerderecht. Sofern die formalen Anforderungen an die Beschwerdeschrift und die Beschwerdefrist eingehalten worden sind, wird das Bundesverwaltungsgericht auf die Beschwerde eintreten.

Übung 16

- ETH-Beschwerdekommission: Ja (VGG 33 lit. f).
- Verwaltungsgericht Graubünden: Grundsätzlich nein. Ausnahme: Die Beschwerde ist in einem Bundesgesetz vorgesehen (VGG 33 lit. i).
- BFM: Ja (VGG 33 lit. d).
- Bundesstrafgericht: Grundsätzlich nein. Ausnahme: Beschwerden gegen Verfügungen auf dem Gebiet des Arbeitsverhältnisses seiner Richter und Richterinnen und seines Personals (VGG 33 lit. c).
- UVEK: Ja (VGG 33 lit. d).
- UBI: Nein (VGG 32 Abs. 1 lit. g).
- Bundeskanzlei: Ja (VGG 33 lit. d).
- Schiedskommission gemäss Art. 40a Eisenbahngesetz: Ja (VGG 33 lit. f).
- Bundesrat: Grundsätzlich nein. Ausnahmen: Beschwerden gegen Verfügungen auf dem Gebiet des Arbeitsverhältnisses des Bundespersonals (VGG 33 lit. a) sowie Beschwerden gegen die in VGG 33 lit. b genannten Akte des Bundesrats.

Übung 17

Zulässiger Beschwerdegrund ist zunächst die Verletzung von Bundesrecht einschliesslich Überschreitung und Missbrauch von Ermessen (VwVG 49 lit. a). Zum Bundesrecht gehören auch Verordnungen des Bundesrats und die EMRK, weshalb deren Verletzung mit Beschwerde ans Bundesverwaltungsgericht gerügt werden kann. Zulässig ist auch die Rüge, die angefochtene Verfügung stütze sich auf eine Verordnung, die bundesrechtswidrig sei.

Unzulässig ist hingegen die Rüge, eine Verfügung verletze eine Richtlinie der Europäischen Union, ausser die Richtlinie wird vom Schweizerischen Recht ausdrücklich als anwendbar bezeichnet. Bundesgesetze, die noch nicht in Kraft sind, gehören nicht zum Bundesrecht im Sinne von VwVG 49 lit. a. Die Rüge, die verfügende Behörde habe nicht berücksichtigt, dass das anwendbare Bundesgesetz demnächst geändert werden könnte, ist demzufolge unzulässig. Verwaltungsverordnungen gehören ebenfalls nicht zum Bundesrecht, da sie aufgrund ihrer Natur als interne Dienstanweisungen weder die Behörden noch die Privaten binden. Die Verletzung einer Verwaltungsverordnung kann daher nicht selbstständig mit der Beschwerde ans Bundesverwaltungsgericht geltend gemacht werden. Nach der Rechtsprechung des Bundesgerichts und des Bundesverwaltungsgerichts können Verwaltungsverordnungen allerdings als Auslegungshilfen herangezogen werden. Der Richter soll Verwaltungsverordnungen bei seiner Entscheidung mitberücksichtigen, sofern sie eine dem Einzelfall angepasste und gerecht werdende Auslegung der anwendbaren gesetzlichen Bestimmungen zulassen.

Weiter kann mit Beschwerde ans Bundesverwaltungsgericht die unrichtige und unvollständige Feststellung des rechtserheblichen Sachverhalts gerügt werden (VwVG 49 lit. b). Dazu gehören die Rügen, die Vorinstanz habe ihren Entscheid auf falsche Tatsachen gestützt und die Vorinstanz habe einen beantragten Augenschein nicht durchgeführt.

Zulässig ist schliesslich auch die Rüge der Unangemessenheit, ausser es handelt sich bei der Vorinstanz – was nur selten vorkommt – um eine kantonale Behörde, die als Beschwerdeinstanz entschieden hat (VwVG 49 lit. c). Grundsätzlich zulässig ist demzufolge die Rüge, die verfügende Behörde habe den ihr zustehenden Entscheidungsspielraum nicht überschritten, die angefochtene Verfügung sei aber nicht zweckmässig.

Übung 18

Herr Führ ist darauf hinzuweisen, dass er nur zur Beschwerde berechtigt ist, wenn er formell beschwert ist und ein schutzwürdiges Interesse an der Aufhebung oder Abänderung des vorinstanzlichen Entscheides geltend machen kann. Zwar hat er am vorinstanzlichen Verfahren teilgenommen. Da jedoch seine Anträge gutgeheissen wurden, fehlt es ihm bereits an der formellen Beschwer. Er würde wohl auch nicht beantragen, dass der vorinstanzliche Entscheid abgeändert oder aufgehoben werden solle, denn das Entscheiddispositiv ist seiner Ansicht nach ja richtig. Sein Rechtsbegehren würde sich gegen die Begründung des Entscheides richtig. Diese kann aber, ob sie nun richtig oder falsch ist, mit der Beschwerde nicht angefochten werden. Ausserdem mangelt es Herrn Führ auch an einem schutzwürdigen Interesse. Er verfolgt mit der Beschwerde keinen eigenen und aktuellen praktischen Vorteil, da er ja nicht die Abänderung oder Aufhebung der erstinstanzlichen Verfügung beantragen würde. Das allgemeine Interesse an der richtigen Rechtsanwendung ist jedoch kein ausreichendes Interesse für die Beschwerde ans Bundesverwaltungsgericht. Das Bundesverwaltungsgericht würde auf eine solche Beschwerde daher nicht eintreten. Jedoch können Herrn Führ die Verfahrenskosten auferlegt werden (VwVG 63 Abs. 1). Herrn Führ ist daher von der Erhebung der Beschwerde abzuraten.

Übung 19

Nach VwVG 52 Abs. 2 gewährt das Bundesverwaltungsgericht eine Nachfrist, wenn eine Beschwerdefrist den Anforderungen an Inhalt und Form nicht genügt. In der Beschwerdeschrift muss eine Begründung enthalten sein (VwVG 52 Abs. 2). Deren Fehlen stellt einen Mangel dar, zu dessen Verbesserung eine kurze Nachfrist zu gewähren ist. Dem ersten Anschein nach könnte daher Herrn Späth eine Nachfrist gesetzt werden. Eine Ausnahme von der Nachfristgewährung besteht dann, wenn sich die Beschwerde als offensichtlich unzulässig herausstellt. Der Sachverhalt liefert hierzu jedoch keinen Hinweis.

Überdies wird auch dann keine Nachfrist eingeräumt, wenn die Beschwerdeschrift absichtlich unvollständig eingereicht wird, um so eine Fristerstreckung der ansonsten nicht erstreckbaren gesetzlichen Beschwerdefrist zu erhalten. Die Nachfristregelung bezweckt, es einem Beschwerdeführer zur Vermeidung überspitzten Formalismus zu ermöglichen, eine aus Versehen oder mangels Rechtskenntnissen mangelhaft eingereichte Rechtsschrift zu verbessern. Wer eine Rechtsschrift in voller Kenntnis ihres Mangels einreicht, um so eine Nachfrist zu erhalten, zielt hingegen auf eine Verlängerung der Beschwerdefrist ab. Ein solches Vorgehen verstösst gegen den Zweck von VwVG 52 Abs. 2 und gilt als rechtsmissbräuchlich. Da Herr Späth in seiner Beschwerdeschrift schreibt, er werde die Begründung noch nachreichen, und dies dann auch unaufgefordert macht, liefert er bereits einen Hinweis darauf, dass er das Erfordernis der Begründung kennt. Zudem ist es möglich, dass das Bundesverwaltungsgericht merkt, dass Herr Späth bereits einmal eine unbegründete Beschwerdeschrift eingereicht hatte und damals auf die Notwendigkeit einer Begründung hingewiesen wurde. Diesfalls wird das Bundesverwaltungsgericht keine Nachfrist zur Behebung des Mangels ansetzen, sondern auf die Beschwerde wegen des Formmangels nicht eintreten.

Übung 20

Sofern kein Spezialgesetz anwendbar ist, richtet sich der Entzug der aufschiebenden Wirkung nach VwVG 55: VwVG 55 Abs. 1 bestimmt, dass der Beschwerde aufschiebende Wirkung zukommt. Nach VwVG 55 Abs. 2 ist die Vorinstanz ermächtigt, der Beschwerde die aufschiebende Wirkung zu entziehen. Nicht zulässig ist allerdings der Entzug der aufschiebenden Wirkung, wenn es sich beim Gegenstand der angefochtenen Verfügung um eine Geldleistung handelt. Da Frau Knapp in der an sie gerichteten Verfügung zur Zahlung einer Geldleistung verpflichtet wird, erweist sich der Entzug der aufschiebenden Wirkung der Beschwerde durch die Vorinstanz als bundesrechtswidrig.

Übung 21

Insofern nicht ein Spezialgesetz die Kosten- und Entschädigungsfolgen regelt, ist VwVG 63 f. anwendbar. Nach VwVG 63 Abs. 1 werden die Verfahrenskosten der unterliegenden Partei auferlegt. Nur ausnahmsweise wird ein Kostenerlass gewährt. Sollte Herr Messmer wider sein Erwarten doch unterliegen, trägt er die Verfahrenskosten. Aber selbst wenn er tatsächlich obsiegt, erscheint es als wahrscheinlich, dass ihm die Verfahrenskosten auferlegt werden. Gemäss VwVG 63 Abs. 3 dürfen einer obsiegenden Partei die Kosten des Beschwerdeverfahrens nämlich auferlegt werden, sofern sie diese durch Verletzung von Verfahrenspflichten verursacht hat. Namentlich gilt ein Verfahren als unnötig verursacht, wenn ein Beschwerdeführer seinen Mitwirkungspflichten nicht nachgekommen ist und beispielsweise ein Beweismittel zu spät eingereicht hat oder seiner Pflicht zur fristgerechten Einreichung von Abrechnungen nicht nachgekommen ist. Entsprechend wird eine Verletzung von Verfahrenspflichten bejaht, wenn eine Beschwerde aufgrund von erstmals eingereichten Abrechnungen oder sonstigen Unterlagen gutgeheissen wird, obwohl die entsprechenden Unterlagen bereits vor Vorinstanz erhältlich gewesen wären. Da Herr Messmer mehrmals und unter Androhung der Folgen bei Unterlassung von der ersten Instanz aufgefordert wurde, die relevanten Dokumente einzureichen, er dieser Aufforderung jedoch nicht nachkam, hat er Verfahrenspflichten verletzt und dadurch das Beschwerdeverfahren selber verursacht. Es ist daher gerechtfertigt, ihm die Kosten des Verfahrens selbst bei Obsiegen aufzuerlegen.

Übung 22

Die «Happy Health» verfügt als Aktiengesellschaft über Rechtspersönlichkeit und fungiert als Durchführorgan der sozialen Krankenversicherung (vgl. KVG 13). Sie ist daher trotz der privatrechtlichen Organisationsform der mittelbaren Staatsverwaltung zuzurechnen.

Krankenkassen können sich nicht auf eine spezialgesetzliche Ermächtigung zur Beschwerde ans Bundesverwaltungsgericht gemäss VwVG 48 Abs. 2 stützen. Es ist folglich zu prüfen, ob die Voraussetzungen für eine Beschwerde einer Verwaltungseinheit mit eigener Rechtspersönlichkeit gegeben sind. Dies ist der Fall, wenn die Krankenkasse «Happy Health» durch die fragliche Verfügung gleich oder ähnlich wie Private betroffen ist. Eine solche Betroffenheit kann vorliegen, wenn sich die Verfügung konkret und direkt auf das Finanz- oder Verwaltungsvermögen der Verwaltungseinrichtung auswirkt. Ebenfalls beschwerdeberechtigt kann die Verwaltungseinrichtung sein, wenn sie durch die infrage stehende Anordnung in ihren hoheitlichen Befugnissen berührt ist, weil ihr das Gesetz im entsprechenden Regelungsbereich Autonomie einräumt. Wenn eine dieser beiden Fallkategorien vorliegt, bestimmt sich die weitere Legitimation nach VwVG 48 Abs. 1.

Krankenkassen können im Einzelfall unter Beachtung der Wirksamkeit, Zweckmässigkeit und Wirtschaftlichkeit (vgl. KVG 32) eine vorgeschlagene Therapie ablehnen oder sich bereit erklären, bei zwei vorgeschlagenen Therapievarianten die Kosten der teureren Therapie zu übernehmen. Es stellt sich daher die Frage, ob die Krankenkasse «Happy Health» durch die Aufnahme des neuen Medikaments in die Spezialitätenliste und die damit im Einzelfall bestehende Kostenübernahmepflicht in ihrer Autonomie verletzt wird. Das Krankenversicherungsgesetz umschreibt in KVG 24 ff. den Bereich, in welchem die Krankenkassen zur Erbringung von Leistungen berechtigt, aber auch verpflichtet sind (KVG 34). In KVG 52 wird das zuständige Departement u.a. zur Erstellung einer Spezialitätenliste ermächtigt. Soweit sich ein Medikament auf dieser Liste befindet, ist es von der Krankenkasse unter der Bedingung, dass eine Leistung nach KVG 24 ff. vorliegt, zu vergüten. Den Krankenkassen kommt somit nicht die Befugnis zu, grundsätzlich zu bestimmen, welche Medikamente vergütungsberechtigt sind. Dies obliegt dem zuständigen Bundesamt. Demgegenüber verfügen die Krankenkassen nur in Bezug auf Einzelfälle und in dem vom Bundesrecht vorgegebenen Rahmen über einen gewissen Entscheidspielraum. Die «Happy Health» ist demzufolge durch die Verfügung nicht in ihrer Autonomie beschränkt, denn die Spezialitätenliste bildet eben gerade Teil des vorgegebenen Rahmens.

Dadurch, dass die «Happy Health» verpflichtet ist, die in der Spezialitätenliste aufgeführten Medikamente zu vergüten, sofern sie im Rahmen einer anerkannten Behandlung verordnet werden, kann sich die Aufnahme eines neuen Medikamentes in die Liste auf das Vermögen der Krankenkasse auswirken. Die Auswirkungen auf das Vermögen der «Happy Health» sind aber nicht direkt und konkret, sondern nur mittelbar: Die «Happy Health» ist erst zu einer Zahlung verpflichtet, wenn sich ein konkreter Anwendungsfall ereignet, d.h., wenn das Medikament im Rahmen einer obligatorischen Leistung verschrieben wird. Alleine die Aufnahme eines Medikaments in die Medikamentenliste wirkt sich noch nicht auf das Vermögen der «Happy Health» aus. Da ausserdem die Vergütung bestimmter, durch das Gesetz und Ausführungserlasse näher umschriebener Leistungen gerade den Kern der Tätigkeit der Krankenkassen als Durchführorgan der sozialen Krankenversicherung betrifft, ist die «Happy Health» durch die Verfügung trotz deren finanziellen Implikationen nicht gleich oder ähnlich wie eine private Person betroffen.

Die «Happy Health» wäre nicht zur Beschwerde berechtigt.

Übung 23

Mit Beschwerde in öffentlich-rechtlichen Angelegenheiten ans Bundesgericht können Erlasse generell-abstrakter Natur im Sinne von BGG 82 lit. b angefochten werden. Die sogenannten Verwaltungsverordnungen gehören grundsätzlich nicht zu dieser Gruppe. Sie enthalten in erster Linie Regeln für das verwaltungsinterne Verhalten und richten sich an die der Dienstaufsicht unterstellten Beamten und öffentlichen Bediensteten. Sie umschreiben daher grundsätzlich keine Rechte und Pflichten der Bürger. In Anbetracht des Umstandes, dass Verwaltungsverordnungen auf die Rechtsstellung der Bürger zurückwirken können, ist die Beschwerde in öffentlich-rechtlichen Angelegenheiten zugelassen, wenn die Verwaltungsverordnung sogenannte Aussenwirkungen entfaltet und die Rechtsstellung des Bürgers, wenn auch nicht direkt, so zumindest indirekt umschreibt und ihn daher in schützenswerten Interessen berührt. Nach der Rechtsprechung entfällt indessen die Anfechtbarkeit auch unter solchen Umständen, wenn in dem durch die Verwaltungsverordnung geregelten Bereich Anordnungen ergehen, gegen die sich der Betroffene auf dem üblichen Beschwerdeweg zur Wehr setzen kann.

Der vorliegend umstrittene Polizeieinsatzbefehl stellt eine Verwaltungsverordnung dar. Er dient nicht der Regelung konkreter Verwaltungsrechtsverhältnisse, richtet sich nicht an die Bürger und umschreibt insbesondere deren Rechte und Pflichten nicht. Er dient der Regelung des Polizeihandelns und wendet sich an die dem Polizeikommando unterstellten Polizeikräfte. Soweit der angefochtene Dienst- oder Einsatzbefehl Anordnungen mit Aussenwirkungen im beschriebenen Sinne enthalten sollte, kann er trotzdem nicht angefochten werden, falls die Betroffenen gegen die Anordnungen der Polizei hätten Beschwerde führen können.

Mit Inkrafttreten der Rechtsweggarantie (BV 29a) besteht auch dann eine Rechtswegmöglichkeit, wenn keine Verfügung erlassen worden ist, aber eine behördliche Handlung Rechte oder Pflichten von Personen berührt. Die Kantone können in diesen Fällen entweder solche Tathandlungen direkt als Anfechtungsobjekt zulassen oder wie der Bund gemäss VwVG 25a einen Anspruch auf eine (anfechtbare) Feststellungsverfügung vorsehen.

Insoweit stand für A. gegen die Kontrolle bzw. die Rückweisung ein hinreichender Rechtsschutz tatsächlich zur Verfügung. Soweit kantonale Instanzen auf seine Beschwerde nicht eingetreten wären, hätten entsprechende Nichteintretensentscheide auf dem Rechtsmittelweg weitergezogen werden können. A. hätte schliesslich mit der Beschwerde in öffentlich-rechtlichen Angelegenheiten ans Bundesgericht gelangen können. Der Beschwerdeführer hat es sich selbst zuzuschreiben, falls er von dieser Möglichkeit keinen Gebrauch gemacht hat.

Auf eine Beschwerde von A. gegen den Polizeieinsatzbefehl bzw. den Nichteintretensentscheid der letzten kantonalen Instanz wird das Bundesgericht deshalb wegen unzulässigem Anfechtungsobjekt nicht eintreten.

Übung 24

Wer zur Beschwerde an das Bundesgericht berechtigt ist, muss sich zuvor am Verfahren vor allen kantonalen Instanzen als Partei beteiligen können (BGG 111 Abs. 1). Die Beschwerdelegitimation muss demnach im kantonalen Verfahren mindestens im gleichen Umfang gewährleistet sein wie für die Beschwerde in öffentlich-rechtlichen Angelegenheiten ans Bundesgericht, wenn diese gegen Entscheide letzter kantonaler Instanzen zulässig ist.

Der Bund stellt im ATSG verschiedene Bestimmungen für das kantonale Rechtspflegeverfahren gegen Verfügungen im Bereich des Sozialversicherungsrechts auf. So bestimmt ATSG 59, dass zur Beschwerde berechtigt ist, wer durch die angefochtene Verfügung oder den Einspracheentscheid berührt ist und ein schutzwürdiges Interesse an deren Aufhebung oder Änderung hat. Die Beschwerdebefugnis der Gemeinde Y. im kantonalen Rechtspflegeverfahren ist demnach (entsprechend der Absicht von BGG 111 Abs. 1) nach Bundesrecht zu prüfen, wobei ATSG 59 die Beschwerdebefugnis im kantonalen Verfahren im gleichen Umfang gewährleistet wie BGG 89 bei der Beschwerde in öffentlich-rechtlichen Angelegenheiten ans Bundesgericht. Die Rechtsprechung betrachtet als schutzwürdiges Interesse im Sinne von BGG 89 Abs. 1 bzw. ATSG 59 jedes praktische oder rechtliche Interesse, welches eine vom angefochtenen Entscheid betroffene Person an deren Änderung oder Aufhebung geltend machen kann.

Eine Gemeinde kann sich auf BGG 89 Abs. 1 bzw. ATSG 59 berufen, wenn sie in gleicher Weise wie ein Bürger betroffen ist. Unter dieser Voraussetzung ist deshalb eine Gemeinde zur Beschwerde befugt, wenn sie ihr Verwaltungs- oder Finanzvermögen bewahren will, insbesondere wenn eine Verfügung ihr eine geldwerte Verpflichtung auferlegt. Der Gemeinde Y. obliegt die Aufgabe, ihr Verwaltungs- und Finanzvermögen zu verteidigen und zu bewahren. Folglich hat sie ein tatsächliches Interesse an der Änderung oder Aufhebung der Verfügung, weil sie ihr eine finanzielle Verpflichtung auferlegt (Bezahlung der Mindestbeiträge für die Versicherten).

Die Beschwerdeführerin verfolgt damit im selben Mass wie ein von einer Verfügung betroffener Privater eigene finanzielle Interessen.

Die Gemeinde Y. kann nach dem Gesagten gegen den Entscheid des kantonalen Verwaltungsgerichts mit Beschwerde in öffentlich-rechtlichen Angelegenheiten ans Bundesgericht gelangen. Das Bundesgericht wird die Sache an das kantonale Verwaltungsgericht zurückweisen, damit es auf die Beschwerde der Gemeinde materiell eintritt, sofern auch die übrigen Eintretensvoraussetzungen erfüllt sind.

Übung 25

Nach der bundesgerichtlichen Rechtsprechung sind beide Beschwerden als Beschwerden gegen kantonale Erlasse im Sinne von BGG 82 lit. b und nicht als Stimmrechtsbeschwerden im Sinne von BGG 82 lit. c zu behandeln. Letztere ist nicht zur Anfechtung von Erlassen der Exekutive bestimmt, die nach der verfassungsrechtlichen Ordnung nicht der Volksabstimmung unterliegen und auch nicht die konkrete Durchführung einer Abstimmung oder Wahl betreffen. Enthält eine Verordnung der Regierung Vorschriften, die behaupteterweise Gegenstand eines dem Referendum unterliegenden Rechtsaktes des Parlaments sein müssten, so ist daher nicht die Stimmrechtsbeschwerde, sondern gestützt auf BGG 82 lit. b die Beschwerde in öffentlich-rechtlichen Angelegenheiten gegen kantonale Erlasse wegen Verletzung der Gewaltentrennung zu ergreifen. Etwas anderes kann zwar dann gelten, wenn gerügt wird, der fragliche Erlass regle selber das politische Stimmrecht und beschränke dieses insoweit für die Zukunft. Das ist hier jedoch nicht der Fall.

Die unrichtige Bezeichnung des Rechtsmittels schadet A. zwar nicht (vgl. BGE 110 II 54, 56), allerdings müssen bezüglich des statthaften Rechtsmittels sämtliche Prozessvoraussetzungen erfüllt sein.

Wenn das kantonale Recht kein Rechtsmittel vorsieht, unterliegt die Verordnung der Regierung unmittelbar der Beschwerde ans Bundesgericht (BGG 87 Abs. 1) und kann im Verfahren der abstrakten Normenkontrolle auf ihre Rechtmässigkeit überprüft werden. Die behauptete Verletzung der Gewaltentrennung ist ein zulässiger Beschwerdegrund gemäss BGG 95 lit. c (Verletzung kantonaler verfassungsmässiger Rechte).

Für die Beschwerdeberechtigung (Legitimation) genügt es nicht wie bei der Stimmrechtsbeschwerde (BGG 89 Abs. 3), dass A. im betreffenden Kanton stimmberechtigt ist. A. muss deshalb (wie B.) vom betreffenden Erlass unmittelbar oder zumindest virtuell betroffen sein (BGG 89 Abs. 1). Diese Voraussetzungen erfüllen beide Beschwerdeführer, welche im betreffenden Kanton wohnen und dort Grundeigentümer sind. Insoweit können sie eine Verletzung der Gewaltenteilung rügen. Das Bundesgericht wird auf beide Beschwerden eintreten, sofern die Beschwerdeführer die Voraussetzungen bezüglich Frist und Form beachtet haben.

Übung 26

Legitimation des Assistenzarztes: Es kann angenommen werden, dass der Assistenzarzt partei- und prozessfähig ist. Da es sich beim Anfechtungsobjekt um einen Erlass handelt, genügt zur Legitimation nach BGG 89 Abs. 1 ein virtuelles Interesse, das heisst eine minimale Wahrscheinlichkeit, dass der Beschwerdeführer einmal vom fraglichen Erlass betroffen sein könnte. Der Assistenzarzt ist zwar in seiner momentanen beruflichen Tätigkeit von der angefochtenen Verordnung nicht betroffen, es ist jedoch durchaus möglich, dass er einmal eine eigene Praxis eröffnen möchte, weshalb er zumindest virtuell betroffen ist. Der Assistenzarzt ist deshalb zur Beschwerde legitimiert, sofern er am Verfahren der Vorinstanz teilgenommen hat (vgl. BGG 89 Abs. 1 lit. a). Insoweit nach kantonalem Recht gegen kantonale Erlasse direkt die Beschwerde ans Bundesgericht möglich ist, entfällt die Voraussetzung der Teilnahme am Verfahren vor der Vorinstanz (vgl. BGG 87 Abs. 1).

Legitimation VSAO: In eigenem Namen und zur Wahrung der Interessen seiner Mitglieder (egoistische Verbandsbeschwerde) ist der Verband gestützt auf die allgemeinen Legitimationsbestimmungen von BGG 89 Abs. 1 zur Beschwerde legitimiert, wenn der Verband über juristische Persönlichkeit verfügt, die Statuten die Wahrung der mit der Beschwerde verfolgten Interessen der Mitglieder vorsehen, mit der Beschwerde die Interessen aller oder einer grossen Zahl Mitglieder verfolgt werden und von den Mitgliedern eine grosse Zahl selber zur Beschwerde legitimiert wäre. Es kann angenommen werden, dass der VSAO als Verein mit Rechtspersönlichkeit im Sinne der ZGB 60 ff. organisiert ist und nach den Statuten die Wahrung der beruflichen Interessen seiner Mitglieder bezweckt. Bei den Mitgliedern des Vereins handelt es sich um Mediziner wie der erwähnte Assistenzarzt, welche regelmässig beabsichtigen, einmal eine eigene Praxis zu eröffnen, und durch die angefochtene Verordnung deshalb zumindest virtuell betroffen sind. Der VSAO ist daher zur Beschwerde legitimiert.

Übung 27

Selbst wenn das kantonale Lohnbewertungsverfahren geschlechtsdiskriminierend wäre, könnte das Urteil des kantonalen Verwaltungsgerichts nicht zugunsten der Beschwerdegegnerin (der Handarbeitslehrerin) abgeändert werden. Das Bundesgericht ist an das Begehren des Beschwerdeführers (hier des Kantons) gebunden (BGG 107 Abs. 1) und darf das Urteil der Vorinstanz nicht zu dessen Ungunsten abändern (Verbot der *reformatio in peius*). Nach Ansicht des Bundesgerichts erübrigt sich daher eine Untersuchung, wie sie vom Büro für Gleichstellung von Mann und Frau verlangt worden ist.

Übung 28

Der Vertrag zwischen der Oberstaatsanwaltschaft und dem Verein X stellt keine hoheitliche, einseitige Anordnung einer Behörde dar. Es liegt daher kein Entscheid im Sinne von BGG 82 Abs. 1 lit. a vor. Auch sind nicht die politische Stimmberechtigung der Bürgerinnen und Bürger oder Volkswahlen und Abstimmungen gemäss BGG 82 Abs. 1 lit. c betroffen.

Eine anfechtbare Verwaltungsverordnung liegt auch nicht vor, da sich der Vertrag an eine einzige juristische Person, den Verein X, richtet. Der Vertrag ist somit von individueller und nicht genereller Natur, womit er nicht als (möglicherweise) anfechtbare Verwaltungsanordnung qualifiziert werden kann. Da der Vertrag somit kein zulässiges Anfechtungsobjekt darstellt, ist das Bundesgericht auf die Beschwerde nicht eingetreten. Es hat dann jedoch in seinem Entscheid festgehalten, dass der Vertrag nichtig ist.

Übung 29

Obere kantonale Gerichte nach BGG 86 Abs. 2 müssen keine Rechtsmittelinstanzen sein. Jedoch wird vorausgesetzt, dass die Gerichtsbehörde für das ganze kantonale Gebiet zuständig ist. Zudem darf sie keiner anderen Gerichtsinstanz unterstellt sein. Im vorliegenden Fall ist das Haftgericht in Bezug auf ausländerrechtliche Haft für den ganzen Kanton zuständig, womit dieses Erfordernis erfüllt wäre. Die ausländerrechtlichen Haftentscheide können auch nicht an eine andere kantonale Gerichtsbehörde weitergezogen werden, womit diesem Entscheid Letztinstanzlichkeit zukommt. Da jedoch die übrigen Haftentscheide des Haftgerichts vom Obergericht überprüft werden können, ist das Haftgericht dennoch einer anderen kantonalen Gerichtsinstanz unterstellt.

Aus diesem Grund stellt es kein oberes kantonales Gericht im Sinne vor BGG 86 Abs. 2 dar. Das Bundesgericht würde daher auf die Beschwerde der Tunesierin Amal nicht eingehen, sondern die Beschwerde an eine kantonale Instanz überweisen (z.B. an das Obergericht als Aufsichtsbehörde über das Haftgericht).

Übung 30

Nach BGG 86 Abs. 3 können die Kantone für Entscheide mit vorwiegend politischem Charakter anstelle des Gerichts eine andere Behörde als unmittelbare Vorinstanz des Bundesgerichts einsetzen. Als Entscheide mit vorwiegend politischem Charakter gelten nicht justiziable, politisch bedeutsame Verwaltungsakte des Parlaments. Der Verleihung einer Konzession wird eine politische Komponente zugestanden. Die detailliert geregelten Rechte und Pflichten der Energieunternehmung als Konzessionärin können jedoch auf ihre Übereinstimmung mit dem anwendbaren Recht überprüft werden. Insbesondere kann überprüft werden, ob die vorgeschriebene Restwassermenge ausreichend ist. Da der Konzessionsentscheid somit detaillierte, gerichtlich überprüfbare Regelungen enthält, stellt er keinen Entscheid mit vorwiegend politischem Charakter dar. Die Rechtsmittelbelehrung ist daher falsch.

Stichwortverzeichnis